语可书坊

# 我们的征途是星辰大海

花千芳 编著

作家出版社

# 出 版 说 明

　　长期活跃在天涯、铁血等著名论坛的草根网络作家花千芳，被誉为"中国网络正能量四大写手之一"。2014年10月15日，他以网络作家身份参加了习近平总书记主持召开的文艺工作座谈会。作为与中国改革开放事业几乎同龄的年轻人，花千芳的人生故事并非如马云、莫言、李娜般精彩，然而，他强烈认同中国特色社会主义道路，热情洋溢地歌颂中国发展取得的一个个伟大成就，作品充满了浓烈的家国情怀和忧患意识。

　　本书是花千芳一炮而红的成名之作，用轻松幽默的全新网络语言解读了中国近现代历史的风雨历程及大国博弈。花千芳的作品善于选取一些有代表性的事例来说服人、打动人，文字通俗朴实、活泼生动。他用自己的方式，为网民提供了一份"网络快餐"，以其独树一帜的口味赢得了不少网友的喜爱。

　　花千芳的作品，同其他许多类似在网络上流传的文字一样，也存在着一些明显不足，如有些事实和数据还需要推敲，有些提法不够准确严谨，但这种来自于社会底层，不带修饰、不避问题的普普通通文字，却把个人对国家、对时代的看法坦诚地表达了出来，有着朴素的爱国主义情怀，喊出了"沉默的大多数"的心声。

编辑出版花千芳的文稿，不是意图树立学术研究、文艺写作的专业标杆，而是试图以书籍方式对这些曾经在网络上显示过足够活力的"草根言论"进行再度传播。出于这样的考虑，我们在编辑出版花千芳的作品时，没有对这些曾在网络上流传的文字作更多修改加工，而是将其原生面目呈现给读者，请各方朋友评说。

对出版者来说，出版这类作品，也许能尝试性地提出一些当代必须面对的问题：如何对待像花千芳一样的草根诉说自己家国情怀的意识、权利和能力？更进一步，我们应当如何传播中国、如何沟通世界？历史经验告诉人们，只有那些坚持传播真相、追求真知、坚持真理的人们，换言之，只有坚持实事求是的人们，才能在文明进步的角逐中脱颖而出。

在本书即将出版之际，我们得知花千芳于2014年11月6日被增选为抚顺市作家协会副主席。这是一个好消息，但职位意味着责任，意味着花千芳需要不断拿出更好的作品来表达自己、来表现时代。

我们祝福花千芳，并期待有一天能迎来万紫千红香满园。

2014年11月

# 序 一

罗 援

毛泽东曾经对身边的工作人员说："仗我们是不怕打的，帝国主义要想'和平演变'我们这一代人也难，可下一代、再下一代就不好讲了。中国人讲'君子之泽，五世而斩'，英国人说'爵位不传三代'；到我们的第三代、第四代人身上，情形又会是个什么样子啊？我不想哪一天，在中国的大地上再出现人剥削人的现象，再出现资本家、企业主、雇工、妓女和吸食鸦片烟，如果那样，许多烈士的血就白流了……"

我们不得不敬佩毛泽东的远见卓识，他的担忧不无道理。看看中国的现状吧，一些沉渣泛起，一些建国初期本已绝迹的丑恶现象又死灰复燃，一些共产党人的理想信念、党性原则、革命精神、组织纪律、思想作风等方面出了问题，一些舆论阵地丢失，在一定程度上被反国家、反民族、反人民、反社会主义、反老一代革命家和英模人物的"五反人士"所主导；一些人沦落成西方敌对势力的传声筒、应声虫、"带路党"，甚至出卖灵魂充当境外敌对势力的间谍……凡此种种，让人痛心疾首、忧心忡忡、血脉偾张！我们不能坐以待毙，不能让烈士的鲜血白流。别忘了，毛泽东还有一句话言犹在耳，"我们一定要使帝国主义的预言彻底破产"！

面对一浪高过一浪的"和平演变"和"颜色革命"的浪潮，中国之所以能够岿然不动，就是因为中国共产党人如中流砥柱般地在顶风抗浪，就是因为中国有千千万万像花千芳这样普通的草民，一边在用锄头种地、在用瓦刀砌墙，一边在用键盘做武器，捍卫国家的红色政权。花千芳，我们并未见过面，对他的了解也是通过他的网络作品。说实在的，他的写作手法对我来讲是比较陌生和新奇的。特别是他一炮走红的《我们的征途是星辰大海》，完全是用一种全新的网络语言来构思和写作的，喜怒哀乐，挥洒自如；谈古论今，纵马放缰，或调侃，或思辨；或虚构，或写实。用戏说的手法谈历史，用不恭的眼神看当今，还真是一绝。刚刚接触他的作品时，完全被他侃晕了，又是"泡菜国"、又是"小饭团国"，这不是对邻国的不敬吗？不怕遭来外交抗议？可是再往下看，他把我们自己的祖宗都自贬为"土鳖国"了，其他国家还有什么可说的呢？戏说就是戏说，别太在意。

　　从花千芳的作品中也着实学到了一些东西，除了历史的趣闻轶事，还有当今的大国博弈，以及一些网络语言，在这里我才搞清楚了网络高手房兵一天到晚挂在嘴边的什么"兔子"、"胡萝卜"等等是什么意思，原来始作俑者都是花千芳这样的普通网民。然而，我从花千芳网络作品中感悟到更深层次的东西，是另一类的爱国热情，这是不同于我们这一代人的爱，这是他们那一代人所能接受和喜闻乐见的一种爱，正是有了这种不同层次、不同龄差的爱，才保障了我们爱国精神的传续，也正是有了这种延绵不绝的爱国情怀，我想，毛泽东才敢断言，"我们一定要使帝国主义的预言彻底破产"！

**（作者为中国战略文化促进会常务副会长兼秘书长）**

# 序 二

龙文心

近日接到国内著名军事论坛——美言网花千芳版主的QQ留言，得知其网络连载长篇《我们的征途是星辰大海》即将集结付梓，邀余代作序文，欣喜之余，颇感惶恐，愧不敢当。

《我们的征途是星辰大海》在美言网军事论坛的"花儿朵朵"专栏里连载刊发，长期总固顶，深受追捧。我前后研读数回，每次都不忍释卷，花版主以其诙谐幽默的文笔，用活泼生动的网络语言从政治、经济、人文、传统、宗教、地理、科技以及精神等层面对新中国成立前后有重大影响的国际事件进行了全方位的立体剖析和点评。

正所谓：野史好编，正史难写。把正史写活，借古喻今更难，若能将历史的脉络加以新奇注解和总结甚至预测未来时局的走势，则难上加难。本书既非野史也非戏说，作者不仅需要对历史事件烂熟于心，更需要对浩如烟海的考据和旁证进行缜密的取舍和梳理，以独到的视角来切入和审视，用尖酸刻薄的笔触来调侃表达，让读者在嬉笑怒骂中洞悉国家间的关系演变，让国与国的利害冲突犹如市井贩夫间的势利纠葛一般鲜活生动。作者举重若轻，拨云见日，使人在会心一笑后醍醐灌顶，不由地赞叹这样的表达看似轻于鸿毛，实则力透纸背。

通篇下来，相信每个读者都能看出在字里行间，处处闪耀着作者的狡黠和睿智，比如说各国气质定位、产业决定论等等，均以事实为依据、高屋建瓴、旁征博引，对具体数据和事例进行深入解构，摒弃浮华，正本清源，辅以扼要点评，画龙点睛，让人过目不忘，颔首叫绝。

唯有历史可以照见未来。对于未来，我们充满期许，但对于历史，我们欠账太多，以至于"'80后'是垮掉的一代，'90后'是脑残的一代"的说法在一阶段甚嚣尘上。不可否认，目前年轻一代中有不少人关注网络游戏和电子产品的换代，对国家的发展和时局的演变越发漠视。而我却相信每个人都有其时代的担当，必须以发展的眼光来看待每一代人的进步和责任："80后"的王亚平作为神舟十号的乘组授课太空，扬威苍穹；"90后"的长江大学学生陈及时、何东旭、方招勇救落水少年而光荣牺牲，被追认为革命烈士。每一代人都会逐渐成长为社会的中坚，成为推动时代前进的力量，长风破浪会有时，直挂云帆济沧海。在青少年的成长历程里，我们可以做的有很多。本书不仅仅说的是历史，更多体现的是作者对祖国发展进步的欣喜和信心，在快意恩仇间体察世事艰辛，于潜移默化中强化民族认同感。

有人说这本书是卡通版的国际政治扫盲读物，窃以为，说是卡通版有失偏颇，语言的诙谐并不代表卡通化。本书立意高远，气势恢弘，结构严谨，很多章节看得出作者用心良苦，炼字精到，虽不敢说到了"两句三年得，一吟双泪流"的境界，也是字斟句酌、大巧若拙，让人击节叫绝，文字练达力可见一斑。说到国际政治扫盲，倒也差强人意，现今确实太多人需要这样的扫盲了。我相信本文完全可以作为大、中、小学校里的延展阅读教材。当下的学生大都为"90后"一代，用他们的语言来描绘我们曾经的苦难和辉煌，传递正能量正有着积极的现实和社会意义，从这一点上看，本书的出版发行恰逢其时。

　　是为序。


　　　　　　　　　　记于神舟十号与天宫一号交汇之时

　　　　　　　　　　（作者为美言军事网站站长）

# 引 子

　　这是一篇会让人大哭大笑的文章。

　　我所要讲的事情，很多人都知道。可当我讲给我的朋友们听的时候，他们的反应让我感到十分的惊讶。一般说来，他们会瞪大眼睛："历史还可以这么说?！老花，你能把这些事情写下来不？俺拿回去给老婆孩子看，谢谢……俺替俺家孩子感谢你。俺当年没注意这些事情，绝对不能让俺家孩子也忽略掉这笔财富，这太重要了……"

　　结果就是，我朋友的老婆孩子都成了我的粉丝儿，并纷纷建议："这些事，应该让更多的人知道，最好当成教学课本。"我很奇怪啊，我所说的事情，每一个人都知道，为什么大家还要如此地重视？好像我不把这些事情讲给更多的人听，就是千古罪人一样。

　　好吧，老花不辞辛苦，把我所要讲的事情记录如下。提醒各位读者，当你大哭或者大笑的时候，我希望你能明白其中的道理。一件一件的事情就像珍珠，当我们把这些珍珠串起来的时候，你会发现：珍珠和珍珠项链，真的不是一回事。

　　看不懂没关系，看上三五页，任何人都会看懂的。呵呵，当然了，如果你看懂了，那么拜托你将本书介绍给同学或者家人，免得老花成了千古罪人，谢谢。

# 1.。

动笔之前，先例行介绍环境，这个说起来有点麻烦……在某一个时间、某一个宇宙、某一个星球上，有一个某大国，因为名字太响亮，就不说了。

这个某大国，历史十分的久远，反正是人就知道它千年独大，不但修炼出来了超级外壳，还水陆两栖，荤素不忌，可攻可守，游刃有余。形象点说就是一土鳖，王霸之气侧漏对不对？混在同一世界的大大小小的国家们，能给土鳖当徒弟，都会被周遭羡慕的眼神射杀。

数千年沉积下来，经史子集、医卜星相、文韬武略、科技民生……总结了一整套的治国理论。土鳖国很厚道，讲究"大道之行，天下为公"，有好事从来不吃独食。因此，周围的大大小小的国家们，也多少学到了些本事，这些国家之中，学习得最好的，是土鳖国的两个徒弟：泡菜国和饭团国。

啥？问为啥这两个国家的名字这么古怪？当然，这个都是有原因的，泡菜国是因为该国人民喜欢吃泡菜，咱们为了表述得简单明白，就直接叫泡菜国吧。至于饭团国，那是因为他们的国旗上有一个大大的红圈，很像红米饭团。

泡菜国地处半岛，跟土鳖国山水相连，交通还算方便，历史上的泡菜国王们也比较恭谨，年年朝贡，岁岁称臣，连国家的名称，都交由土鳖国皇帝裁决，国王的身份，一样需要土鳖国皇帝的册封……做徒弟做到这个份儿上，真是没话好说了，不但土鳖国上下满意，泡菜国自己也很满意，所谓生恩不如养恩大，敬土鳖为天朝上国，又觉得徒弟这俩字儿不亲近，干脆自称是天朝的养子。

不过泡菜国看不上饭团国，认为饭团国是天朝的逆子，可杀可煮，可碎可埋，只要不溅到自己身上污血，随便怎么处置饭团国都行……其实，这也不怪泡菜国有怨气，都是一起当徒弟的，总要讲点同门之义吧！问题是饭团国一般把同门之义这种东西拿去喂狗了，自己强大了之后，向师傅动刀子之前，先找借口推倒了学弟泡菜国，抽了耳光弹了脑瓜，硬拿你家当我家……说实话，老花还是挺理解泡菜国的，可怜的娃儿啊，招谁惹谁了？

…………

## 2.。

小饭团国还很年轻的时候，是最恭顺的孩子，心中有多大的不满也不说，美其名曰忍术！这也不怪老土鳖瞎眼，任谁看了都会可怜，小国寡民的，悬孤岛于海外，感受不到中原帝国的风采也就罢了，最主要的是后来发现自己家的几个小岛，都是海底火山冒出水面的礁石，谁也搞不清楚这个超级大炮仗什么时候炸响……小饭团国人的苦命之甚，由此可见一斑了。

那时候的小饭团国为了出人头地，还是很下了一番苦功夫努力的。好好学习对不对？天天向上对不对？老土鳖看了自然欣慰，私下里免不了传授了一些秘籍，盼望着这孩子长大了能出息，能出人头地，能挺直了腰杆子做人……钢铁是怎么炼成的我不知道，白眼狼一般就都是这么炼成的。

当然了，泡菜国那点遭遇，还是不值一提的，为了清理门户，土鳖国也是损失惨重啊对不对？虽然最终打败了小饭团的入侵，自己也闹了个伤痕累累、灰头土脸，要不是老祖宗积德、人民卖命，说不定早亡国了，真真是往事不堪回事月明中啊……

说完了两个比较有名的属国，这周遭的其他国家也不能不表表，谁让这个世界这么精彩来着？当然也可以说这个世界怎么那么不让人顺心呢，如果这个世界只有土鳖一家，岂不是啥问题也没有了？

事实上，天不遂人愿的事情多了去了，大侠杨过都说了："不如意事常八九，可与人言无二三啊。"好吧，闲言少叙，下面我们隆重介绍猴子家族……没有错，是家族，不是只有一个，而是一口气搞出来好几个猴子国，有越猴，马来猴，尼尼猴……等等等等吧，反正一大堆猴子国，面积说大不大，一般抵得上土鳖国一个到两个行省的规模，人口说少不少，几百万到几千万个别上亿还是有滴，猴子从来不搞什么计划生育，所以以上的数据说起来有点儿气人，就不说了。猴儿国们逍遥自在，都在土鳖国的南方，向来被土鳖当成自己家的后院儿，不许别人跑来欺负猴子。

…………

### 3.。

当然，除了饭团和泡菜猴子之外，还有东南沿海之外的菲菲国；还有世界屋脊那边的白象国，白象国和猴子国之间还有一个竹楼国、一个佛陀国、一个咖喱国；还有跟白象国互相看不上眼的巴铁国；巴铁国北面还有好几个骆驼国……这么多大大小小的国家，环形拱卫着土鳖国，在古代，每隔几年都要向土鳖交保护费的说……背景如此复杂，精彩吧？

问题是，古代人对客观世界的认知，主要还是靠眼睛和耳朵，太过于宏大的东西超出了人类的理解能力范围，所以土鳖国的老祖宗们，一直以为天是圆的，地是方的，到了海边就以为到了世界尽头，从来没有想过海的那一边也有美女可以搭讪。

土鳖的历代大佬们，有值得骄傲的本钱：地盘占了一大块，而且还是最好的一大块，具体怎么个好法以后再说，先说说这块地盘有多大。往东，没的说，一直占到了大海边；往南，屏障在南方的猴国们都不大，过了猴国再往南看，又是茫茫大海；往西，万丈高山平地起，高的山腰往上都不长草，而且绵延数百上千里，飞鸟难越，人迹罕至，指望着骑马打过去，是没有意义的；最后就是北边，北边的游牧民族曾经给土鳖带来了很大的威胁。不过那都是老黄历了，游牧民族被收服的被收服，被打跑的被打跑，空出来好大一片草原。土鳖们本来打算好好经营来着，可惜到了冬季，大雪封山，零下几十度，一口吐沫吐出去，落到地上就是个冰弹啊。

土鳖的饮食大半是吃素，杂以少量肉食，这种习惯很健康，可问题是这种饮食习惯喂起来的体格不耐严寒……所以没办法，北方打下来了也守不住。撂荒几年，还能想着派个人去看看，时间久了，去看看都没兴趣了。

好吧，环境介绍就写到这里，能看懂的同学们请大力支持，不管这篇文章是史书还是故事会还是扯淡都不重要，开心最重要。当然，开心之余，学到点东西，更重要。

　　…………

## 4.。

数千年以来，土鳖国独大东方，自己都不觉得有啥牛叉的了，周围的国家们加在一起，也没办法对土鳖构成威胁，所以土鳖的子民们，小日子过得有滋有味。什么好吃不如饺子，什么舒服不如倒着，都是小儿科啦。偶尔高兴了，脱光衣服玩儿裸奔的都有。

当然了，那时候的土鳖可从来不承认自己是土鳖，它有一个更加响亮的名字：龙的传人！听听，龙的传人！有谁知道龙是什么东西？不知道没关系，三国时候的曹大白脸有标注：龙能大能小，能升能隐，大则兴云吐雾，小则隐介藏形。

是不是和老花一样，有点懵圈？好吧，通俗点说，龙这家伙虎须鬣尾，身长若蛇，有鳞若鱼，有角仿鹿，有爪似鹰，能走，亦能飞，能倒水，能大能小，能隐能现，能翻江倒海，吞风吐雾，兴云降雨。

还是不懂？没关系，咱们直接说龙长的啥样：龙的形状是鹿的角，牛的耳朵，驼的头，兔的眼，蛇的颈，蜃的腹，鱼的鳞，鹿的脚掌，鹰的爪子。这就是有名的龙有九似，它来源于土鳖最古老的图腾蛇。

土鳖的老祖宗认为蛇很神奇，用蛇做本部落的象征。后来合并了别的部落，注意是合并不是吞并，这点很重要，这也是土鳖"和"学的由来。合并了之后，觉得一家人不能用两个图腾了，可是用谁的好呢？商议的结果就是以蛇为主体，加上第二家图腾物的优点，于是蛇头上就长出来了鹿角。后来再合并另一个部落，蛇肚子上又加上了老鹰的爪子……最后龙就形成了。

土鳖现在的历史教科书上，含含糊糊地写着很多古代民族消失了，又说不出来为什么消失了，实际上就是在打马虎眼呢。匈奴人，古羌人，党项人，百越人、突厥人、契丹人……都莫名其妙地没有了，不排除个别民族的个别部分走出亚洲冲向世界了，可是更多的人肯定是都留下来了，融合进了这个世界上最大民族之中去了。你就是打死我，我也不会认为土鳖的老祖宗把那些人都杀光了。土鳖当老大当惯了，办事要求有里子有面子，不会学野蛮人的下三滥……没杀光，又没跑掉，硬是没有了，还能是什么答案？

所以，当某些土鳖后人宣扬啥啥皇汗血脉的时候，老花就忍不住想偷笑，马啊狗啊的，讲究血脉还算应景儿，因为要保持体力优势。而人之所以是高级动物，是因为人有智慧，智慧这东西，跟血脉的关系还是有的，不过不是很大。是不是土鳖后人，或者说是不是龙的传人，不看血脉，看文化认可。坚持血脉高贵论的人，下场一般都比较悲剧，比如欧洲的诸位君主，因为相互联姻，几代人下来全成了亲戚，为了保证血统纯净，继续联姻，结果后期的欧洲君主们……可怜的娃儿啊，近亲繁衍害死人啊对不对？

…………

5.。

扯远了，接上文。古代人对客观世界的认知，主要还是靠眼睛和耳朵，太过于宏大的东西超出了人类的理解能力范围，所以土鳖国的老祖宗们，一直以为天是圆的，地是方的，到了海边就以为到了世界尽头，从来没有想过海的那一边也有美女。

这个上面说过了，土鳖国的老祖宗，一直以为自己住在一张大饼上，只不过这张大饼太大了，不可能也没必要自己全占住。土鳖国的北、东、西三面，虽然没有潜力了，可是西面的崇山峻岭之外，还是别有洞天的……不过跟土鳖的构想差不多，那边是不毛之地，实际上，那边也确实住着一群十分十分苦命的人。

具体有多苦命？我都不忍心说了，简单点说吧，大饼的另外一边，雨季和高温不是同期的。这么说可能很多同学不以为然，可是学生物的同学都应该知道，雨季和高温不同期，就意味着农作物长不好对不对？只能长草对不对？没有粮食怎么养活人？有谁见过光吃草就能活命的人们？

所以，土鳖在东方，大麦小麦荞麦、红豆绿豆黄豆种得不亦乐乎的时候，大饼的另外一面，苦命的西方人们只能守着草场养羊，能吃羊肉固然也很好，可惜的是单位面积相同的土地，养殖业和种植业的收益差得太多了，大饼的东面，土鳖一口气繁衍出来几亿龙的传人，大饼的另外一面，苦命的人们只有几千万人口。

请注意，两边的土地面积差不多。

更加让苦命的西方人如丧考妣的是，各种天灾人祸还不断。

首先，就是被土鳖打得抱头鼠窜的游牧民匈奴人逃到了西方。如此残兵败将，居然还一口气将西方的众苦命国家依次推倒，该打脸打脸，该踢屁股的踢屁股，实力的对比啊，实在是太悲凉了。

好容易挨过去了匈奴人，没过多久突厥人又被土鳖撵到西方去了。于是，历史重演，继续打脸踢屁股。让人崩溃的是，突厥人比匈奴人的战斗持久力强得多，硬是不肯败退，死活从东西方交接的地方，占住了一块土地。

　　突厥人的事情还没有完全搞定，六世纪的时候，黑死病大爆发，原本就很苦命的西方人直接损失了一半人口。然后是持续多年的相互混战，西方人还没来得及喘一口气，黑死病第二次爆发。这次流行区域更广，死伤更众，甚至还传到了大饼的东边，波及了土鳖国……不好意思，那时候的土鳖不叫土鳖，叫神龙王朝。

　　消息传到土鳖龙庭，皇帝震怒，下令医官全力以赴，扑灭疫情。土鳖的医官们还算给力，土鳖国中草药技术还算发达，总算是把黑死病控制住了。消息传到骆驼国，国王贵族大喜，派了得力使臣，前往土鳖国，求神龙皇帝派遣国际医疗救援队。

　　回头再说西方的苦命们，该死多少人还是死了多少人，根本没办法抵御疫情。人心惶惶之下，人们四处抓捕女巫，挂树上吊死，或者烧死，骑木驴、沉猪笼什么的都弱爆了。抓不到女巫怎么办？好办，看谁像就抓谁，抓住了的女人，不管是小姑娘还是小媳妇，不管是老太婆还是老寡妇，没有一个能活命的对不对？

　　而土鳖国的草头郎中们到了骆驼国，简直受到了神一般的礼遇，请客吃馆子那是小意思，找小妞们儿来跳舞也是小意思，珍珠宝石随便拿更是小意思……看看，知识就是力量啊，土鳖国的老祖宗说的对："书中自有黄金屋，书中自有颜如玉……"

　　写到这里，想起了去年在网上叫嚣尘上的青年们，说啥老子是大学生，老子为啥找不到好工作……兄弟，你真有本事会没有好工作？六十分万岁，不挂科就行，上课玩手机，下课玩电脑，晚上玩儿婚前实习……生活如此多姿多彩，你凭什么要求刚毕业就有好工作等着你？

　　…………

## 6.。

　　很长一段时间以来，土鳖从来不把西方世界当回事的。当然了，导致一张大饼上东西方文化隔绝的主因，还不是什么崇山峻岭。土鳖国第一次全盛时期，就已经派人，带上当时的高科技产品瓷器、丝绸，还有国内知名饮料茶叶，探访西方世界去了。

　　难说当时的土鳖皇帝没有歪心，使臣临走之际，免不了要面授机宜，可以想见的，不外乎这么几句话："哥们儿，出门在外，少喝酒，多吃菜，别遇到小娘们儿就脚步难迈。让那些化外野民感受下天朝上国的王者风采、天恩浩荡……"附着耳朵小声叮嘱："出去之后，招子放亮点，看看西边的大饼上，有没有抹芝麻酱，有没有加鸡蛋，有没有被热油炸得金黄金黄……"

　　于是，使团出发，虽然是公费出国，往来账目可以加倍报销，待遇好得不得了，可是路程实在是太远了，上万公里对不对？汽车火车飞机啥啥的都指望不上，只能靠两条腿走路啊。也就是那个时候吧，换今天，都不知道土鳖国人还有没有那个毅力了。

　　使者带着队伍一路往西，越走越是心凉啊，放眼四望，这都什么鬼地方啊？遍地都是不长草的沙子对不对？没有木材，只能烧牛粪对不对？到处都缺水啊一辈子不洗澡对不对……

　　总之，大饼还是那张大饼，不过越往西，大饼上面的作料也就越少，不但依次没有了芝麻酱和鸡蛋，金黄金黄的卖相也逐渐变小，甚至连葱花都没有了。

上万公里的路（直线距离，算上来回绕弯的话，两倍不止），土鳖的使者走了六千公里，就到了最西边的火骆驼国。当政的火骆驼王见了土鳖使者随身携带的大包小包，开心得不得了……当然了，杀人劫货这种事情，火骆驼人是不干的，火骆驼人最大的能力不是打仗，而是经商！

…………


## 7.。


那个时候的经商，可不像现在的超市，现在的超市滥大街，几毛钱的利润都赚。遥远的古代物资匮乏，算利润一般是按倍计算的，几倍利润，几倍到几十倍上百倍不等……是的，你没有看错，这等于说你辛辛苦苦生产出来一件十块钱的东西，商人可以转手卖几十几百或者上千块甚至上万。

赔本的买卖没人做，杀头的买卖可兴隆。在这种巨大的利益诱惑下，火骆驼们开始对土鳖使者动上了心机。

实际上，在火骆驼国的西边，还有一个未曾开化的白皮猪国，白皮猪帝国的西边也是大海，除了海外孤悬的几个小岛，没有啥好说的，白皮猪国的南边，濒临着这个世界上最大的内海……我们称之为地中海。

地中海西边是大海，北边是白皮猪国，东边是火骆驼国，南部是一望无际的大沙漠，大沙漠上生活着各种大大小小的猩猩、河马、鸭子、斑马等等部落，连国家都不是，就是一群原始人啊对不对？

可是，可是，可是越是不开化的地区，小钱钱越是好骗啊对不对？九十年代，去俄罗斯远东的倒爷，经常可以用一只铅笔就跟当地人换一枚金戒指。这个伟大的道理，上千年前火骆驼人就知道了。望着土鳖使者带来的瓷器、丝绸、茶叶……哪一样不是可以大大发财的宝贝？

火骆驼人开始跟土鳖的使者动心眼儿了："啥？亲，你还要往西走？额……那啥，别走了，西边都是些不毛之地，到处都是野人，除了野人就是大海，就到了天边了，真的啥也没有了。官爷还是在小店多住几日吧，咱们喝喝小酒，听听小曲，各种娱乐，可以喝酒可以吃肉，包你爽到家……"

无奈土鳖人重信誉，守承诺，知礼仪，有节操："你家的马奶酒太酸，你家的小曲听得咱牙疼，你家的小妞儿不爱洗澡，你家的蜡烛挺亮，可是油烟子也不小……神龙皇帝委我重任，我还是继续往西走吧。"

当然，这种情况火骆驼们早就预料到了，马上实行B计划，作义愤填膺状："亲，咱们是老相好了，既然到了我家地界，自然要对上国使者的安全负责。放心好啦，我亲自带军队护送大使先生继续往西。"

…………

8.。

这样的好意，没人会拒绝的。于是继续上路往西走。那个时候，国与国之间相互戒备，白皮猪人离老远探听到火骆驼人又把大部队开出来了，小老百姓们纷纷逃窜，上千里行军，所到之处空无一人。

火骆驼国王愁眉苦脸："看到了吧，的确没有人烟了。"可是土鳖人的执拗，根本不是火骆驼人可以理解的，用土鳖自己的话说，那就是不见棺材不掉泪，不见黄河不死心……数千里路的往西所为何来？还不是想了解世界！没有走到世界的尽头，回家都不好向老皇帝交代……继续往西走！

可是，再往西走的话，早晚就要走进白皮猪国的人口密集区了，到时候谎言露馅可怎么办？火骆驼人欺瞒土鳖使者，无非就是想用土鳖的货物换取白皮猪的货物，他自己站在中间牟利，万一土鳖和白皮猪联系起来，玩儿厂家直销的把戏，自己这个中间商还有什么油水好拿？

好吧，好吧，你不是认为海边就是天边么……火骆驼人不用转眼珠，直接就把土鳖使者领到了地中海岸边，指着地中海的汪洋大水："客官，看到了吧，一路往西，已然来到了天边，再往西已经没有路了。"

还是那句老话：科技没有大爆发之前，人对客观事物的认知是有限的，地中海虽然是内海，可是足有两百五十万平方公里，土鳖使者的两只眼睛哪里看得过来？于是焚香祭天地，叩首拜鬼神，还命人在岸边立上一块石碑，上书一行大字："某某某某到此一游！"带上火骆驼国特产，以及若干细皮白肉、能歌善舞的小姐儿，回国复命去了。

可是，天底下没有不透风的墙，到底还是被土鳖们得知了白皮猪国的存在，为了这个事情，火骆驼使者曾经被招到龙庭之上，使劲儿呵斥了一番。火骆驼使者的解释是："白皮猪等地，蛮夷之地，茹毛饮血，不宜交往。"

土鳖皇帝不信，细问白皮猪国的究竟，得知人口几百万，穿兽皮吃生肉，还喜欢玩儿同性恋的调调儿……算了，算了，大饼虽然大，老子毕竟是第一，千山万水的，没精力老去教育那些化外之民，此事就此打住。

东西方各走各的路，上千年之后，才再次聚首。

…………

## 9.。

土鳖接下来的上千年里，继续领导世界，当老大的日子占了有文字记载历史的95%的时间段，想说不牛叉都没有人信。这期间，土鳖的大大小小的精英们，有无数的科技发明，瓷器、丝绸什么的都是小意思了，土鳖发明了指南针对不对？土鳖发明了火药对不对？造纸术、印刷术对不对？土鳖古典时代的这四大发明，对于整个人类而言，文明的推动力功不可没。

不幸的是，土鳖太强大了，强大到给土鳖当徒弟都是一件美差。真正地放眼天下，舍老子其谁？指南针造出来了，可是已知世界都骑着大马去战斗过了，这种能指示东南西北的小东西，也只能拿来看看坟地风水啥的。

还有就是火药，这东西肯定是好东西，发明出来之后，一下子就风靡了土鳖全国。可惜的是，天朝雄兵数百万，光是当班长排长的小官，人数都比周遭的小国人口多，火药的出现基本上就是画蛇添足，实在是太多余了，于是拿去做鞭炮放。

这里面当然还有别的原因，最主要的还是气候问题。土鳖国四季分明，眼界开阔，头脑敏锐，把个弓箭技术升级到了曲背弓的天顶星级别，最后又百尺竿头更进一步地拔高到了弩的级别。无论射程射速，都比早期的火绳枪厉害。这样的情况下，谁还会费力不讨好地去研究啥子火绳枪？

可是西方的白皮猪各国就不同了，尤其是牛牛国，首都的外号就是雾城。整个国家潮湿得不像话，弓背弓弦很难在最佳状态下发挥威力。再加上没有曲背弓的技术，为了追求火力范围，不得不把弓做得越来越大，苦命的西方人，用等同身高的长弓，射程反而比不上一米长短的曲背弓，而且还差得很远。

等火绳枪的技术传到西方之后，苦命的人们总算发现这个东西比什么苏格拉长弓要厉害……于是潜心研究，终于在火绳枪的技术上得到了突破，子弹越打越远，直到最后超越了东方的曲背弓、大黄弩。

到了大航海时代的来临，有了指南针的帮助，东西方世界的两拨人马，先后扬帆出海，开往未知的世界打酱油。

在这件事上，东西方的大佬们，显现了他们完全不同的一面。西方的大航海家们，出海冒险是因为家里太穷了，希望得到海外的土地和宝藏。所以，他们的热情是无所畏惧的，直接把大船队开到了世界大饼的背面。

大饼的背面也有一片大陆，暂且叫做新大陆，只有很少的土著人。西方列强们一不做二不休，直接霸占并瓜分了这片大陆。建立起来了大大小小的殖民地，土著人么，看着碍眼，留着碍事，想起来都闹心，所以被干掉是在所难免的了。一番大清洗，土著人死掉了十之八九，从此新大陆成了白皮猪的天下。

虽然各种白皮猪之间也是面和心不合，大战小战无数，而且同一国的白皮猪内部也是矛盾严重，两极分化得厉害，可是……可是新大陆真的不再是土著人的了。反观土鳖国的大船酱油队，因为家里的日子实在是太舒服了，所以对任何海外土地都看不上眼，因为家里的文化太发达了，到哪里看都是化外的野蛮人。因此土鳖的船主们，最大的任务就是宣传王道，时髦的话叫扬天威于四海。

最让西方的白皮猪不能理解的，是土鳖船队居然歼灭了好几个私自在海外建立殖民地的小土鳖领主。花花世界，大把的银子，怎么会有人活得这么高杆？这点白皮猪是没办法想通的，谁叫东西方之间，还有一群打算做中间商的骆驼国呢？

骆驼国这上千年来可没闲着，赚得盆满钵满，为了做生意，他们居然还发明了广告。而且充分发挥欺上瞒下的能力，拿着土鳖的瓷器到白皮猪各国叫卖。什么盘子啊碗啊啥的日用品，到了白皮猪各国，一律摆到墙壁柜子上当奢侈品，想拿下来看看都要沐浴更衣的。

这个真不是在开玩笑，不信的话，我们来看看土鳖天朝这边的例子。玉石大家都知道吧？说白了就是一种石头罢了。可是到了骆驼商人的嘴巴里，就成了美玉无价对不对？天朝人为此花了多少白花花的冤枉银子啊？

因为中间夹了这么一个中间商，东西方的两拨人马各自独立发展，产生了完全不同的两种文明……到底有多不同？请看下面的例子：想当初南边竹篓国推倒了咖喱国，有个小土鳖，领导着咖喱国人民打败了侵略者，被尊为咖喱国王。

这事儿说起来也没啥不对的，小土鳖英勇善战，咖喱国人民真心拥戴，当个国王有啥了不起？西方的白皮猪国解体之后，三个孙子各自为王，分别建立了公鸡国、面条国和汉斯国，每当国家有难的时候，经常迎取别国的王子来做国王。

这一点上，连孤悬西方海外的牛牛国都学会了，时不时地请公鸡国王子过来当自己的国王。外来的和尚会念经，外来的国王比较帅，这一点的认知上，东西方的差距虽然还是有，可毕竟也有异曲同工之妙。

可是，可是国王不等于和尚，那些野蛮人的干法，怎么会得到土鳖皇帝的认可呢？就算是属国，起码也要做到民族自治吧？哪有找个外人去当国王的道理？于是在接下来的十几年之中，远在咖喱国当国王的小土鳖，所派朝贡的使团都会被赶出土鳖京城，根本不承认有这码子事儿，也不承认小土鳖的咖喱国王身份。

按说当时土鳖自己家里也是乱成一锅粥，不太有力气照顾南边，小土鳖完全可以山高皇帝远，干脆过自己的小日子算了……可是，可是不行啊，天朝太大了，任何时间，只要他想起来了，随便说一句话，出一省之兵，就能把咖喱国推倒踢屁股。这样的实力对比，谁敢放宽心睡热炕头？

于是接下来的十几年里，小土鳖继续年年向土鳖王朝进献贡品，终于感动了土鳖国的混蛋皇帝，正式承认了小土鳖的身份，重新纳咖喱国为土鳖的属国。小土鳖的事情，有兴趣的同学自己去找度娘问问，答案比老花说得详细。

一个是拼命抢，一个是不稀罕要，同一个世界不一样的梦想……
…………

## 10.。

可是岁月是把杀猪刀，紫了葡萄、黑了木耳、软了香蕉。土鳖的历史再辉煌，终于有了衰弱的一天。日子越过越舒服，就越舒服越想舒服，倒着吃饺子都不满意了，在白皮猪的引诱下，倒着抽鸦片……

土鳖家有句老话，叫人必自辱，而后人辱之。

就是天作孽，犹可违，自作孽，不可活。

到现在为止，老花都一直坚定地认为：八国联军个个都是好老师，没有他们的思想教育，以及不停地打脸，拉着耳朵大声说教……如果没有这些，土鳖国说不定能一口气退化到原始社会去。

大家都是傻了吧唧的俗人，不用拿啥天资聪颖来忽悠，你偷懒睡觉的时候人家在努力工作，你嬉笑打闹的时候人家在努力学习，你看小电影幻想的时候人家在向女生献殷勤……结果就是，你啥都得不到，只能看着人家一步一步连续成功……怎么样，世界是不是一个好老师？丛林是不是一间好学校？

好吧，不得不承认，进入近现代之后，土鳖混得比较稀泥，被白皮猪的子孙国们推倒在地，凶猛地打脸，使劲儿地踢屁股。或者大家轮流上，或者干脆一起来，打趴下，拉起来，再打趴下，再拉起来……壳子打得粉碎对不对？小脸儿肿得老高对不对？全然没有了往日的王霸之气对不对？

混到这个地步，土鳖已然不能再厚着脸皮叫土鳖了，难听一点儿叫啥东亚病夫，好听一点就叫秃子，秃子国成了全世界的笑话。第一次世界大战期间，秃子以战胜国的名义，参加国联大会，居然割地赔款对不对？

问题是，土鳖国太大了，秃子当了总统之后，总要有点权威吧？手上没兵，兜里没钱，连当个战胜国都要搭银子，这日子简直是没法子过了……话是这样说，日子这东西，不受主观意愿左右，爱过不过你都必须继续过。

…………

## 11.。

怎么办？其实这个难不住秃子，秃子好歹地继承了土鳖的文化体系，盘剥小民的本事还是不少的。啥都没有没关系，不是还有一张嘴嘛！可以说空话打嘴炮啊！

想靠打嘴炮就忽悠人民，这点其实挺难的，君不见2011年的时候，白头鹰国忽悠南海小国跳着脚地胡闹？可是没用，你不给我小钱钱，我就不闹，你给多少钱，我闹多少下，你不给钱了，我立马就不闹了。

这关键问题，白头鹰因为家里历史短，一时半刻的还不明白，花点儿冤枉银子还算应该，学费嘛，总是要交的。可秃子何许人也？土鳖的传人啊！响当当的亲儿子，哪会向白头鹰那样低水准？秃子对付国内的小秃子们，就是一招"耳提面命"！拉着耳朵不停地说："三民主义哦，复兴土鳖国哦，全是大目标哦，你要支持我哦，不支持的话我有皮鞭哦……"

可是嘴炮毕竟是嘴炮，打得再响，没有实物兑现，时间长了每个人都知道那是废话。可是废话也要听，糟糟惜惜的老百姓虽然无所谓，土鳖国的精英们还是愿意听愿意信，也愿意付出努力的……可惜，人数太少，只能苦命地跟着大秃子瞎喊。

别忘记了，土鳖并不是只有秃子一个亲儿子，还有两个徒弟的。土鳖的本事，亲儿子虽然学得不怎么样，当然养子泡菜国学得也不怎么样，不过土鳖的逆子小饭团国可是用了心学习的，虽然只学了个皮毛，不过也够用了。

说起小饭团国，土鳖后来的当家人一提起来，例行说的一句就是"一衣带水"的邻邦……小饭团国属于那种后发国家，先天条件不好，全靠人民努力拼搏。先是跟着师傅土鳖学习仁义礼智信，说实话，这些东西太难学了，土鳖自己都没有完全学会，带出来的徒弟自然也高不到哪里去。

…………

## 12.。

当西方列强的坚船利炮开到东方的时候，小饭团清楚地看到老师被牛牛国推倒在地，内心的震撼肯定是颠覆性的。这个时候的小饭团，第一次对老师的理论产生了怀疑。岛民的心态就是见风使舵，一旦怀疑，马上就加以否定，接下去就是立刻改换门庭，拜白皮猪们为老师，去学习西方文明去了。

土鳖国的文明是圣贤文明，学习起来吃力费劲，上千年学下来，小饭团也没出师。可是早期西方的文明是强盗文明，几十年的光景，小饭团就鸟枪换炮，俨然与西方列强平起平坐了……没啥好奇怪的，做好人原本就比做坏人难，你做了一件好事能说明你是好人么？你想做好人，要年年月月地坚持下去，这样才会是一个真正的好人。可是做坏人就不同了，你只要做一件坏事，基本上你就是坏人了。

这就是东西方文明的差异。

土鳖被推倒的时候，小饭团也一样被人掀翻了，洗脚水扣了一地对不对？不过这点委屈对小饭团来说太毛毛雨了，老子最擅长的就是"忍术"了。总之，小饭团忍了，潜心学习西方文明，短短几十年就爪牙尖利，大有回头去教训白皮猪的架势了。

然而，谁也没有想到的是，小饭团已经不是当初的小饭团了，他已经变异成了西方国家，西方世界的理念是弱肉强食。在弱肉满地都是的情况下，先欺负弱小国家才是正理，回头跟牛牛国公鸡国翻脸硬干？小饭团才不会干呢。

千年等一回啊，小饭团终于出息了，不用怕任何国家了。不用怕任何国家，也就意味着可以争老大了！这是个很现实的问题。

可是，小饭团还是有点自知之明的，自己家地盘小，资源少，不足以支撑帝国的雄心壮志。怎么办？第一自然就是抢资源了。什么资源最主要？那还用说，工业革命开始之后，傻子都知道石油是国家的基础。而石油的产地在骆驼国那边，向南发展才是硬道理。除了石油之外，铁矿石、橡胶、各种金属，都必不可少。

小饭团南边的国家是谁？前面已经说过了，是自以为很帅的菲菲岛国！

问题是杨大侠说过："不如意事常八九，可与人言无二三啊！"虽然推倒菲菲的难度最低，利益最大，可是这个时候世界的格局已经改变了。除了牛牛国、公鸡国、汉斯国、面条国、毛子国之外，原本被西方人殖民的新大陆那边，也产生了一个大国：就是本文重点要讲讲的白头鹰国。

白头鹰一向认为菲菲国是自己的私人财产。

…………

## 13.。

因为本文里，白头鹰算是重点国家，所以单列一章，做详细说明。不过，说白头鹰之前，又必须说说牛牛国。牛牛国最牛叉的时候，号称日不落对不对？哦，对了，忘记说明了，大航海时代之后，人们逐渐地知道了，这个世界并不像一个大饼，而更像一个土豆，是个球体。这些大家都知道，就不多说了。

其实白头鹰说起来，是牛牛的亲儿子。

牛牛第一个进入工业化革命，又是岛国，拥有强大的海军舰队，带着大炮去世界各地打酱油，绝对是纯暴力酱油队，不但把人家的酱油全买光，还不给钱。稍稍一高兴，直接把人家轰走，自己接手酱油铺。

这个世界足够精彩，牛牛也真不客气，各地的土著人只会射弓箭，而且还是那种不是曲背弓的垃圾弓箭，连火绳枪都对付不了，如何对付火炮？这种双方武器的代差太大了。这样的事情，很快周边的西方国家都学会了，相继出门去打酱油。

举个例子，当年西牛国的舰队开到菲菲国的时候，都没用开战，在船上打了几炮，菲菲国王就带着全国老小投降了。

不但投降了，而且当天就接受了西牛的另外一件武器——宗教。西牛的教派号称新教，有别于旧教，关于新教旧教的问题以后再说，反正菲菲国王、王后、王子、公主们，听了两声火炮之后，当天就洗心革面，接受洗礼，成了新教徒。

如此衰的国家当然不止菲菲一家，各猴子国、各骆驼国、袋鼠国、枫叶国、白象国、南黑国……太多了，牛牛一口气几乎占据了世界的一半。这期间不免做了很多缺德事，好多都是令人发指的，什么血洗了新大陆的土著人，什么贩卖大大小小的黑奴，什么往土鳖国使劲儿运鸦片……反正手段不重要，目的才重要。牛牛的确控制了很多国家，数不清的国家成为了牛牛的殖民地或者半殖民地。

…………

22

## 14.。

牛牛霸占殖民地当然不是为了学雷锋，他要的是各种资源，从粮食棉花，到咖啡蔗糖，从橡胶石油，到各种矿石……各个殖民地表现的差距很大，最让牛牛满意的就是白象国，号称是牛牛女王皇冠上最耀眼的明珠……为什么？还用说，白象给牛牛交的税最多呗。

当然了，家大业大，麻烦事儿就多。这之中最让牛牛关心也是最让牛牛伤心的，就是白头鹰国了。

因为海外殖民地的疯狂扩张，导致了财富的爆棚，衣食足而知荣辱，牛牛国之中，居然也有人跳出来讲文明野蛮了。这批人被称作清教徒，开始牛牛的高官们还窃喜，以为终于可以在文化方面全面超越曾经辉煌的土鳖了。

可是好日子过了没多久，牛牛的高官们就发现，文明这东西要不得。你听听那些清教徒都宣传什么破东西：迫害黑奴是不人道的，干掉土著人是野蛮的，拿玻璃珠子换土老帽儿的金币是不道德的……奶奶个熊的，啥都不做拿啥赚金子银子？老子拼死拼活地赚钱养你们，就是为了让你们批评老子的吗？

可是，道德的制高点掌握在清教徒手里，讲道理是讲不过他们的。怎么办？很头大对不对？最后，牛牛的高官们，在女王的支持下，把国内的清教徒都发配到了大饼另一边的新大陆去，眼不见心不烦。

开始的时候吧，这些清教徒还算很安分，老老实实地开发新大陆。可是慢慢慢慢地，他们终于发现了有些地方不对劲儿。

具体说起来，就是我们为什么要向牛牛国交税？我们杀土著人，我们种田，我们流汗，我们流血，得到的收成要上缴一大半，敬献给那个什么也不做的远在万里之外的见鬼女王，凭什么啊？于是，大家开始抗捐。

…………

## 15. 。

可问题是牛牛是牛牛，牛牛不是活雷锋，牛牛开发殖民地，为的就是税收，你们不交税哪行？对付这种情况，牛牛决定杀一儆百，十分残酷地干掉了一批带头的人。

不幸的是，新大陆也很大，虽然没有老大陆那么大，不过起码比牛牛国大几十倍。地盘大了，人的心胸就开阔，因为地广人稀，性子难免有些狂野，再也不像小国岛民那样冷静沉着，发现被镇压，立刻开始猛烈地反抗。

结果就是牛牛被打得头破血流，被迫承认白头鹰国独立，把军队调集到了白头鹰国北边的枫叶国驻守。防止白头鹰们兴高采烈之下，连枫叶国也吞掉。

那时候的牛牛还是世界老大来着，这头衔是从土鳖那里抢来的。白头鹰们发现自己居然能把牛牛推倒，哇咔咔，是不是说老子也有当老大的潜力？

于是，白头鹰们发愤图强，努力建设工业，尤其是军工业，海军练习得尤其棒。初具规模之后，立刻出兵，打败了过气了的西方小国西牛国。

西牛国被打败之后，茫茫大洋之中的夏果子岛就被白头鹰们占领了。舰队继续发兵，往西挺进，航行数千里之后，迎面遇到了小饭团国。此时的小饭团已经不是当初的小饭团了，满嘴的好牙全敲掉，都换成12K大金牙了，迎风一笑，金光闪闪对不对？这样拉风的造型，白头鹰看在眼里愁在心里，知道是同门师兄弟，不好惹得很，船队直接改道南下，打跑了另一个白皮猪国的殖民地卫队，自己占据了菲菲国。

当然了，菲菲国距离小饭团国太近了，而且菲菲国这破地方，易攻难守，白头鹰虽然占领了菲菲国，心里却没有底儿。知道小饭团随时翻脸都可能抢走，所以就跟小饭团谈条件："亲，要不你去调戏泡菜国吧，你使劲儿调戏，我保证不管……条件是你也不能来调戏我的菲菲国……怎么样？"

不怕没好事，就怕没好人啊对不对？

这个提议，小饭团一口就答应了。原因很简单，虽然石油啊铁矿石啊的啥都缺，可是小饭团最缺的东西，其实是粮食。没办法啊，工业革命完成之后，人口成活率一下子提高很多，国内大大小小的小饭团们不但意识不到岛国土地有限，所产的粮食就那么多，是不可能养活很多人的……这些破事小饭团们才不管呢，他们最喜欢做的事情就是男欢女爱。

男欢女爱之后就要生孩子，嘴巴多了怎么办？粮食不够吃怎么办？

好办，学弟泡菜家听说有富余……

…………

## 16.。

说起来，小饭团推倒泡菜的时候，下手还是挺轻的，只不过杀了点儿人，放了点儿火，顺便干掉了泡菜家的明成王后……也没干啥太过格的事情，日后小泡菜国翻老账的时候，小饭团泪眼汪汪："亲，我没有硬来啊，打脸带了棉手套，踢屁股穿了大头鞋，连弹脑瓜嘣儿都是用的高级橡皮筋……你为什么要恨我？"

为什么这么温柔？小泡菜不屑理论，但是小饭团还是有自己的道理的，而且十分宏伟的大道理哦，具体如下：

小饭团发现自己有做世界老大的潜力之后，早把自己当徒弟的事情忘得一干二净了，当儿子不是目标，当爹才是王道。

可是爹这个东西可不是好当的，没有实力还想当爹，百分百被打脸。

小饭团仔细地算计了一番之后，发现自己离当爹的目标还很遥远。第一，没地盘优势；第二，没人口优势；第三，没资源优势；第四，没技术优势；第五，没文化优势；第六，没……八格牙路，人生怎么这么悲凉呢？该有的条件一样没有，不该有的地震海啸火山喷发倒是一样不少。

小饭团想起了"前干爹"的话：世上无难事，只怕有心人。

好吧，什么都没有没关系，一步一步地来。

首先，就是地盘问题。没有足够的土地啥啥都是浮云啊。小饭团拿起周遭地图看了半天，得出一个结论：秃子的地盘最大，最好。其他东方小国，加起来都没有秃子的土地好，而且放眼全世界，也公推秃子家的地盘最好。

那么，秃子家（也就是曾经的土鳖家）的地盘到底有多好呢？我想这个时候必须仔细说说了。大家知道了这个星球像土豆而不像大饼之后，紧接着就明白了另外一个道理，那就是在这个星球上，纬度不同，温度也不同，这个事情的主管是太阳，它还身兼董事长和总经理，不用理会任何人的意见。

…………

## 17.。

具体来说，就是星球的南北两极因为阳光照射时间短，所以特别冷；而星球的中间，又因为阳光照射时间太长，所以太热。最好的地方，自然就是不冷不热的中间地带了。

纬度是指某点与星球球心的连线和星球赤道面所成的线面角，其数值在0至90度之间。位于赤道以北的点的纬度叫北纬。位于赤道以南的点的纬度称南纬。纬度的高低也标志着气候的冷热，如赤道和低纬度地区无冬，两极和高纬度地区无夏，中纬度地区四季分明。

土鳖国自然环境最糟糕的地方，就是最北边的"北极村"，位于北纬53度。那里年平均气温在－5.5℃。各月平均气温在0℃以下的月份长达8个月之久。气温年较差为49.3℃。常年寒冷如冬。

"北极村"夏季只有半个月左右，最高温度也不过20℃，夜里只有10℃左右，昼长夜短，白昼可达19小时以上。冬至日时日照时间四五个小时，而且日照很弱。

毛子的首都，北纬55度。

汉斯的首都，北纬52度。

牛牛的首都，北纬51度。

公鸡的首都，北纬49度。

枫叶的首都，北纬49度。

土鳖国最北边黑水省省会，北纬45度。

黑水省最北边的"北极村"，北纬53度。

看明白了问题的关键了吧？所谓西方强国，其实自然环境比较糟糕。很多国家的首都地区，都不如土鳖国最偏远的地方气候好。虽然区域性小气候有很多差异，不过纬度越高的地方越冷，这个是太阳的事情。

夏半年：全球越往北昼越长，夜越短。北半球昼长于夜，南半球昼短于夜。

冬半年：全球越往北昼越短，夜越长。北半球昼短于夜，南半球昼长于夜。

赤道上永远昼夜平分。春分、秋分日，全球昼夜平分。

有了这些自然知识支撑，我们就应该知道所谓西方国家的环境现状，具体来说，就是他们感觉不到四季，日照极其不平均，北边的那些白皮猪国家一年内的大部分时间每天只能看到3-5小时的太阳，光线还极弱，因为纬度高，人感觉天空很近，长时间的灰暗天空对人的精神会产生巨大的压抑感。夏天又反过来，晚上11点天才黑，凌晨2-3点就大亮了。

知道什么是鬼城吗？人口集中度再稠密的市区，到了晚上的时候，大街上人总是少的，半夜里没人是正常的，西方国家本来人就少，大半夜的，却艳阳当空，大白天里出现的死一样的寂静，没经历过的人是很难想象的。

为什么西方国家的人晒太阳那么起劲儿？那么使劲地晒日光

28

浴？那么满世界跑的旅游是热爱大自然吗？别恶心人家了，人家是被环境煎熬得不知所措了，在晒太阳的问题上，男女之间的尴尬已不是问题了，你明白为什么人家比较开放了么？

土鳖们大概不会知道，能享受着的四季，对很多外国人来说，都只能出现在梦里。

人类公认的适合生存的地方就在纬度33度至41度之间，因为那里四季分明，冷热适度。此之外如果人文环境比较好，价格实惠可以考虑到热点的地方，不过也就在纬度13度之处打住，再热就不行了。还有一点必须知道，那就是没人喜欢寒冷的地方，越是寒冷的地区越是人烟稀少，是不争的事实。

翻开地图，查看我们的土豆星球，找到纬度在33度至41度的地块。南纬那边，汪洋一片全是海，仅有一点点陆地，派不了大用。北纬这边，大饼的西边是地中海，骆驼国还算凑合有一块地皮，但那是干旱的高原。除了土鳖这一大块好地方之外，符合条件的也就白头鹰国了。

············

# 18. 。

土鳖国有山脉白头鹰国也有，白头鹰国有海岸线土鳖国也有，土鳖国有平原白头鹰国也有，土鳖国有黄河长江白头鹰国有密西西比河。粗略地看一看大家都差不多，可是这事不能认真，认真对比你就会发现这里边的差异实在是太离谱了。

土鳖是由西向东地从山脉慢慢转到平原再到海岸线，中间有黄河长江滋润。黄河靠着北纬40度，长江贴着北纬30度。这简直就是最理想的家园了。

白头鹰国东西两条长长的迷人海岸线，错搭了阿巴拉契亚山脉和科迪勒拉山系两根大肋骨，完全是癞蛤蟆上脚面，恶心死人不偿命。白头鹰国的平原在两根大肋骨中间，很难接受到海洋潮湿气息，所以越往中间越干旱。

更加让人崩溃的，是因为没有横向的山脉阻隔，白头鹰家更像一只炉筒子。每到冬季，寒流一路南下，大雪铺天盖地。夏季虽然没雪，却有龙卷风卷来卷去……

然后就是东西两座大山脉之间的平原，又被密西西比河一分为二，这对漕运的打击实在是太大了。此河的出口是仙人掌湾。仙人掌湾的主人是仙人掌国，不归白头鹰管，所以密西西比河出口处的港口，也不是白头鹰的第一大港口。

正是因为这样的原因，白头鹰如果要把货物从东岸向西岸运，历史上真就是开着船从北新大洲向南新大洲冲，越过南新大洲的最南端再向北转。近代有了新大陆中部运河，虽然可以不用绕南新大洲了，但这条线有白头鹰的死敌鳄鱼国管着，困难是可想而知的。

这就是真实的世界。这就是为什么土鳖的政策从来是不向外扩张的，而老外只想着侵占土鳖的领地。自己就住在天堂里有必要扩张吗？可是你不扩张，人家还是要问："凭什么你们在天堂而我们在地狱？"

内奸、外奸们造谣的各种土鳖崩溃论，就是想潜移默化地影响土鳖人民，换他们自己到天堂来享受四季。看到这里，再想想那些用来洗脑的花招儿，是不是觉得十分的可笑？用住在这个人间仙境的权利去换大半夜晒太阳的权利？用自己的户口去换白头鹰国铺天盖地的大雪和每年最少37次的卷来卷去的龙卷风？

土鳖的灿烂文化为什么会有别地方不可想象的发达？前提

就是因为土鳖地方好，土鳖人的脑袋才不缺弦，文明繁盛得一塌糊涂。

…………

## 19.。

秃子家的地盘这么美好，小饭团就动了歪心眼，所谓国际当爹三步走，有地有人有技术，下一步就可以开始干了。

技术这个东西，小饭团自己有一点，不多，起码够用了，那么人和地怎么解决？谁都想不出来小饭团想出来了啥高招：占了秃子的地，就拥有了秃子手下的人，加上自己的技术，不就可以横行土豆星球了么？

可问题是土鳖太大了，自己又刚刚成长起来，贸然出手玩儿大炮仗，搞不好会炸伤自己。不如温水煮蛤蟆，一口一口地来。土鳖太大没关系，再大也有被彻底吃掉的一天。再次看了地图之后，小饭团给自己制定出来了战略目标：欲征服世界，先干掉土鳖，欲干掉土鳖，必须先占领土鳖东北部的那一大片黑土地。那里土地肥沃，资源丰富，远离行政中心，最主要的，是距离自己最近，一伸手就能摸到。

比较让人不爽的，是小饭团和黑土地之间，隔着一个泡菜国……不长眼的东西，谁让你这么碍事来着？不推倒你推倒谁？不推倒你，土鳖的东北部黑土地我就只能看着摸不到。所以二话不说，直接推倒了泡菜国。

这里面有个技术活儿必须说清楚了，泡菜对小饭团来说，本来是可有可无的，没那么重要。可是条件如此，不推倒泡菜还不行。所以，小饭团推倒了泡菜之后，先骑着大马在泡菜家一通狂奔，坛坛罐罐打破无数之后，倒是没有再使劲儿地为难泡菜。用小饭团的话来说，就是消灭泡菜，不如把泡菜卷起来，让它看起来像饭团。

首先，就是咱们合并吧（是不是有点眼熟），小饭团刀枪在手，泡菜不敢反驳，只好合并了。合并了之后，小饭团把泡菜国王运回国内享福。具体怎么享福的不知道，传说有这么几种：

1. 找人给泡菜国王吃男性避孕药。

2. 给泡菜国王找了一个不会生孩子的老婆。

3. 勾引泡菜国王去搞同性恋。

4. ……

35. ……

5323. ……

结果就是，泡菜国王死后，血脉就绝种了。

…………

## 20.。

除了对付泡菜国王之外，小饭团还专门请专家，培养了一批洗脚水泡过的泡菜，让这些人为自己服务，自己当小鬼子。洗脚水泡菜就是二鬼子。这些都做好了之后，小饭团终于忍不住出手，伸向了秃子家的黑土地。

那个时候的秃子国内，哀鸿遍野，民不聊生。多年的宣传洗脑之下，秃子治下大多都是顺民。不听话的秃子们，有本事的自己独霸一方，秃子总统的话可以当成是放屁。这些人秃子总统惹不起，或者说暂时也管不了，只好听之任之。

那些没本事还不听话的秃子怎么办？虽然不多，可是坏榜样的力量是无穷的，必须加紧教育，拉着耳朵继续喊："三民主义哦，复兴土鳖国哦，全是大目标哦，你要支持我哦，不支持的话我有皮鞭哦……"

换点新鲜花样儿也就罢了，老是这几句话，听话的早就当牛做马去了，不听话的再说多少遍也是白搭。于是两边就耗上了，一个就是非让你听，一个是说什么也不听，改变不了的是两者之间有拉耳朵的关系。

耳朵这东西其实蛮脆弱的，驴子的耳朵那么长，大象的耳朵那么大，终究是没人能在耳朵里长出骨头来。耳朵被拉得日久天长之后，不听话的秃子们偶尔走过河边，往水面上的倒影一看，不禁吓了一跳！

啊！兔子什么时候学会游泳了？

这种傻瓜念头，当然是一闪就不见了。不听话的秃子们终于明白，自己已经不是秃子了，经过痛苦的演化，成了兔子。兔子觉得委屈，兔子觉得愤怒，兔子觉得命运实在是太不公了！老子只不过想要一个强大的祖国，有错么?！

…………

## 21.。

这个世界上从来就没有什么对和错，需要对比的是实力差距。

兔子知道，指望秃子们强国是不可能了，可是两眼迷茫，敢问路在何方？就在几近绝望的时候，从国外回来的海龟们，给绝望的兔子们带来了一点光明。

具体的事情经过是这样的：在大饼的西边，有一个国家叫毛子。起先也学习了牛牛的殖民主义，东征西讨占据了不少领土，甚至把土鳖国北方的大片不毛之地都占据了。可是因为地处北极，发展总是比不过南边的白皮猪兄弟，老是被欺负。

毛子郁闷了很久之后，打听到一个油族人叫老马，写的一手好文章，被称为马教课本。油族人写过不少惊世骇俗的好文章，西方宗教的源头旧教，就是油族人发明的。油族人号称世界的流浪儿，没有祖国，散居世界各地，经商为业。

旧教的出现，在土豆星球来说，尤其是对西方文明来说，是一件大事，因为旧教传播开之后，首先就受到了白皮猪各国的羡慕。后来有一位猛人，觉得旧教有些许可以改进的东西，就依着旧教，改良出来了新教，新教被大面积推广。除了旧教的老根子之外，几乎所有白皮猪国家都信了新教。

又过了些年，又出来一位猛人，这个人觉得新教和旧教都应该进一步改进，于是他在新教旧教的基础理论上，创立了绿教。

也就是说：绿教分自新教，新教分自旧教，三家原本就是一个理论系统的不同派别而已，这一点，是理论基础。当然了，很多矛盾也就是这么产生的。

旧教奠定了西方文明的基础理论，马教对世界文明的贡献，一样的非同小可。最大胆的实践者，就是毛子国，问题是，它还成功了。学成了马教的毛子也不再是毛子了，进化成了毛熊国，成为西方世界不可忽视的力量。

当留洋归来的海龟们，把毛子学马教的事情告诉了国内的秃子总统的时候，总统认为那是扯淡，平等？自由？民主？老子早就玩儿过了，牛牛、汉斯、公鸡他们都是这么玩儿的……翻了海龟一脸白眼之后，越看海龟的壳子越生气，他奶奶的，这东西老子当年也有来着……喝茶……慢走……不送……

总统府的大门外，等待海龟的兔子们，已经求贤若渴了。

…………

# 22.。

兔子接受了马教的理论之后，有了理论基础，因为有了毛熊做榜样，也有了目标，懵懵懂懂的兔子们开始为了他们的大国梦奋斗了。当然，四万万五千万的秃子国，几只小兔子是翻不起大风浪的，顶多算有了革命的种子。

这个时候的小饭团已经名正言顺地占据了泡菜国，并且把爪子伸到了秃子国的东北部。秃子总统有心无力，那个时候的东北部，是土匪秃子在管理，极端排斥中央军，属于那种不听话又没办法拉耳朵的军阀秃子，根本不鸟秃子总统。

不鸟秃子总统是因为总统的中央军打不过军阀秃子的东北军，可是小饭团的关东军却很厉害，东北军不是对手，只能暂时忍耐。

可惜的是，忍耐这个东西，小饭团练得滚瓜烂熟，土匪秃子根本不会。忍了没多久，就拍桌子暴跳了。小饭团留着土匪秃子是因为想更容易地控制东北，既然做不到了，留着老土匪也没用，都懒得推倒，随便搞个路边炸弹就给干掉了。

老土匪的死，让小土匪更加坚定了反抗小饭团的决心，他明白靠东北地方的实力是不可能打败小饭团的关东军的，干脆直接东北换大旗，通电全国，接受中央政府的领导，承认大秃子总统的合法地位。

棋局摆到这个地步，和平演变的路子是没法子走了。某年某月某日，小饭团直接出兵，侵占秃子国的东北三省……值此家国危亡之日，小土匪接到的第一份总统指令，居然是不抵抗。

很多人无论是当时，还是过后，都无法理解大秃子为啥下了这样一道命令，将几百万平方公里的土地轻易送给了小饭团？最想不通的人，自然就是老土匪的儿子小土匪了，东北是老家，东北没了，家就没了。

可是没用，再怎么申辩，大秃子的命令就是一句话：不抵抗。

为什么不抵抗？说起来原因很简单，大秃子认为，西方列强在秃子国都有自己的利益，如果小饭团独大，列强的利益就要受损，依仗国联的力量，就可以把小饭团赶出秃子国。而当时的小土匪，因为东北换大旗的事情，名气、人望高得无以复加，把小土匪和他的军队调离东北，也算间接地打击了小土匪的人气值。

事情就是这么简单。

…………

## 23.。

说点实在话，大秃子总统的眼光还是有的，问题是你不能把家国社稷的命运交到别人的手上。虽然后来证明国际友人的确出手，开始排挤小饭团了，可是秃子国却付出了极其昂贵的代价：

资敌对不对？小饭团平白多了几百万平方公里的土地，要人有人，要地有地，要铁矿有铁矿，要煤矿有煤矿……

小饭团的野心，土鳖国的传人们看得一清二楚，秃子总统要指望国联，指望牛牛、白头鹰给主持公道，可是逐渐成长起来的马教兔子们，却认为命运应该掌握在自己的手里。这就有点像银子，爹有妈有，不如自己有，老婆汉子还要张张口呢。

马教的兔子们虽然出身卑微，可也是土鳖的嫡系传人，打嘴炮的能力一点也不比秃子总统差。不过兔子们最大的优点，就是身体力行，先把自己武装起来，正好马教的基础就是发动群众，人手不缺，信心一来，啥都好办。

兔子们开始组织工人纠察队。插红旗，摆桌子，准备袖标、红领巾……小兔子们为了理想蜂拥而来，于是有了下面的对话：

兔子："欢迎欢迎，热烈欢迎！"

小兔子："不用这样客气啦，给我发只枪吧。"

兔子："现在物质匮乏，没有枪。"

小兔子："哦……那给把大刀也行。"

兔子："金属短缺啊，一把大刀熔炼一下，可以做成好几把扎枪呢。"

小兔子："哦……那就来把扎枪吧。"

兔子去仓库，回来："扎枪也没有了，先发你一根扎枪杆子吧！"

小兔子接过扎枪杆子……就是一根棍子，心想这个东西能干得过小饭团的火炮、重机枪么？

兔子耐心地解释："小同学，别着急嘛，你加入的只是工人纠察队，不是抗日义勇军，你的任务是维持社会治安……别担心，咱们会有自己的军队的。"

…………

## 24.。

　　小兔子们天天盼啊，就盼着早日有自己的军队，然后报名参军，光复东北，把小饭团踢翻……国内不是没有军队，秃子总统正用这些军队跟地方军阀相互制衡呢，根本没想用这些人去打击侵略者。

　　这是一种极其不合理的情况，土鳖千年独大，治下的人民，肯定有一种极其厚重的历史自豪感，我曾经当过老大，我知道当老大是一种什么情况。当前的世界，虽然西方列强都很厉害，可是毕竟还没有人能做到当初土鳖的辉煌。即便是牛牛，也只是若干方面可以比肩，全盘比较之下，牛牛的光辉还是差了很多。

　　兔子们郁闷的是，我曾经本来过得好好的，没招谁没惹谁，怎么就混到了今天这样一个地步？土鳖当老大的时候，万邦来朝是没错，大小属国也都有贡品没错，可是土鳖从来没有亏待过各属国啊。收了你的贡品，必须赏赐数倍价值的东西作为补偿，算起来还是属国们占了大便宜，并没有欺负人对不对？

　　相当长的一段时间里，各个属国去中原帝国朝贡，并不是一个苦差，相反，那是一次发财的大好机会，很多属国甚至就靠土鳖的赏赐过日子对不对？

　　当然了，属国的贡品一般都是真金白银，土鳖赏赐的东西一般都是高科技产品，比如瓷器、丝绸啥的，成本低得不像话，可是不管怎么说，当时的物价就是那么个水平，接受各国朝贡，对土鳖来说，其实是一件十分赔本的买卖。

满怀理想的小兔子们盼啊盼，务实进取的大兔子们可不能光指望天上掉馅饼。发现了国人还有热情之后，大兔子们作出了一个十分大胆的设想：既然可以招收小兔子，为啥不干脆招收一支或者几支秃子军队？

..............

## 25.。

最让人崩溃的是，大兔子们居然还成功了！

果然国人豪情未泯，恢复祖宗荣耀的心理十分强烈，爷当年是爷，爷为啥要当孙子？

大兔子们的嘴炮功夫，遗传自土鳖，进化于大秃子总统的"耳提面命"，效果自然不是一般的不同凡响。

大兔子们分头行动，通过各种人际关系，找上了各地的大小军阀，甚至直接找到了中央军的带队武官，把民族大义、国际形势、人生理想都搬出来，一番说教之后，奇迹居然出现鸟，秃子军阀、军官们，居然有人同意武装革命了。

军变！军变的目标自然是政变了……本来军变是比较难的，不过大秃子总统下手太狠了一点，这伙计眼睛里是从来不揉沙子的。小兔子的工人纠察队冒头之后，大秃子总统马上就意识到了危险，直接派军队镇压了。没收了小兔子们手里的木棍，喝令他们回到工厂好好干活，别他妈的爱国爱国的扯王八蛋。

还是不抵抗，还是不抵抗，收复东北遥遥无期，眼看着就要当亡国奴了，居然看不到一丝希望，有点尊严地活下去，就那么难么!!!学生罢课有没有？商人罢市有没有？工人罢工有没有？流亡首都的东北籍学生，围住了副总统小土匪的官邸，齐声高唱《东北流亡三部曲》，唱得小土匪都失声痛哭了有没有？

就在这样一种没有希望的情况下，秃子军官们也坐不住了，谁也不想当亡国奴，当不了大老爷就罢了，亡国灭种的事情无论如何也不能接受……怀揣大国梦的秃子军官们，在大兔子们的鼓动下，武装起义，掀桌子翻脸了。老子要强国，老子要尊严，老子要干翻小饭团，大秃子，你别挡老子的路，不然连你一起干倒。

…………

26.。

可锅子是铁打的，现实是残酷的，一个腐朽的政权，是没办法通过内部改良进步的。少部分秃子军官的武装起义，三下两下，就被大秃子总统镇压了，残部溜掉之后，秃子军官们开小差，丢下队伍自己跑路了。

大兔子领着残兵败将，要吃没吃，要喝没喝，牛肉罐头加可乐，只存在于想象……这日子可怎么过？要不要各回各家、各找各妈？

大革命失败之后，其实兔子内部分歧也是很大的，各种消极理论甚嚣尘上。实际上开小差的不光是秃子军官，很多耳朵不够长的兔子也跟着跑掉了。

难道就这样承认失败了么？难道大国梦就那么虚幻么？土鳖

以仁义立国，教化出来的子民也很善良，吃苦耐劳、勤俭奋斗、聪明勇敢……这样一群人，为什么没有一个强大的祖国？

软脚虾跑路了，意志坚定、怀揣不灭大国梦的兔子们还是决定要坚持下去。这里面有一个很关键的问题，那就是：再破烂的军队，那也是军队啊！总比工人纠察队有战斗力吧？最最最关键的，是这支部队可是有枪的哦！货真价实的汉阳造哦，比工人纠察队配备的木棍好多了哦！

大革命暂时是失败了，可是比起大革命之前，兔子们的实力其实还是壮大了，这个关键点，傻秃子们看不出来，耳朵不够长的兔子们看不出来，可是精明无比的土鳖嫡系传人大兔子，却给看出来了。

那句话怎么说的来着？对了，星星之火可以燎原啊！不管怎么说，火柴变成打火机了，不保留下去岂不是傻瓜了么？

摆在大兔子们面前的问题是，如何把自己的打火机藏好，避免被大秃子抢了去。

…………

## 27.。

军队这东西太显眼了，大城市、大平原都不能去，拉出去了之后，不但会被秃子打脸，还有可能连根灭掉。所以，最理想的地方，莫过于深山老林土沟沟里，山高秃子远，被打击的可能性最低，成活的可能性最高，于是，上山。

占山为王这种事情，秃子政权是最讨厌的了，派兵围剿是必须的，于是调兵遣将，百般围困，从精神和身体上一起打压兔子们的生存空间。

问题是这个时候的兔子，发现自己除了军队之外，居然还有地盘了！虽然只是几个山头，可是毕竟是老子的地盘……有人有枪有地盘，活脱脱的割据政权啊对不对？仗着山高林密，依仗地理优势，轻轻松松地就搞定了秃子军队的第一次围剿。

当地的秃子军害怕反击，只能退到安全地带修整，准备下一次再围剿。这样一来，事情严重了，秃子军让出来的安全地带，兔子们老实不客气地给占领了。根据地一下子扩大了好几倍有没有？人口多了好几倍有没有？拿着从战场上捡来的战利品，扩招军队有没有？结果就是，当秃子军队第二次跑来围剿的时候，发现兔子军队实力猛增，结果被打得惨败对不对？

接下去就是第二个轮回：秃子军队溃败之后，撤到更安全的地点休整，兔子们从战场上缴获更多的枪支，占据了更大的地盘，拥有了更多的人口，自然就有了更多的军队，全都准备好了之后，秃子军队第三次学雷锋做好事行动也开始了。

这样的事情，搞一次搞两次也就差不多了，哪有一口气搞了四次之多的？秃子军队四次围剿之后，兔子军队规模翻了好几倍不说，武器都换上了清一色的汉阳造，个别部队甚至还有缴获来的小山炮。

形势一片大好啊对不对？

就在这个大好的形势下，兔子自己内部反而出事了。

…………

## 28.。

实际上兔子内部，不但出事了，还出了大事，事关根本的大事。

事情的经过是这样的，兔子们的理论来自于海龟带回来的马教。马教的中心思想是全心全意地发动无产阶级，也就是工人阶级。这个在西方社会是没有问题的，尤其是毛子家，公鸡家，产业工人多的是。只要工人阶级觉悟了，那么社会大风气跟着就觉悟了，变革也就成功了起码一大半。

问题是土鳖国千年以来，以农业立国，工人阶级虽然也有，可是不算主流，最广大最广大的群众，其实还是那些面朝黄土背朝天的农民。四次反围剿的胜利，大兔子之所以能够迅速地得到人民的拥护，是因为大兔子坚决地斗地主、分田地，让每一个农民都有了属于自己的土地，从而得到了农民的支持。

数千年农业立国，土鳖的传人对土地的热爱，恐怕是没人能够切身理解的。有了土地，就等于有了安身立命的根本，这对土鳖农民来说，是一件性命、幸福攸关的大事，只要有人能办这件大事，就会得到农民全心全意的支持。

大兔子们正是因为这个，才创造了奇迹……可是这个奇迹跟马教的原始理论是有冲突的。可是现实的成就又没办法不承认，国外归来牛得一塌糊涂的马教海龟们，决定按照既定程序，给兔子们上一课，让这群乡巴佬见识见识啥叫留洋海龟。

马教的海龟们发动大城市的工人暴动，声势浩大，可惜工人手里没有枪，被秃子军队残酷地镇压对不对？大批的精英海龟慷慨赴义对不对？这个事情说起来还是蛮伤心的，那个时候的工人很热血的，那个时候的精英海龟也都是素质很高的真精英，不明不白地就挂掉了，岂不令人叹息。

问题是死了很多人，还有很多人没有死，大城市是混不下去了，马教海龟们别无退路，只能投奔大兔子的根据地……注意，不是过去当小弟，是过去当大佬。海龟们到了根据地的第一件事情，就是夺了大兔子的兵权、政权。

…………

## 29.。

根据地的权力体系，具体说来就是党、政、军权力体系，实行的是人民民主专政，党指挥枪，军队只负责打仗，没有多少行政权力。

海龟们到了根据地之后，党政军权一把抓，后来自己也觉得不好意思了，总要给原来的大兔子安排个职位吧，不然还怎么展开工作？

海龟："兔子，你来当主席吧。"

兔子："主席不是你自己刚当上的么？要让给我当？"

海龟："亲，你想多了，我说的主席不是国家主席，是妇女自救会主席。"

兔子："……俺是男的……"

海龟："同志，不要歧视女同志哦，妇女能顶半边天可是你说的哦。"

兔子："……"

海龟："你同意啦?"

兔子："……"

海龟："你没意见就好，以后好好干哈，看好你哦。"

于是，兔子成了妇女自救会主席。

兔主席的由来，基本上就源自这里。

…………

# 30.。

大兔子当了"主席"之后，十分的不开心。可是这个由不得他做主，服从组织分配，是每个马教教徒都必须履行的义务……其实海龟们还算有良心啦，好歹的还交给了大兔子半边天，没有直接任命他去当儿童团总团长。

儿童团暂时不用去管，妇女那半边天又有大兔子带领，肯定是不会错的了。海龟眼看着自己手里的另外半边天，兵强马壮对不对? 鸟枪换炮对不对? 后勤充足对不对? 啥子都有了，信心爆棚肯定也是免不了的了。

这个时候，秃子大军的第五次围剿又开始了。海龟们觉得，今时不同往日了，再偷偷摸摸地打游击、设埋伏、敲闷棍有点不合时宜了，现在腰杆子硬了，不妨明刀明枪地跟秃子大军对着干。

御敌于国门之外的口号喊出来了，根据地的同志们热血沸腾，真个真刀真枪地跟秃子大军打起了消耗战。战果肯定不错，可是伤亡未免太大了……海龟们虽然理论基础雄厚，可是不懂军事，消耗战这种东西，战果如何固然重要，可是最重要的还是消耗两个字，你消耗得起，你就能赢，你消耗不起，准输不误。

让我们看看当时双方的实力对比：秃子一边，管辖着全国2000多个县，虽然东北被小饭团抢走了近百个县，可依然有2000个县在手。那么马教根据地这边占了多大土地呢？只有几个县而已。

拼消耗的结果，自然是老本一眨眼就没了一大半。

军队少了，根据地跟着就缩小，武器弹药跟着就不足，到后来，海龟们没辙了，受不住了，只好带着残兵败将跑路了。那个时候，大兔子还在当"主席"呢，啥权力没有，只能跟着跑路……
…………

## 31.。

问题是跑路这个东西，是很影响士气的。今天跑，可以，明天跑，可以，天天跑路，时间长了，大大小小的兔子们都要崩溃了，我们还能成功么？

这个问题，海龟们虽然理论强悍，偏偏解决不了。于是，跑到一个昏天黑地的地方的时候，全军上下都不跑了，大家要商量一个出路出来，这样满世界地乱跑，越跑人越少，早晚会跑光的。

就在这个时候，人们终于想起来我们原来是不用跑的，我们跟着大兔子，活得很潇洒来着，有理想有热情，有目标有成就，一步一个脚窝儿……民心所向，众望所归，这样的人才不能光当妇女那半边天的主席，这样的人才应该做全体兔子的主席，包括女的半边天，男的半边天，以及男女半边天的后备队儿童团。

大兔子上位了，全体兔子都想让他再带领大家打出一个根据地来，结果大兔子考虑了半天之后，说："同志们，我们继续跑路吧！"

全体大哗对不对？伤心失望对不对？玻璃心肝碎了一地对不对？

面对着群情激奋，大兔子站出来安抚人心："同志们，我们的理想不丢人，很伟大，很光荣！可是为什么我们接连地失败呢？"

这个问题问得好，这也真是一个大问题，众兔子一起发难："亲，这个问题是我们问你的好不好？你怎么能拿过来反问我们？"

大兔子点了点头："答案其实很简单啊，马教的理论是外国人的理论，毛熊国虽然用了那个理论成功了，可是那只是因为马教的理论能够应对上毛熊国的国情。我们的国情与毛熊国不同，生搬硬套马教的教条理论，出问题是肯定的。"

明白了问题的所在了，事情就好办了，怎么办？马教理论土鳖化，不就行了么？

接着，大兔子总结了马教理论土鳖化的第一条：柿子要拣软的捏。

…………

## 32.。

大兔子带着小兔子们一顿反省。

大家回头想想，这些年不断地做大，的确是一路捏软柿子捏过来的，先拣最软的柿子捏，捏爆了之后，好吃不粘牙，肥水大大地。然后再捏，再捏，捏破了几个软柿子之后，自己自然就做大了。

关键的问题是，做大了之后，就可以捏更大的软柿子了。更大的软柿子拥有更多的油水，营养更加丰富……

如此这般，一番回顾，众兔子叹服。海龟们也没意见……就捏错了一次硬柿子，就导致了大溃败，根据地没有了，人心涣散了，前途都悲凉了。还好大兔子承接了土鳖最精华的处世哲学，不然摊子都收不了。

经验总结出来了，下一步怎么办？

大兔子说了，现在立足的这个地方，不是好地方，咱们还要继续跑路。不过这次不能再乱跑了，这次咱们要往软柿子家里跑，捏软柿子的时候注意手劲儿，发现太硬赶紧撒手，发现很软就坚决不能客气。

行动办法有了，行动目标还没有呢……大家商议之后，觉得不能再在南方待了，在南方只能跟秃子打，自己人拆烂污不是目的，打倒小饭团才是终极理想啊！小饭团在哪里？小饭团在东北呢。

当然了，有鉴于兔子们现在的实力差距，直接跟小饭团硬拼就是找死，所以不能直接去东北，但是北方还是必须去的，不然怎么打小饭团？

目标有了，方案有了，人心稳定，经过一番艰苦的努力，大兔子终于把队伍带到了北方，成立了更加强大的根据地。

根据地成立之日，大兔子通电全国："我们的目的是打败小饭团！"

…………

## 33. 。

对于兔子们的伟大理想，秃子们嗤之以鼻："说大话呢吧？你倒是去打啊！光嚷嚷有屁用？还不是一群土匪……"

秃子们的战略眼光还是有的，说的也是实话，当时的兔子确实没有实力跟小饭团硬拼，可是秃子们忽略了一件很重要的事情，那就是兔子们好歹的还敢喊一喊打倒小饭团，秃子自己连喊一喊都不敢。

群众的眼睛那是雪亮的，个别瞎子虽然也有，可毕竟多数人都是明白人。兔子们到底有多大实力谁都清楚，可是在这样一个民族危亡的时候，明知道指望不上秃子了，那么，为什么不指望指望兔子呢？

于是，热血青年往来于道路，八方汇聚，一起往兔子家赶。兔子的实力一天天壮大，秃子兔不了还要围剿围剿再围剿……这点兔子们还是很欢迎的，有了大兔子做领导，秃子们的围剿就等于是来送礼，为什么不笑纳？

所以，一番围剿之后，兔子们更厉害了。

秃子总统不抵抗的政策，终于还是伤透了国人的心。大国梦，毕竟不只是兔子们才有，土鳖的每一个传人，有谁没有自己的大国梦？大国梦靠打兔子就能打出来么？只有打败了小饭团，才有了大国梦的基础啊！

在这个问题的认识上，最痛心疾首的人，首推副总统、海陆空军副元帅小土匪。真正的国恨家仇，全都是拜小饭团所赐。北方汉子的耿直、大义，也不允许小土匪永远地窝囊下去，他势必要有所作为。

无数次的上书请战之后，无一例外地都被否定，秃子总统给小土匪的任务只有一个，那就是干掉兔子，美其名曰"攘外必先安内"。

还是那句话，土匪从来就不会忍耐，老土匪忍不了，小土匪也一样。老土匪挨了路边炸弹袭击，丢了性命，并不能让小土匪学会忍耐，当他暴跳了之后，他做了一件让全世界都瞠目结舌的事情：把秃子总统抓起来，关在狗窝里，兵谏！

…………

## 34. 。

兵谏这个东西……先说兵，兵者，国之大事，死生之地，存亡之道，不可不察。这个东西不是开玩笑的，兵谏说白了就是一条路，要么你听我的，同意去打小饭团，要么我就干掉你，我自己去打小饭团。总之，不管你同意不同意，小饭团挨揍是肯定的了，至于你自己是死是活，你自己看着办。

看看，到底是土匪啊，玩法都那么的高杆儿。

这种大事，兔子们也很震惊，同时不免高看了众位大大小小的秃子一眼，觉得这些人要是把耳朵拉得长一点，不也是兔子们？

当然了，不能眼看着大秃子和小土匪就这么僵下去，杀了一个大秃子作用不大，国军那边马上就可以再选出一个大秃子来。因此，兔子的代表们被请到了小土匪的驻地之后，耐心地做起了双方的斡旋工作，具体无非如下：

1. "大秃子，你不要给脸不要脸哦!"

2. "大秃子，你不要给脸不要脸哦!"

3. "大秃子，你不要给脸不要脸哦!"

4. "…………………………………………"

52. "…………………………………………"

1896. "…………………………………………"

事情到了这个地步，秃子总统只能是认栽了，反正小饭团是要挨打了，自己犯不着跟着做替死鬼，你们不明白老子的苦心，那老子只好明白你们的苦心了。你们要打小饭团，那你们就去打好了，老子不管了……不，老子同意了!

之后，大秃子通电全国，表示开启全面抗战，接受兔子们的武装部队为国民革命军，配发军饷枪支，服装弹药，大洋粮食……小兔子们看着这些东西乐开了花……哈哈，亲们，我们终于被国家承认了，我们爱国终于不是大逆不道了，我们的大国梦终于合理合法了……

之后，兔子们忍不住又哭了：我们的要求很过分么？
…………

## 35.。

兔子们不激动是不可能的，兔子从无到有，从小到大，最头大的问题，就是手里没有胡萝卜。没有胡萝卜的兔子可有多苦命？当然了，胡萝卜莫名其妙地有了，原因还是要搞清楚的，以便将来弄到更多的胡萝卜。

于是，大兔子终于揭开了马教理论土鳖化的第二条：宣传也是硬道理。

不服气？你看看，老子只不过发了一封电报，就有了大批的支持者，追随者，还有人巴巴地送来了枪支弹药粮食服装，难道是天上掉下来的？那自然是因为自己的话说到了人家的心里，心甘情愿地来帮助你。

这世上的人，一般分好几种的。敌人一般就是柿子，是捏软的还是捏硬的，前面已经交代过了。除了柿子之外，还有一类人叫同胞，对于这些人，捏是不行的，因为不管你要做成什么事，都必须得到同胞的支持，那么，怎么对付同胞？

打不得，骂不得，骗不得……给点好处收买吧，自己比秃子穷多了，何况收买同胞这个事情上，秃子也无能为力。那么，如何得到同胞的支持？好主意没有，馊主意一大堆，最管用的，就是宣传了。宣传好了，各种鼓励各种支持要啥有啥，还热烈鼓掌；宣传得不好，顶多被人骂一句放屁。

大兔子定下忽悠目标：让人民为我们鼓掌，让人民认为秃子们只会放屁。

现在好了，胡萝卜从天而降，各种怨气都没有了……本来嘛，兔子们青春年少，还是很有一些伟大的理想的，这之后，兔子全心全意地帮着秃子们做了很多事，包括建设民主，包括尊重自由，包括全方位地搞国家建设……

兔子们这是要打入内部搞垮我啊……就在秃子总统百般头大之际，已经占据了东北三省多年的小饭团，终于觉得自己准备得差不多了，某年某月的某一天，驻扎在东北的小饭团军，发起全面占领秃子国的战争，誓言三个月内吞并秃子国。

…………

## 36.。

小饭团终于打进家里来了，秃子总统还是很伤心的。为什么？因为这与老子算计的好像不太一样啊！

前面说了，秃子总统还是有点战略眼光的，在他看来，西方列强之间，因为汉斯国越来越强大，西边的大饼上，火并肯定是免不了的，一旦打起来，那可就是第二次世界大战啊对不对？

说到这里，要普及一下东西方文明对文化认知的理解。

西方人认为，一切都是制度决定论，奴隶社会强于原始社会，封建社会强于奴隶社会，资本主义社会强于封建社会……毛熊们认为社会主义社会强于资本主义社会……当然这点西方列强们是不承认的了，还因此狠狠地教训了毛熊。

可是东方人比较实际，在东方人看来，产业决定论才是真理。放开了来说，就是青铜时代强于石器时代，铁器时代强于青铜时代，工业时代又强于铁器时代……后来西方人又加上了信息时代强于工业时代……当然，这点后来土鳖的传人兔子，也是不承认的，并且因此狠狠地教训了西方列强。

好了，有了这些理解之后，我们回过头来再看秃子总统的想法。在他看来，资本主义作为人类的终极社会制度，有一个巨大的缺陷，那就是谁都想吃肉。可是肉就那么多，不打起来是不行的。因此一次大战结束之后，秃子就敏锐地感觉到二次大战很快就要到来了。

秃子抱的大腿是牛牛和白头鹰，在秃子总统看来，只要打起来，牛牛和白头鹰是稳赢的，他们稳赢，那么汉斯和小饭团自然就稳输。小饭团已然站在了稳输的地步，老子为啥还要出力去打小饭团？让他自生自灭不好么？

以前老花还不信，现在看来，秃子总统肯定是日本漫画看多了。

…………

## 37.。

为什么说秃子总统漫画看多了？那还不简单，秃子总统指望的西方列强混战还没开始，小饭团居然就先开战了，西方不亮东方亮，真叫人徒手捧刺猬啊是不是？小饭团真该死，干啥不等等你西方的汉斯国盟友，为啥自己先动手了呢？

秃子总统想不通，去问大兔子，大兔子一语中的："废话！汉斯在西边开战，对手是公鸡国和牛牛国，还有不可一世的毛熊国，汉斯做准备的时间当然要长一点。小饭团在东方，目标只有咱们国家。你这么多年来无所作为，小饭团自然准备得很快！"

秃子总统气得在心里大骂："放屁！这么些年，要不是你跟老子捣乱，老子会让小饭团这么顺利么……"不过这话秃子总统说不出来，因为说出来了也没人信。

号召全国抵抗是必须的了，不管怎么说，秃子总统的战略眼光，还是有点作用的，秃子手下的情报部门也不是吃素的，他们早就确切地估计出来了第二次世界大战的大致爆发日期……不信？那好，我来告诉大家，秃子是怎么计算的。

还是上面说的那个产业决定论，一次大战的时候，毛子国内爆发马教革命，直接退出了一次世界大战，内部整肃什么的，就不说了，单说产业升级这一块，毛熊的领导人，可是下了大决心的。

从炼钢采油，到机械加工，从螺栓螺母，到车床铣床，从电力火药，到汽车仪表……总之，毛熊国在铺一个很大很大的工业基础摊子。这个摊子有多大？举一个例子就能说明了：年产坦克两万辆！再举一个例子：年产飞机四万架！

现代化的战争，不同于古代的战争，因为动员机制的大大加强，比的其实就是消耗战，关于消耗战的厉害，秃子早就领教过了，十分、非常、极其的可怕。虽然秃子并没有把消耗战打到最后，不过可以想见的，就是双方一旦打起了消耗战，势必要把其中一方消耗到油尽灯枯为止。

年产坦克两万辆，飞机四万架，那是什么概念？汉斯，你赢得了么？

…………

## 38.。

可能有的同学要问了，打不赢就不打呗，干啥非要鱼死网破？

不懂了吧，打仗这个东西，不是你想打就打，不想打就不打的。说白了，不是汉斯想打毛熊，而是怕极了毛熊会打自己。要知道汉斯国和毛熊国之间，都是一望无际的大平原，中间夹着的波波国，还是一个毛熊和汉斯公认的欠手爪子，一打就叫唤，不打就惹事儿。

当毛熊的工业摊子完成了百分之九十的时候，汉斯绝对地坐不住了，毛熊国已经把国内的坦克群压到边境上来了，只要毛熊家的产业完成了最后的百分之十，汉斯国就绝对地死定了。想活下去，就必须开战了。

什么旷世名将啊，什么沙漠之狐啊，什么盖世太保啊……统统都是扯淡，工业基础才是王道，打不过你，耗也耗得死你。

国外的事情暂且不说，回到国内。

小饭团开战了，秃子总统被迫应战，大败亏输对不对？正面战场，国军节节败退对不对？整军整师地给人家歼灭对不对？连接东北的门户一朝洞开，千年古都被攻占对不对？丢脸丢到家了对不对？

不对！

不是没有丢脸，而是根本没闲心管脸面的事情了，河北沦陷之后，山东沦陷，小饭团的下一步肯定就是进山西了，傻子都能看出来了。

秃子给驻兵在北方的兔子发令，让兔子的改编国军，协助国军驻守山西。同时秃子没忘了恶心兔子："亲，你们不是要打小饭团么？现在小饭团送上门来了哦。加油哦，我等着让国军将士向你们学习哦……"

秃子以为这样就可以吓唬住兔子，没想到兔子就是靠吃打小饭团这碗饭活命的，你不让我打，我都要自己动手了，现在你也让我打了，老子为啥不打？……当然了，打仗这玩意儿也是艺术，不能乱打，要保持优良传统。

兔子们的优良传统就是：柿子要拣软的捏。

…………

# 39.。

　　小饭团开往山西来的部队都是正规军，把国军打得稀里哗啦的，肯定全是精锐了，号称三个月灭亡秃子全境，不可能派来一群破烂啊！这样的军队里面，什么地方是弱点？哪个部分是软柿子？

　　这种事情秃子们是看不出来的，不过兔子干这个事情可就得心应手多了，部队又怎么样？部队也不全是排头兵，总有后勤部队吧？总有炊事班吧？总有小辫子吧？好，就算小饭团进化得啥都没有了，老子就不信你没有落单的时候！

　　经过缜密的侦察，兔子的大佬们发现，敢情小饭团也没进化到三头六臂，该有的弱点一样也不少……既然这样，还客气啥？抄家伙，干丫的。

　　有鉴于以前秃子的军队总输，有鉴于这是兔子跟小饭团之间的第一战，所以必须赢，不能输。

　　于是，兔子的精锐部队在进往山西的必经之地平型关，设下了埋伏圈。准备给小饭团一点颜色看看。

　　一战成名，一举干掉了小饭团一千余名士兵，为抗战以来的首场胜利！消息传开举国振奋对不对？重回信心对不对？小饭团军队不可战胜的神话被打破了对不对？兔子大佬们听到了这个消息之后，大惊失色对不对？

　　没错，你没有看错，这一个胜仗打下来之后，连秃子总统都通电嘉奖了，可是大惊失色的不是小饭团，而是兔子的大佬们！

为什么打赢了还大惊失色？说白了之后，谁听了也都会明白的：埋伏战，包敌人的饺子，用自己的精锐部队去打小饭团的后勤部队，伤亡比居然是1比1。这叫什么情况？这是好兆头么？

兔子终于明白，摆在眼前的敌人出乎意料地强大，很强大。

…………

## 40.。

兔子们终于明白了，想尽快消灭小饭团是不现实的。双方的产业实力差距太大了，大到短时期内，任何战术手段都弥补不了。所以，在举国上下为这场久违了的胜利欢欣鼓舞的时候，兔子们紧锣密鼓地开始了下一步的行动。

下一步什么行动？下一步自然就是山西保不住了。不但山西保不住了，大部分的国土恐怕都要保不住了。情况糟糕到了无以复加，我们的兔子们还有什么办法坚持下去嘞？有的，兔子们从来都是最坚韧的。

大兔子……这样说有点容易混淆，咱们换一个说法，大兔子在国人之中，应该算是高个子了，据说有186公分，咱们就以身高来称呼他为186。

186召集头头脑脑的兔子们开会，分析目前战局，总结的结果是：这是一场长期的战争，不是一两天就可以打完的。同时，186给兔子们指明了前途："小饭团毕竟是小饭团，最大的缺点就是太小了。兵力不够。反之，我们的国土又太大了，如果在各个地点牵制敌人，就会大大地削弱小饭团可以调动的集中兵力，没有优势兵力，仅剩一半的国土是可以保住的。"

为什么先提这个？老实说，打败敌人固然很重要，可是自己活下去才是硬道理，只要自己这边不死绝了，就有希望打败敌人。

从这一天起，兔子们分散兵力，深入广大农村，建立起来了无数的根据地。

那么，186的理论是不是站得住脚呢？好吧，事后多年，白头鹰的总统给出了这样的评价："对二战贡献最大的国家名单之中，请不要忽略了土鳖国。如果不是土鳖国牵制了大部分的小饭团军队，那么小饭团就可以从东往西，与汉斯国一起，两路夹击毛熊国，毛熊国如果两线作战，必败无疑。毛熊国要是败了，整个大饼就是法西斯的战利品了，远在新大陆的白头鹰国，是没有能力挑战大饼世界的。"

后来二战结束，成立了联合国，土鳖成了安理会五常之一，不是白来的。

…………

# 41.。

接下去的事情都不用细说了，秃子举全国之力，连战连败，大规模的会战就没有一次成功的，军队上百万地消失，国土大块大块地失手，没过多久，果然就只剩下了半壁江山，怎一个惨字了得。

情况遭到了这个份上，秃子总统上火了吧？NO。他才不上火呢，不但不上火，反而很开心，盼了N久的好消息，终于等来了：西方列强，终于开战了。

二次大战正式开打，全世界都被卷了进来，所有国家都要站队，汉斯、面条、小饭团三国，组成了轴心国联军。牛牛、毛熊，还有白头鹰，组成了同盟国盟军，秃子自己都不用站队，直接就被白头鹰拉着入伙了。

对了，说到这里，肯定会有同学问公鸡国干吗去了？二战都战到这个地步了，作为西方世界里的一流强国，怎么连个站队的资格都没有？遗憾的是真的没有资格了，汉斯国向公鸡国开战之后，公鸡国直接就投降了。

很多人骂公鸡没种，其实有点冤枉公鸡了。要知道一次世界大战的时候，公鸡可是战胜国，是坚持到了最后的国家。可惜的是，最先出局的损失却不一定最严重。而恰恰是战胜了汉斯的公鸡国损失最惨重。一战西面战场主要在公鸡国境内，公鸡国工业生产受到很大打击。当战争结束汉斯出局后，牛牛和白头鹰迅速结盟共同对抗公鸡国。因为他们不能让一个国家称霸西边的大饼。

公鸡国要收回他在一战中被迫割让的城市时，牛牛和白头鹰立即干预，让该地区的人民公投，最后将其重新划回汉斯国（情形如同阿扁公在弯弯搞民众公投一样，只是阿扁公失败而已）。这招直接打击了公鸡国气势，鼓舞了汉斯国的纳粹。

同时白头鹰国向汉斯国贷款扶持汉斯国，情形与二战后白头鹰扶持小饭团是一样的，只是未驻军。公鸡国被迫撤军放弃了已占领的鲁尔地区。而白头鹰国为了扶植汉斯国来对抗牛牛和公鸡，主动帮汉斯国抹掉了巨额的战争赔款。

…………

# 42.。

结果就是汉斯在第一次世界大战战败后，没有受到任何惩罚，还得到了白头鹰国援助。相比较公鸡国在这场争霸游戏中经济受打击，工业也未恢复，土地也未收回，损失惨重。公鸡国只能眼睁睁地看着汉斯国纳粹壮大而无能为力，所以在二战之前公鸡国国内反牛牛、亲汉斯的呼声日益高涨。

公鸡国在二战无力也无心与汉斯国对抗，于是当汉斯国同意保证公鸡国及其殖民地的完整性后便投降了。

以上这些破事秃子才懒得过问呢，他只想到了自己的利益。

被白头鹰拉着入伙，就意味着可以得到无数军事援助，包括各种武器弹药，甚至还有飞机。有了武器，军队还不是一声招呼就拉起来了？别忘记了土鳖国啥都缺，就是不缺人，小饭团不就是干掉了几百万秃子军队么，白头鹰的军援到了之后，秃子马上就给小饭团展现了一下自己的组织能力……短时期之内，又组织了几百万的大军。请注意，清一色的白头鹰装备哦。

那么，有了这些装备和大兵，可以与小饭团决战了吧？白头鹰是这样想的，牛牛也是这样想的，连小饭团都是这样想的……问题是，秃子并不这样想。

秃子的想法基本没变：小饭团已经注定要失败了，老子为什么还要费劲儿去打他？只要拖住小饭团，盟军方面的任务就算完成了，我使劲儿打小饭团，就算打败了小饭团，我自己也损失惨重，我图什么？

最要命的是，万一小饭团把老子打败了，老子可就啥都没有啦。

可是，手里有了这么多好武器，不用用又有点太可惜了，找谁来练练手呢？秃子脑海里蹦出来的第一个影像，是一群耳朵长长的家伙。

秃子向白头鹰看去，白头鹰什么都看不到。

…………


## 43.。


杀人放火这种事情，怕的是警察。既然白头鹰没啥表示，甚至暗地里还给秃子总统提供了狙击枪，那秃子总统会客气么？

当然了，同室操戈，不管怎么说都太丢脸了，秃子可以不要脸，可是国际友人都看着呢，国际面子却丢不起。秃子总统想了想，想干掉兔子，也不是非要自己动手不可，假借小饭团的手灭掉兔子，不是也很顺畅么？

那个时候，土鳖国大半领土都被小饭团占去了，秃子总统的中央军被挤压到了剩下的一半国土上。敌占区的事情，秃子有心无力，根本管不过来，只能靠兔子在那边打酱油，兔子本身装备啥的都没有，白手起家，吃的苦简直没法说了。牵制了大批的小饭团军队，对土鳖们整体的作战行动，做出了巨大的贡献。

问题是你做得再好也没有用，鸡蛋里面挑骨头的事情，秃子总统还是很拿手的。于是，秃子总统给兔子们发电报："同志们，你们深入敌后，号称游击，实际是游而不击！你们再不做出点成绩出来，老子要怀疑你们通敌了。"

化整为零的游击战，实际上对敌人的有效杀伤也不小。可是都是零星事件，机动灵活才能活下去。而且游击战说白了，也是最不得已的战争方式。按照西方人的理念，打得过你我就打，打不过你我就认输。

可是东方人不是这么想的，尤其是兔子，这么多年的艰苦奋斗，争取来的，无非就是反抗小饭团的权利（这目标怎么这么让人心酸？），就算是打不过，那也不能认输，哪怕条件再艰苦，与小饭团斗争的决心不能丢。

好吧，现在秃子总统的命令下来了，要搞大一点的动静……要是有实力的话，老子早就真刀真枪地跟小饭团拼了，老子还用打游击战么？这些道理反馈到秃子总统那里，遭到严厉的呵斥：老子养了你们这么久，老子不能白养着，老子就是要听大动静，你们看着办。

…………


# 44.。


小饭团的正规军很厉害，正面冲突，多是兔子吃亏。放个冷枪，敲个闷棍，集中优势兵力端个炮楼啥的，兔子比较拿手，真跟小饭团硬磕，多半自己会头破血流。可是秃子总统的命令又下了，怎么办？

兔子们商议了一下，觉得还是老办法管用：柿子要拣软的捏。自己实力不济，跟小饭团的正规军没办法比，不过打击打击小饭团的后勤线，还是没问题的。

于是，兔子们在当年的八月末，动员了一百多个团，展开了轰轰烈烈的百团大战，一口气打了小半年，歼敌五万余人，把小饭团的后勤攻击线打得乱七八糟。

后勤补给线，那就是生命线，小饭团也急了，调集重兵反复围剿……小饭团好歹也是土鳖的养子，算账的能力比不上秃子，可也差不多。粗粗地一估计，靠，原来兔子在我占领的地盘里，就一百个团啊。平时难得遇到兔子的主力，现在给机会全歼了，可不是正好送上门的鸭子么？

小饭团的猛烈反击，给兔子们造成了不小的损失，敌后游击战更加艰苦了……秃子总统很满意，一石二鸟啊，哈哈哈，都挺难受的吧？借兔子的手，搞乱了小饭团的作战计划，吸引了大批的小饭团军队，使得秃子军队在正面战场的压力一下子小了很多，很多秃子军官甚至都考虑来个大反击，被秃子总统一顿臭骂老实了。

当然了，小饭团难受是好事，对于秃子总统来说，借机会消耗掉了兔子的实力，更是让人感到心情愉悦。秃子总统觉得，兔子们的实力已经被消耗得差不多了，是时候"扶上马，送一程"了。

请试想下面的场景：

家里半夜来了小偷，兄弟两人一起跳出来准备抓小偷，当哥哥、弟弟还有小偷，三个人面面相视的时候，哥哥没有抓小偷，而是反手给了弟弟一巴掌："小子，老子看你不爽好久了哦……"

…………

## 45.。

　　现实情况，也差不多，唯一区别是，秃子并没有打了兔子一巴掌，而是抓起砖头，把兔子打得头破血流。小饭团还在土鳖国横行霸道，欺男霸女，兔子的主力部队却被秃子干掉了对不对？军饷武器从此不给了对不对？全国通电，抽调对付小饭团的精锐之师去打兔子对不对？

　　有人可能会问："秃子为啥非要打兔子不可呢？"这个回答起来很简单，按照秃子总统的想法："小饭团注定是要输的了，小饭团输了以后就会滚出土鳖国，到了那个时候，兔子要是跟老子争夺国家领导权怎么办？"

　　要知道现在敌占区和国统区一半对一半，人口方面，还是敌占区比较多，小饭团滚蛋之后，按照白头鹰和牛牛的规矩，要举行全民公投，也就是搞啥子垃圾民主选举。自己在敌占区那边，屁影响力也没有，远远不及兔子的人缘好，就算是国统区之内，也有不少人为兔子叫好，这要真选起来，自己就算不输，起码也要分给兔子好多参议院众议院的席位……那可有多不爽？

　　所以，秃子总统挥舞板砖拍兔子的时候，一点都没客气。

　　那是一个风雨交加的夜晚，兔子满头大包，浑身是血，一边在野地里仓皇逃跑，一边猛飘海带泪，"呜呜，再也不相信什么爱情了……呜呜……"

　　这一次，因为全然没有防备，也全然没有想到，更加根本不相信秃子会在这个时候对自己下手，兔子的损失很大很大。本来就没有多少主力，这下子更加地孤家寡人了，以后的日子可怎么过？

当然了，正是由于主力部队少，所以这次吃的亏虽然大，对兔子来说，还不算伤筋动骨，毕竟自己的大部队都分到农村去了。就在这个时候，小饭团的联络员找到了兔子："兔子，秃子做事太王八蛋，以后咱们俩一伙，一起打秃子吧，怎么样？"

…………


## 46.。


本来兔子就够窝囊的了，小饭团再这么一恶心，眼睛都气红了。靠，老子拼死拼活，还不是为了打败小饭团？秃子虽然王八蛋，可老子不能王八蛋，老子心中的大国梦总能实现。跟你合作？合你妹！

兔子断然拒绝了小饭团的引诱，开始认真地思考起来，以后的路怎么走？自己两手光光，胡萝卜又紧缺起来。秃子那边刚翻脸，不可能再给给养了。白头鹰只认秃子政府，压根不会给兔子半点东西。

……想来想去，觉得这个时候，可以靠一靠老大哥毛熊。于是让海龟再出国，去毛熊国请求援助。

不幸的是，很会算账的秃子总统早就料到了。他派了代表团，去毛熊国，签订了一系列的国家级条约合同。所以，当兔子这边的海龟到了毛熊国之后，啥支援都没得到，回来后向186兔子哭诉："毛熊说我们是人造黄油式的假马教徒，不给支援。"

众兔子都很沮丧，186兔子大手一挥："没有支援就没有支援，没有枪没有炮，敌人给我们造！以后不管是秃子的枪还是小饭团的枪，看着好就直接抢过来，反正他们也说我们是土匪么，客气啥？至于没有靠山，那都是扯淡，我们为什么要向外找靠山？我们的靠山就是人民，有人民做靠山，我们就能取得胜利。"

186的威望还是有的，大大小小的兔子们决定按照马教理论土鳖化的第三条继续往下走：农村包围城市，武装夺取政权。

这个指导思想无疑是十分伟大的指导思想，帮助兔子们得到了土鳖国的领导权。

从此，兔子安安心心地扎根农村，全心全意地为人民服务，最终得到了最广大人民的普遍拥护，实力更强大了。

…………

# 47.。

面条国和汉斯国先后认输，自己脱了裤子，随便让人打屁股。小饭团在东方却没怎么吃大亏，自我感觉老子还有半盆洗脚水呢，你们能把老子怎么样？

问题是汉斯、面条投降之后，毛熊腾出手来了。

海军方面，白头鹰的航母舰队一口气顶到了小饭团家门口，天天往小饭团家里扔鞭炮，把小饭团家里的门玻璃、窗玻璃、玻璃镜子、玻璃杯子炸得稀巴烂，眼看着小饭团已经靠不住了，白头鹰又极其阴险地在小饭团家扔了一个蘑菇蛋。

蘑菇蛋的威力太大了，一下子一座城市就没有了。

小饭团上下，举国震惊，参谋本部里面吵成一团，大部分人的意见是："不要怕，白头鹰只有这一个蘑菇蛋。"几天以后，白头鹰扔下了第二个蘑菇蛋，又一座城市没有了。

小饭团们都傻眼了……丫的蘑菇蛋肯定多得不得了！

可是别忘记了小饭团可是土鳖的得意高徒，算账的本事并不比秃子差多少，各方面分析之后，认为还是不要怕，这种大炸炸，白头鹰不可能有很多，顶多也就这么两个。

不得不说，小饭团的算账能力还是不错的，白头鹰家那个时候的确就只有这么两个蘑菇蛋。问题是，北方的毛熊突然冒出头来，狠狠地抽了小饭团一耳光。

亲，不要忘记，那个时候的毛熊年产坦克两万辆，年产飞机四万架哦！没过多久，毛熊就把大军从西方调到了东方，一顿猛攻，把小饭团的精锐关东军打得屁滚尿流，很快就解放了土鳖国的东北。

在这里，我要说一个数据，请大家记得，450万吨钢铁。这是小饭团敢于发动战争的物质基础，枪炮、坦克、军舰……都是大宗的钢铁消耗品。而小饭团家里没有铁矿，支持小饭团发动战争的铁矿石，其实产地就是土鳖国的东北三省。

…………

## 48.。

现代化战争打的就是消耗，整个二战期间，小饭团和汉斯最苦命的事情，就是资源不够。这两个国家地域狭小，仅仅是工业技术稍稍占有优势。可是技术这个东西，你要有原料才能变成实实在在的东西啊。

小饭团熬到战争最后期，情况基本就是有坦克，没有汽油，有飞机，没有驾驶员……现代化战争肯定要熬到你油尽灯枯的地步。

油尽灯枯，不投降是不可能的了。

不得不说，秃子总统的算账能力还是很厉害的，可是人这东西，聪明是好事，精明也是好事，太聪明太精明了，往往就让人讨厌。

小饭团投降了，学着汉斯的模样，老老实实地自己脱了裤子，让人打屁股，想打几下打几下，想怎么打就可以怎么打。屁股尚且不保，打脸就更是难以幸免了，连秃子都扑上去狠狠地爽了几把。

坦克销毁，飞机拆散，军舰凿沉……小饭团的皇帝都被揪出来，老老实实地反省："小饭团的人民们，其实我也和你们一样啦，也是人，不是神，也会生病长痔疮，也要吃饭喝水，也要拉屎放屁，最爱看的也是漂亮妞儿……"

各国组成联合大法庭，甲乙丙丁各级战犯，该绞死的绞死，该活埋的活埋，该关监狱的关监狱……这种战败国，是不能允许养军队的，免得又看好了谁家的小娘们儿，保不齐他还想犯错误，不如一劳永逸，拿大剪刀咔嚓一下剪掉。

国联早就没有了，白头鹰和毛熊觉得，应该联合起来，重建国际秩序，于是组建了联合国。联合国的各个分支机构就不说了，权力最大的，就是安理会常任理事国。关于这个席位问题，大家又免不了一番勾心斗角。

…………

## 49.。

所谓安理会常任理事国，就是说要对全世界的安全环境负责。换句话说，就是你自己本身要有足够的武力值，要不然凭什么保卫世界和平？世界和平是个小屁孩儿高喊一句"我是超人"就能解决的么？

这方面，毛熊和白头鹰都够资格，这点不用怀疑。问题是牛牛也有资格，这个就比较麻烦了。前面说过了，白头鹰基本上就是牛牛的亲儿子，毛熊觉得世界安全这样的大事，自己一个人对付人家的爷儿俩，有点吃亏。

为了跟牛牛和白头鹰对抗，拼人气值，毛熊决定力挺公鸡。公鸡虽然在二战之中没啥贡献，还扯了盟军的大腿，可是不管怎么说，公鸡比较讨厌牛牛和白头鹰，有了这个基础，其他什么都是浮云！

对于毛熊力挺公鸡的事情，白头鹰觉得很不爽，本来自己和牛牛，比毛熊多一票的，现在搀和进来一个公鸡，变成二比二了。

白头鹰想了想，说："在整个二战之中，做出了最大贡献的国家，还有秃子国呢！没有秃子国纠缠住了小饭团，弄不好我们还会输的。现在战争结束，开始分享胜利果实了，怎么能落了秃子呢？我提议，安理会常任理事国……维护世界安全的大任，也应该分给秃子一点，才公平。"

毛熊不干，一把抓过秃子来，问："维护世界和平可不是开玩笑的哦，那可是要凭实力的哦……你凭什么进安理会?"

秃子想了想:"我有八百万军队，你看够不够? 不够的话，我还可以再招八百万，不够? 那再招八百万怎么样?"秃子最后摊牌:"最多，我可以拉起来八千万的军队，这下总够了吧?"

毛熊没话说了，那个时候毛熊家的人全算上，还不到八千万呢。

…………


## 50.。


算账毛熊肯定算不过秃子，可是要无赖没人能比得了毛熊，毛熊就想再拉起来一个名额，可惜的是，放眼天下，再无英雄了! 毛熊决定:"不管多少票，除非大家都同意，咱们一票否决。"事情搞到这个份儿上，白头鹰也同意了。

于是，联合国安理会，五个常任大流氓，就此闪亮登场。

秃子得到了安理会常任理事国的位子，美得大鼻涕泡都出来了，这意味着什么? 这就意味着老子也是世界列强啦，哇咔咔，哈哈哈……

还是那句老话，秃子总统肯定是日本漫画看多了。

这个世界是一个现实的世界，你要赢得尊敬，就要实力过硬，就要拳头大，力气猛，有些时候不适合动粗，那还要比一比身上的西服、手上的手表、戒指。有时候还要比一比谈吐和文化修养……什么都没有，光打嘴炮就能当列强么?

做梦吧!

别说在国际上当列强了，在国内当老大，那也要人民同意才行。

这就又遇到了秃子总统最头大的问题，八年抗战打下来，兔子那边实力越来越厉害，现在要是举行民主选举，谁被选上去还真不一定了。别忘记大家都是土鳖的亲儿子，各方面的本事，其实谁也不比谁差。唯一的区别，就是兔子占据社会下层，秃子占据社会上层，实力对比差不多。

问题是上层人数少，下层人数多，那个狗屁民主偏偏讲究一人一票的选举……秃子总统算了半天小账，越算越是心里没撇。

秃子决定学学毛熊，也耍赖！选什么举？大家打一场，谁赢了谁老大，老子八百万军队呢，会打不过你那几十万草头兵？

…………


# 51.。


秃子算账一向算得很好，在他觉得，这个时候干掉兔子，还是很有把握的，道路虽然是曲折的，可前途是光明的。

好吧，地方就这么大，所有的软柿子都捏没了，只剩下了两个硬柿子，没得选了，死磕吧，三年之间，互拍板砖，将本来就破破烂烂的土鳖国，又重新打烂一次。结果就是秃子退守小弯弯岛，兔子占领了大陆。

还是那句话，秃子总统很会算账，打仗打输了没办法，可是爷不能让兔子过安稳日子。从大陆撤走之前，金子银子票子儿子孙子婊子，能带走的都带走了：兔子，你丫不就是想要个大国么，我给你了，你可以做梦去了！

九百六十万平方公里的家园之内，一百五十余年来，战火不断，一个辉煌灿烂的国家只剩下了赤贫的土地和赤贫的人民。一穷二白，啥也没有。大国是有了，梦呢？我的大国梦怎么实现？

　　百废待兴，到底有多百废待兴，举个例子：现在要建设新土鳖国了，人才是必不可少的吧？那么，首先，兔子们发现，没有多少人才。没有多少人才就要培养人才啊，结果发现没有学校。

　　好吧，没有学校就找一间能放得下学生的大屋子。于是，各地的小学生们跟土地爷、观音大士共用一个房子。运气好的地方，还可能跟如来佛住在一起……

　　然后，发现没有老师。

　　没有老师怎么办？各地方登记造册，把识字的人都召集起来，分下去当老师。

　　然后，发现没有课本。

　　没有课本就没有课本，全凭老师了，书本就在老师的肚子里，教什么，算什么。

　　这些都解决了之后，其他都是小意思了：没有黑板？用锅底灰在墙上刷一个；没有粉笔？用黄泥巴搓几根条条，晒干一样用；没有教鞭？好办得很，学生每人贡献一根荆条……他妈的，老花当年就被自己贡献出去的荆条打过屁股……

　　…………

52.。

　　国内再破没关系，土鳖人一怕穷，二怕打，现在没人来打我们了，穷只是暂时的，自己的国家自己做主，做只兔子往前冲吧。

小兔子们干劲儿十足，大兔子们却比较冷静，自己跟世界强国的差距太大了。毛熊国年产坦克两万辆，我们呢？我们连火柴和钉子都不会做。刚建国的时候，几乎所有市面上的商品都有一个洋字头。

洋蜡对不对？洋火对不对？洋镐对不对？洋钉对不对？洋漆脸盆子对不对？洋皂对不对？洋油对不对？人力洋车对不对？洋墨水对不对？……

这些东西兔子们统统生产不出来，靠外洋货船运来的。

开头的部分我们说过了，买卖这个东西，是有利润的，至于利润的大小，视情况不同而不同。当买方市场极端求货的时候，涨价是必须的，一根火柴可以卖一盒火柴的价钱，你买不买？你不买你就没得用。

兔子们痛定思痛，觉得自己必须振兴民族工业。记住产业决定论，这是东方的思想。这个思想被小饭团传承了，被泡菜传承了，被秃子传承了，兔子们作为老土鳖现在唯一的合法继承人，当然也要传承下去。

建国了，解放了，百废待兴，兔子们借用一切手段，不断地向海外世界传达信息："留学的兔兔们，回家吧，没人来打我们了，祖国的建设需要你们。"

一呼百应对不对？

那个时候的留学兔们，每个人都知道自己的祖国是如何的一穷二白，若论个人工作条件，祖国不可能提供很好的条件，回国不可能享福，回国就意味着吃苦。那么，回去？绝大多数留学兔义无反顾地辞掉待遇优厚的工作，拖儿带女，远渡重洋回到了自己的祖国，满腔热情地投入到建设国家的洪流之中。

土鳖的传人，无论身在何方，都有一个大国梦，别问为什么。
…………

## 53.。

这个时候，西方的列强们，立刻警惕起来。还记得公鸡国被排挤的事情么？国际关系就是那样，不是你做对了和做错了，那些都不重要，重要的是对我有没有利。牛牛和白头鹰不允许公鸡做大，怎么可能让兔子做大？

不要忘记了，公鸡国的一个牛人曾经说过："土鳖是一头睡着了的巨龙，如果它醒来，整个世界都将为之变色……感谢上帝，它还睡着，就让它一直睡下去吧。"这个预言让兔子们恨了老公鸡好多年。

这个数百年前的忠告，让白头鹰和牛牛忧心忡忡。白头鹰决定不能让兔子过得太舒心了，必须给兔子下点脚绊什么的。所以，在留学兔轰轰烈烈地大迁徙时，白头鹰设置了各种障碍，不允许留学兔们回国。百般刁难对不对？严格审查对不对？关进监狱对不对？

可是，没人能阻止兔子回家的脚步，除非被关进监狱的，剩下的人还是千方百计地回到了祖国，热情如火地开始建设祖国。

白头鹰为难留学兔的事情，严重地提醒了186兔子，当今的社会，还是丛林社会，大国可以四处欺负小国，作为小国弱国，想要生存下去，最关键的是要抱大腿，而且还要抱对大腿，才能获得暂时的相对安全空间。

可是，抱谁的大腿呢？

实际上当时的兔子还是有选择的，兔子攻陷秃子的首都的时候，其他各国的大使都跑路了，白头鹰家的外交大使却没有跑，而是留下来。很明显，白头鹰实际上是给兔子留了缓和的余地，希望兔子能抱自己的大腿。

毛熊也希望兔子抱自己的大腿，不管怎么说，大家都是马教徒啊，同门师兄弟嘛，原来说你是人造黄油，肯定是误会啦……兔子，你不至于小心眼吧？

…………

54.。

兔子还在考虑的时候，牛牛那边出问题了。

事情是这样子的，一战之后，由于牛牛和白头鹰使劲儿地打压公鸡，成功地阉割了公鸡。汉斯发动了战争之后，公鸡连抵抗都没抵抗，直接就投降了。结果就是牛牛被推到了战争最前线，被汉斯按住脑袋一顿猛踢。

二战之中，由于公鸡过分面菜，导致了牛牛损失惨重。牛牛家的工业水平不如汉斯完备，逼到头上了，自己种下的恶果自己又不得不吃，只好借债，举债，乱发国债……打仗就是打钱，没有钱，打个屁仗？

就像一次世界大战一样，并不是胜利者占便宜。坚持到最后的人，往往消耗得也最厉害。二战是胜利了，牛牛也如愿地保住了列强的位置。可是，战争之中借的大批债务，眼看就要到期了，这批债务之中，很大一部分是向私人举债的，这样的债务不同于向其他国家借的债务，这种债务到期了之后，是必须按时偿还的。

问题是二战之后，牛牛家也被打了个稀巴烂，工业基础都没了，口袋里除了欠条就是欠条，拿什么还债？

国家之间的债务，有时候还好说点，比如说出卖点国家利益，也就抵消债务了，可是欠私人的钱，是没有那么多利益纠缠的，没有变通的方式，必须偿还。最要命的，债主要是本国人民也就罢了，实在不行买官卖官，也能顶过去，可不幸的是二战打得太激烈了，大部分牛牛的私人债主，都去了白头鹰国避难，接着就加入了白头鹰国，不再是本国人民了。

这事儿你说可有多操蛋？这个事情是不能违约的，一旦违约，国家立刻破产，国家都破产了，二战打赢了又有啥用？

牛牛是出了名的一肚子坏水，他觉得只有在战争时期，牛牛国才会被白头鹰国重视，才不会看着牛牛国破产，才会出手解救牛牛国……虽然现在战争结束了，不妨再把战争挑起来。

…………

## 55.。

牛牛算账水平不如秃子好，不过牛牛挑拨离间的水平可比秃子高多了。当然了，牛牛打仗也打怕了，知道再打下去自己也要完蛋，所以，最好的情况，莫过于双方剑拔弩张，但是又不真打起来。这样既有了战争的样子，又没有了战争的破坏力，可不是一举两得么？

牛牛研究了一番世界局势之后，发现现在的世界正好又有两拨人实力相当。

二战之后，白头鹰和毛熊都是不可一世。白头鹰家大业大，经济雄厚。毛熊家虽然比不上白头鹰有钱，但是毛熊有精神武器：马教。有了马教的支持，毛熊在气势上反而盖过了白头鹰。

牛牛派嘴炮去白头鹰家忽悠："你要小心哦，毛熊想当老大哦，他现在在大饼的西边，已经召集了一大群小弟哦，毛熊想用马教统治全世界哦……"

同时，牛牛家的一把手，公开发表演说，说毛熊的马教在西边的大饼上拉下了铁幕，活在铁幕下的人民是苦命中的战斗机……

本来，二战结束之后，各方面实力划分是早就商量好的，大饼的西边一分为二，东边归毛熊，西边归白头鹰，大家各守各自的势力范围，是有很多秘密协定的。那些秘密协定上的签字国，就是白头鹰和毛熊。签那些秘密协议，虽然也多少带着瓜分世界的目的，但实际上最主要的目的，还是为了维持现有的世界格局……说得高尚点，就是两个家伙一起当国际警察，维护世界的安定。

可是这些内幕被牛牛渲染起来之后，全世界都躁动不安起来，人们转念一想，这样的势力划分，可不就是又要对着干么？第三次世界大战又要来了对不对？秃子总统又开心了对不对？大家都被忽悠起来之后，事情大条了，毛熊和白头鹰，也觉得牛牛说的没有错。原本就互相不信任的两个盟友，互相瞪起了眼睛……

…………

## 56.。

各个国家纷纷站队，有跟着毛熊跑的，有跟着白头鹰跑的……大家都站好了队之后，发现兔子居然还在家里撅着屁股种胡萝卜……

白头鹰隔着太平洋喊话："兔子，我一向很器重你哦，虽然秃子求我保护弯弯岛，不过你是知道的哦，那是你家的事情哦，我可以管也可以不管的哦。"

这样的表态，差不多就是告诉兔子，我同意你武力解放弯弯，我保证不插手，怎么样兔子，我还算厚道吧？以后跟我混怎么样？

怎么样？这个问题兔子也在问自己，结论是不怎么样。

首先，大陆和弯弯岛之间，是汪洋大海，这么多年来，白头鹰可没少给秃子总统送军舰，自己家里的兔子们打陆战还行，打海战……第一海军刚刚成立，第二军舰十分老旧，第三，连海图都没有……

这样的情况下，想抢回弯弯岛，那是不可能的。

毛熊也看穿了兔子的心思："兔子，你还是跟我混吧，我知道你一直惦记着小弯弯，我给你提供军舰怎么样？我帮你训练海军怎么样？我送给你海图怎么样？"这话听得兔子们热泪盈眶，正准备答应呢，毛熊又加了一句："只要你把东北租给我，要啥给你啥。"

兔子的心，登时凉了大半。

…………

## 57.。

在大殖民时代，土鳖国是少数几个没有完全沦为殖民地的国家，为什么？因为土鳖国的老祖宗给力，数千年渴饮刀头血，睡卧马鞍桥，拼死拼活地占住了的土地，实在是太辽阔了，辽阔到西方列强都觉得眼晕。

还记得西方列强去菲菲国的事情吧？两艘大船，两声大炮，菲菲国举国投降，一天没到，就接受了新教的洗礼，从精神到肉体都认输了。

可是牛牛的使者第一次到土鳖皇宫朝见的时候，是个什么情况呢？

情况是这样的：一大清早，牛牛使者就赶到了皇城大门口，被太监领上马车，风驰电掣地跑了小半天，马车才停下，牛牛的使者正感叹这个皇城太大了的时候，太监告诉牛牛使者，还没有到地方嘞，这里刚刚到宫城的门口，还要坐轿子。

于是，牛牛的使者坐上轿子，忽悠忽悠地往宫城里面赶路，赶了小半天，牛牛的使者不耐烦了，拨开轿子帘，确信自己还在重楼之间，只好继续赶路。好容易等到轿子停下了，牛牛的使者摸着满头白毛汗，叹息："你们的皇帝家好大……"

还没有说完，领路的太监告知："还没有到，现在只不过到了皇宫正门……"于是，换轿子，继续抬，一口气跑出去好几里路，来到一处大殿门前，牛牛使者目瞪口呆："太奢华了……"

领路的太监告知："这只是皇帝见大臣们的地方，皇帝寝宫还要往里走……"坐上轿子继续，一口气又跑出去好几里，又到了一处大殿门口，停下，这回牛牛的使者以为到地方了，结果被告知："这里只不过是皇帝批阅奏章的地方……"

牛牛的使者自己都不知道换了多少次轿子，只知道快要中午了，他才被太监领到了土鳖皇帝的面前。当牛牛的使者向土鳖皇帝提出互利通商的要求时，皇帝居然对他说："我天朝无所不产无所不丰，想互利通商？通你妹！"

…………

## 58.。

牛牛的使者因为不给土鳖皇帝下跪，结果被轰出去了，这次轿子马车什么的都没有了，自己从皇帝寝宫走回旅馆，天都黑了，隔壁周扒皮家的鸡都叫了。

天朝太大了，数千年的文明积累，不是一闷棍就可以打倒的，对付这样的国家，只能一小口一小口地把他蚕食掉。

所以，土鳖国在后来，成为了半封建半殖民地国家。

跟那些直接被推倒的小国比起来，这当然要好一点，可是也正是因为这样，土鳖的传人们才会倍觉屈辱。一个国家一下子被打倒，没有希望了，人们可能也就没啥想法了，顺理成章地拥抱新生活，快快乐乐地当孙子去了。

半殖民地国家就不同了，我的祖国还在，他并没有倒下，这样一种情况下，作为这个大国的子民，你会怎么做？除了少数没心没肺的人之外，绝大多数人，毫无例外会强烈地希望自己的祖国强大起来。

我想，不管是土鳖，还是秃子，还是后来的兔子，每一个人都有他的大国梦，这个是大家都知道的。可是为什么会有那个大国梦，却没人想过是为什么吧？感谢土鳖的老祖宗，因为你们曾经的努力，你的后人们才没有沦为孙子。

是你给你的后人们留下了做梦的权利。

…………

## 59.。

正是因为有了半封建半殖民地的屈辱记忆，兔子上上下下，对毛熊想占东北的事情，连想都不想，直接就给拒绝了。

毛熊很火大，毛熊的国土面积，世界第一，可惜都是些兔子不拉屎的地方，好多还都是当年的土鳖看不上眼的扔掉的地方。毛熊基本上也就是一个陆权国家。

可是大航海时代开启之后，有心人都看出来了，海权国家在这场竞争之中得到了更大的利益。海洋时代已经开启，要想重振大国军威，光靠陆军是不够的，必须有海军的配合，甚至海陆空三军的配合。

可是，有海军就必须有港口……本来毛熊国的海岸线在全世界，也算数一数二的了，拥有数万里的海岸线。可是比较苦命的是，几乎所有的海岸线，冬季都结冰。结冰就意味着海军不能出战……只有夏季能出战的海军算什么海军？毛熊对不冻港的渴望，已经到了几乎疯狂的地步。

毛熊根本没想到兔子会拒绝自己进驻东北，被窝了脖子之后，才反应过来，现在正是跟白头鹰比赛拉队友的时间，小鼻子小眼的队友有什么用？全世界范围内，最重要的队友是谁？肯定是兔子了！

不要忘记，兔子还有七千二百万军队没有召集出来哦。如果兔子投奔了白头鹰，那事情可就麻烦了，战火会直接烧到自己和兔子相互接壤的边界线上……兔子在南，老子在北，双方消耗起来，天气地形对老子都很不利。

所以，毛熊马上改换口风："兔子，我明白你的心情，我不要东北就是了，军舰照样给你，海军照样给你训练，海图也免费送给你，不附带任何条件，包你几个月之内解放小弯弯，怎么样？"

兔子会答应么？会的，因为没得选择，实际上，就算毛熊什么也不给兔子，兔子也要暂时抱毛熊的大腿，这这那那都是扯淡，主要是毛熊距离自己太近了。

…………

## 60..

兔子们出身虽然卑微，可是别忘记了，兔子也是土鳖的传人，兔子们在付出了无数牺牲之后，才有了自己的国家，好好建设一番是肯定的了。当然，在那之前，老老实实地总结经验教训，那也是必不可少的。

首先我们要明白一个问题，就是土鳖的传人为什么聪明、勤劳。兔子的聪明勤劳肯吃苦的品格，是实实在在吓坏了白皮猪们的。他们搞不懂，为什么古老的东方会出现这么一群人，这些人又不信仰上帝，为啥子上帝偏偏选择了他们做宠儿？

在若干年以后，有某傻子提出了血统论。该傻子理论认为，一切都是血统的关系，土鳖千年独大，是因为土鳖人的血统高贵，还理直气壮地扯出来啥皇鳖血统论，以此为根据，大声嘲笑外国佬，甚至兼且看不起本国之内的少数民族。

对于这种傻叉理论，老花向来是嗤之以鼻的。

要知道世界是个客观世界，没有无缘无故的爱，也没有无缘无故的恨，土鳖的传人之所以勤劳、聪明，完全是大环境造就的。首先就是占据的地盘好，土地够肥沃。肥沃的土地就能养活更多的人口。按照产业决定论来分析，你就会发现，天朝的土地上，从古至今，都是人满为患。

每一次生产力的变革，哪怕是最微小的变革，所提升出来的农业收成，很快就会繁衍出相对消耗粮食的人口……有限的土地，相对较多的人口，千百万年繁衍下来，造成了人民必须勤劳的现状。

人口众多，竞争的压力就相对较大，你勤劳地干活，才有饭吃。反过来说，也正是因为土地够肥沃，才给人民动心思提高生产力做出了基础。新的办法想出来了，土地的收益更多了，生活条件好了，开始饱暖思淫欲，那个时候又没什么计划生育，嘿咻完了之后，小孩子哇哇坠地，人口压力又来了，怎么办？没办法还得继续勤劳，还得继续聪明，土鳖人总有这么一种天然的压力存在，怎么会又懒又笨？

…………

## 61..

个别的勤劳分子，满世界都能找到，但是一个国家十几亿人全都勤劳聪明，那是绝无仅有的，全世界也只有土鳖一家而已。如果按照环境地理位置来分析，理论上像土鳖一样四季分明的土地，起码小饭团和泡菜国都和土鳖很像。可是小饭团天灾不断，泡菜国又只有一小半的土地够标准，所以按民族性格来说，泡菜更加像土鳖，请记住重点：像而已。

认识到了本身的优缺点之后，兔子们觉得老祖宗的成功法门也必须总结总结，批判批判，该继承的要继承，该丢掉的要坚决丢掉。

当然，研究问题要有理论和事实作为根据，兔子们研究了一番之后，觉得产业决定论还是没有错的。一个国家，想要发达，没有产业做支持是不行的。偏偏在产业升级这一块儿，兔子明显地感觉自己被越落越远。

这是一件要人命的事情，没有枪没有炮，敌人给我们造，是可以的，可是眼看着世界渐渐地进入蘑菇蛋时代了，这个东西的杀伤力太大，白头鹰随随便便两下，就搞没有了小饭团的两个城市。这种东西万一哪天落到自己的头上怎么办？

二战结束前，白头鹰搞成了蘑菇蛋，兔子秃子三年内战之后，就在兔子建国的那一年，毛熊也搞成了蘑菇蛋。白头鹰和毛熊两家，正是因为手里有了蘑菇蛋，才敢耀武扬威地满世界拉小兄弟站队的。

想独立自主地发展？抱歉，你还没有那个资格。大兔子们开了好几天的军机会议，最后觉得，不能打肿脸充胖子，国内一穷二白，想学工业化，必须找个好老师，现在有人上赶着站出来当老师，为啥不学习学习？

土鳖人最善于学习，在他们最昌盛的古代，当世界老大的时候，并没有觉得我多牛叉，那个时候土鳖人做的最有名的一件事，好像是有个和尚去西天取经。取经是什么意思？取经肯定不是过去当客座教授的，对吧？

善于学习，也是土鳖人的优点。

…………

## 62.。

国内建设的步伐必须加快，为此，大兔子小兔子们，热情如火地大干特干，充分发扬了土鳖人的勤劳和聪明等特点……可是，祖国并没有完全解放对不对？秃子总统还是每天站在小弯弯岛上叫嚣反攻大陆对不对？

解放小弯弯的议事日程，不可避免地被摆到了台面上。

可是，这个议事日程也只能被摆上台面而已，兔子的海军太渣，没办法进行两栖登陆作战，所以，当兔子们决定抱毛熊的大腿的时候，必须附带的条件，那就是你要给我军舰，你要帮我训练海军，你要给我航海图……

这些东西，毛熊还是拿得出来的，可是毛熊却是光打嘴炮不干实事。几个月过后，毛熊找到兔子，痛心疾首地说道："亲，不是我不给你哦，那些东西已经送到你们家门口了哦，可是北泡菜兄弟在跟南泡菜垃圾PK哦，大家都是自己人，那些东西先给北泡菜兄弟应应急，好吧？"

兔子还能说啥？东西是人家的，想给你就给你，不想给你的时候，你就只能干看着。在这个事情上生北泡菜的气是没用的，自己想要人家也想要。至于东西最后落到谁家，那完全要看毛熊的意思。

泡菜战争的爆发，一下子就打乱了兔子解放小弯弯的事情，这一耽搁就是半个世纪，偶尔地回头想想，未免觉得有些苦命，不过这个世界上，没有绝对的有利和不利，凡事都有两个方面，再好的事情，也有不利的一面，再坏的事情，也有好的一面，这个问题很重要，不过只能以后再细说。

现在让我们来说说南北泡菜国之间的那点破事儿。
………

## 63.

泡菜国吧，给周边国家甚至整个世界的感觉，就像一块鸡肋，有他五八，没他四十，拿在手里没肉，扔了吧又觉得可惜。真正能带得好小泡菜的，恐怕也只有当年的老土鳖了。

问题是老土鳖一去不复返，白云千载空悠悠，叹息啊。

前面说过了，小饭团在实现他伟大理想……或者说找抽计划的时候，第一个看着碍眼的就是小泡菜了，经过缜密的计划和无私的援助，终于先玩儿没了泡菜王室血脉，然后成功雕刻了一批洗脚水泡菜。小饭团还带着洗脚水泡菜一起去老土鳖家打酱油，期间，洗脚水泡菜还是很出了一把力的，手上沾了不少土鳖血。

好吧，秋后算账的事情现在也不说，先说说小饭团投降了之后，二战就结束了。白头鹰和毛熊这对儿盟友，马上就要开始新的打算了。在谁都想当国际老大的情况下，争争地盘也是难免的。

问题是不管怎么说，泡菜国也算是苦命一族的被侵略国家啊，现在战争结束了，怎么着也没有理由把天真、善良、怎么看怎么多余的泡菜国一分为二吧？

现实的世界就是，没有做不到，只有想不到，法西斯敌人被消灭之后，盟军内部又开始争权夺利，西方世界的尿性就都冒出来了对不对？当然了，平白无故地把人家一个好好的国家一分为二这种事情，也是要有个过渡期的，而且也要有区域性大国点头同意才行。

老土鳖要是还在，断然不会同意白头鹰和毛熊做出这么伤天害理的事情。可惜的是老土鳖早就驾鹤西游了，平分泡菜国的时候，周边的国家就两个，仅有的两个国家之中，还有一个是可以完全忽略的小饭团。

剩下的那个不长进的东西，就是秃子总统了。秃子因为没有了壳子，底气不足，不敢管泡菜国的事情，所以毛熊和白头鹰一商量，老实不客气地在泡菜国的地图上画了一条三八线，各自把各自一边的区域划入自己的势力范围，真个就把泡菜国一分为二了。

............

## 64.。

问题是今时不同往日，全世界的民智已开，白头鹰和毛熊又打着匡扶正义、替天行道的伟大旗帜，侵占别人国家的事情是不能做的。自己不好直接插手，到了嘴的肥肉又不想吐出去，那最好的办法就是寻找各自的代理人了。

毛熊这边好说，毛熊的力量来自社会底层，身后站着的是一群工人，毛熊祭起马教大旗，占领道德制高点，北泡菜之中被欺压的平民老百姓，呼啦一下就召集了一大批人。毛熊连回自己家仓库翻东西都不用，把缴获的小饭团的武器给北泡菜国一发，好了，有理想有武器的一个北泡菜政权，没用几天就满血满战斗力了。

与毛熊这边相互对应的白头鹰那边，就苦命多了。白头鹰依仗的是社会上层，背后站着的是清一色的大资本家，南泡菜国被划分到手里之后，当然也想依靠当地的社会上层人士。

不幸的是数十年来，泡菜国一直被小饭团打压着，压根就没有啥上层社会，唯一能拿得出手的，就是当年小饭团培养出来的洗脚水泡菜。

时至今日，老花依然不得不佩服当年白头鹰掌门人的伟大勇气，居然决定重用洗脚水泡菜，把南泡菜国交给了他们。

帮着泡菜分家之后，两位国际主义活雷锋功成身退，各自隐身幕后，操弄自己的代言人，默默地监管着南泡菜国和北泡菜国。

事情做到这个地步，明眼人一看就知道要出事。

洗脚水泡菜作为小饭团的走狗，不光是欺压了土鳖人，对本国的民众也是极端不友好的，手里染的血一点也不比小饭团少。底层的老百姓没办法反抗也就罢了，现在有能力了，尽管只是一半的底层人民，那也是必须做清算的。

当然了，北泡菜要踢南泡菜的屁股，事先还是必须请示毛熊的。

…………

# 65.。

我想，当北泡菜把推倒南泡菜的想法告诉了毛熊之后，毛熊肯定是做了一番推演的……实际上根本不用推演，傻子都知道，这个时候北泡菜干掉南泡菜，根本不费力，问题的关键就是，白头鹰会不会插手？

毛子的判断是：应该不会。

好吧，大战略上没问题，小战术上有把握，北泡菜二话不说，拿着毛熊给兔子解放小弯弯的武器就把南泡菜推倒了。接下来的程序无非就是脱裤子，打屁股，抽脸……正爽得一塌糊涂的时候，白头鹰从天而降。

白头鹰当然不是莫名其妙就来的，白头鹰去支援泡菜国之前，先去了毛熊家，于是有了下面的对话：

白头鹰："你个死毛熊，俩泡菜打起来了，你到底管不管？"

毛熊心想北泡菜打赢了，老子为啥要管？于是躺在炕头上伸懒腰："都是小孩子瞎胡闹了，随便他们去玩儿吧。"

白头鹰顿时满头黑线，你家的泡菜打赢了，你当然这么说，我家的泡菜可是被修理得头破血流，无比销魂的哭泣声听得老子心都碎了。于是，白头鹰摔门而去，临走时给毛熊扔了句话："你不管，老子管！"

毛熊听了之后，压根没在意，你管？你管个屁！你以为你是老土鳖啊？全世界形势，无产阶级占上风，泡菜国上下，基本上全是无产阶级，只要老子出武器，你小子就会遇到无穷无尽的马教泡菜军，看你能熬多久。

不能说毛熊的主意有问题，毕竟泡菜国当时的确都是穷鬼，毕竟泡菜国还与毛熊国接壤，毕竟白头鹰家远在万里之外的海的那一边。比人头，老子占优，比后勤，老子占优，比技术，大家都差不多。你管毛？

…………

<br>

## 66.。

毛熊自以为得计，然而，当消息传到兔子家的时候，精明的兔子们马上看出来事情的走向不对。最根本的，兔子们觉得毛熊还是忽略了一个小问题，那就是地理问题。泡菜国从南到北三千里，不用说白头鹰的装甲部队航空兵了，就是兔子自己光脚跑，从南到北溜一圈，多说也就个把月。

这样的一个狭长憋屈的战场，没有战略迂回空间，双方全靠实力硬拼对不对？北泡菜的实力揍南泡菜还算凑合，可白头鹰家的大兵都是经过二战洗礼，跟小饭团、汉斯他们硬拼出来的，仓促组建的北泡菜跟白头鹰打阵地战，怎么可能会赢？

　　毛熊那边财大气粗，有泡菜没泡菜无所谓，兔子这边可是小本买卖，万一战火烧到自己家，那怎么办？选择大腿的时候，抱毛熊就是因为毛熊距离自己太近，如果白头鹰控制了泡菜国全境，自己岂不是等于被夹在两个超级大国之间了么？

　　历史和经验无数次地证明，被两个大国夹在中间的苦命国家，是世界上最苦命的国家，两边受气两边不讨好，随时有被吞并的可能，就算不吞并，经济什么的也永远被打压，一辈子也别想出头。

　　泡菜国就是最好的例子。

　　兔子觉得自己哪天要是成了大泡菜国，那可真没办法活了。所以，在白头鹰刚一进入泡菜战争的时候，兔子就挥舞着小胳膊严重警告白头鹰："亲，记得和谐哦，不要过三八线哦，过了三八线小心我揍你哦！"

　　这话被七拐八拐地传到白头鹰耳朵里的时候，大牙都要笑掉了："哈哈哈哈……啥？兔子，真拿自己当盘子菜了？实事干不了，就知道满嘴放屁的兔子，天生就跟秃子一道号的，就知道打嘴炮。"

　　白头鹰在泡菜国南边打败了北泡菜的军队之后，长驱直入，雄赳赳，气昂昂，跨过了三八线，真把兔子的警告当成了放屁。

　　…………

<br>

67.。

<br>

　　兔子当时就急了对不对？元老兔子一波一波地往毛熊家去哭诉对不对？那真是一把鼻涕一把泪啊："亲，你要帮帮我啦，白

<br>

头鹰马上就要打到我家东北门口啦，我可是抱你大腿的啊亲，你可不能不管啊亲……"

毛熊当然要做做当大哥的样子了："亲，别担心啦，放心好啦，我派大军去你家坐镇，不就没事情了么？对了，兔子，你说我去你家坐镇，坐在什么地方好呢？我觉得东北不错，你觉得怎么样？"

又是东北，又是东北对不对？

兔子这辈子最讨厌的就是外国驻军了，曾经的各种屈辱，全都是因为外国驻军，怎么可能同意引狼入室？

元老兔子把电报打回国内，186兔子拍案大怒："告诉死毛熊，他不管北泡菜死活，老子管，老子自己出兵去帮北泡菜!"元老兔子们把这个消息转告了毛熊，毛熊躺炕上继续打盹儿，压根就不信。

好吧，事实证明，北泡菜的马教泡菜军的确少练，稀里哗啦就被白头鹰打得大败亏输，全线溃败，跑得最快的部队，都跑到与兔子接壤的边界了，就在这个生死攸关的时候，北泡菜得到了兔子的准确答复："亲，我来了!"

我在前面说过了，东西方文化的不同，在于西方强调制度决定论，认为制度决定一切。而土鳖人却认为制度什么的，都是辅助的，产业决定论，才是最关键的。虽然历史上的各个重大战争，多是先进的制度打败了落后的制度，但是更应该清醒地看到，在那些众多的胜利之中，产业决定论才是关键。

弓箭肯定拼不过重机枪，这跟制度没啥关系……不过事情也不是完全绝对的，偶尔逆天的事情还是有的，历史上最重大的产业不平衡战争的逆天事件，就是兔子和白头鹰之间发生的泡菜国大决战了。

　　…………

## 68.。

　　我写这个文章，不是想告诉大家哪年哪月哪天都出了啥大事儿，我主要是给大家分析一下为什么会出那些事儿，以及为什么会有后面的结果。我不会去拘泥一些细节作长篇大论，我只是想让大家了解一下其中的道理，为我们日后的生活做参考。以史为鉴，可以知兴衰啊。

　　首先就是，泡菜国的战争是非正义的，连累得兔子不能统一就不说了，关键是这个事情的本身，就无论怎么说都是不应该发生的。可是还是发生了，不但发生了，还把全世界都搅合进来了。

　　首先就是白头鹰，他想出兵帮南泡菜，可这个事情不能你想做就做，做之前，必须找个理由，不管这个理由有多么的胡扯，只要联合国大会表决一通过，就被国际社会认可，大家都认可的东西，就算是错的，那也是对的。

　　本来这个事情，毛熊是应该替兔子挡一挡的，问题就在于毛熊的统治者来自底层，没有国际政治斗争的经验，相当长的一段时间里，被白头鹰玩儿得团团转。

　　事情是这样的，兔子打败了秃子之后，占有了大陆，成立了一个新的国家，那么联合国就应该给兔子一个合法的席位。这个事情对兔子来说固然重要，对毛熊来说，也很重要。

　　原因还是政治经验短缺，自己做了苦命事，结果砸了自己的脚。说白了，二战结束之后，毛熊渐渐发现，联合国安理会的五个常任理事国，是有很大权力的！这个事情本来早就应该知道，偏偏毛熊没当回事。

等到毛熊发现了之后，才发现自己干了一件超级傻瓜的事情，那就是公鸡国的位子，是自己帮忙得到的。而公鸡到了二战结束之后，选择抱大腿的时候，去抱了白头鹰的大腿，你说这个事情可有多气人？

············

## 69.。

更加气人的是：牛牛本来就是跟着白头鹰跑的，毛熊自己阻止了兔子灭秃子，结果就是联合国五大流氓的位置，秃子居然也有一个。公鸡反水之后，联合国里没有人跟毛熊穿一条裤子了！

不管什么投票，都是4比1对不对？毛熊自己小弟一大堆，论人头不比白头鹰少，怎么政治形势就这么差劲儿呢？毛熊痛定思痛，觉得必须把兔子拱进联合国，不但要进联合国，而且还要抢了秃子的大流氓宝座。

不得不说这个想法对兔子来说是很有利的，但是让人比较蛋疼的是，摊上了毛熊这样一个头脑简单的大腿，跟着吃瘪是难免的了。

按照联合国的宪章，一个新政权，想加入联合国，必须得到五大流氓的承认，有一票反对都不行。还有一种情况就是，原来的政权被推翻了，新政权只要得到所有国家的一半票数，就可以被接纳。

兔子的情况属于后者，相对来说简单得多，可是毛熊办事简单暴力，不发动投票，先抗议秃子的流氓合法性，被白头鹰打压之后，毛熊愤然缺席会议。按照毛熊的想法，那就是：靠，老子身边一大群小弟，没了老子，看你们怎么玩儿！

结果就是没了你毛熊，人家照样玩儿。

白头鹰驻联合国代表向安理会提交了动议案，在毛熊代表因抗议兔子代表席位被秃子继续占有而缺席的情况下，以13对1使动议得到通过，唯一投了反对票的是南毛熊国，因为不是流氓，不具备一票否决权，联合国军队组成，准备王师远征，讨伐北泡菜。

联合国军以白头鹰为主导，其他15个国家也派小部分军队参战。牛牛、土狼、枫叶、咖喱、大澳、小澳、兰兰、公鸡、菲菲、希希、比比、南哥、爱黑、露露、南黑与南泡菜国国防军，均归驻小饭团的白头鹰军远东军司令部指挥，上将老麦为白头鹰军远东军司令，7月5日，联合国军正式进入战场。

…………

# 70.。

历史上，产业不对称的战争，技术落后的一方打败了技术先进的一方，战例还是很多的。不过都是小规模的战斗。比较著名的例子，就是僧格林沁率领蒙古八旗兵，决战英法联军的战例。

第一次双方交锋，因为轻敌，列强的洋枪队吃了大亏。僧格林沁来自传统草原，他本人小时候就是放马牧羊的人，蒙古骑兵又是天下知名的第一骑兵，铁器时代的精锐遭遇了火枪营之后，漫不经心的西方列强立刻就被戴上了眼罩。

这种情况也出现在明末清初，满洲人一样用铁器时代的马队，冲散了大明的火枪营，直接导致了大明王朝的覆灭。后面还出现了什么三元里人民抗英之类的，小规模的事件还是有的。

可是以上的种种战例，都是有因由的，比较说得通的理由就是古老的骑兵登峰造极，是铁器时代最精锐的部队。与之比较的明军火枪营，只是火器时代的最早期雏形，相对而言并不占优势。

至于僧格林沁打败了洋枪队，根本原因还是因为人家疏忽大意，第二次双方再决战的时候，尽管蒙古骑兵用尽了全力，为土鳖国流尽了最后一滴血，可是失败还是必然的，骏马再矫健，终究还是跑不过机枪子弹。一句话，双方的产业代差太大了。

当然了，蒙古八旗兵血染沙场，还是严重地警告了西洋人，土鳖国不好惹，你别想一口就吞掉它，如果逼急了，土鳖国人人拼命的话，最后的结果不一定谁会赢的。从那以后，没有人再怀疑少数民族对土鳖国的忠诚。

以至于有一个很有名的大大，叫啥梁什么超，公开宣称："别再分什么汉族人满族人蒙古族人维族人藏族人了，我们都是一家人，我们是一个民族的人，我们是中鳖民族。"从此土鳖国的内部民族问题淡化了很多，对不对？

坏事不全坏，多难兴邦，关键是你要挺住。

…………

# 71.。

书归正传，联合国军浩浩荡荡的王师远征，到底是不同凡响啊，北泡菜拿着兔子解放小弯弯的现代化大杀器，被揍了个鼻青脸肿，一触即溃，回来的时候比去的时候跑得还快……

联合国军的前头部队都已经逼近鸭绿江了，护航的战机群都冲进兔子家里去了，蛮以为战争已经结束了，下一步就是往兔子家里打几炮，恶心恶心兔子，大功就算告成了。当然了，如果兔子抗议，可以推说是误伤的啊，枪炮无眼啊，我们也不能保证飞出去的子弹到底去了哪里啊……

至于说，打到了鸭绿江边的时候，是不是干脆一口气冲过去，再把兔子家砸个稀巴烂，这个暂时还没有命令。不过世界是这么的奇妙，一切皆有可能啊对不对？

就在联合国军兴高采烈地向胜利的终点迈出最后一步的时候，震耳欲聋的冲锋号吹起来了对不对？漫山遍野的都是兔子对不对？满眼看到的都是红旗飘啊飘对不对？伤心欲绝的联合国大兵一起痛骂："兔子乃是个混蛋！你不是和秃子一样只会打嘴炮么，为啥跟老子玩儿真炮了？"

强者的世界，泪水一般等同于狗尿。联合国军的苦命大兵们，擦干了狗尿，转头往回跑，跑得飞快啊对不对？比来的时候快多了对不对？

好容易跑回了三八线，总算可以松一口气了，结果兔子们毫不客气地踏过三八线，又狠狠地把联合国军按在地上踢了一顿屁股。

白头鹰想不通啊对不对？老子用大炮好不好？兔子手里小炮都没多少好不好？老子有飞机好不好？兔子只能抬着脑袋看我们的飞机好不好？我们都是清一水的卡宾冲锋枪好不好？兔子手里的枪最少有十八种型号好不好？最好的还是小饭团的三八大盖子破步枪好不好？为什么老子被打得这样惨？

…………

## 72.。

　　是啊，为什么？

　　我们一而再、再而三地强调产业决定论，那到底为什么白头鹰会被兔子打脸，出现了如此逆天的事情呢？注意哦，这不是一场小小的战斗哦，这是一场历时数年，伤亡数百万人的大决战哦，兔子不可能是因为人品太好一口气爆棚了好几年吧？

　　这个问题，事后白头鹰们在思索，兔子们也在思索，几乎全世界都在思索……结果就是，全世界除了兔子之外，大家一致认定：兔子那个混蛋开了外挂！

　　这个事情，事后再说起来，已经不算什么秘密了。的确，在整个泡菜国大决战的期间，毛熊是偷偷地给了兔子不少武器弹药。可那都是兔子把联合国军打回了三八线以后的事情，在那之前，在三次大的战役之中，兔子就是用的手里万国牌步枪，硬是打得数十国的联军抱头鼠窜。为什么？

　　就算是后期，比较有名的上甘岭战役，联合国军动用了一千五百门火炮，百分之八十的重炮。反观兔子那边，只有五百门炮，还都是小炮，双方激战一个半月，兔子参战四万人，死亡一万五。联合国军参战六万人，死亡两万五，怎么算都是兔子赢了。

　　这个经典战例，被白头鹰在事后研究了很多年，无论怎么推演，依仗着自己的火力和兵力，无论兔子怎么应对，结果都应该是自己赢，可事实偏偏就是兔子赢。

战后多年，双方相互敌对，没有交流，白头鹰固然不会明白为什么。实际上的情况是，在上甘岭战役之中，不是只有一个黄继光，抱着炸药包炸碉堡、拿着爆破筒与敌人同归于尽、用身体去堵敌人的机枪口，这样的光是有名有姓能够记载下来的兔子，就有38个！

白头鹰，你家有这么多伟大的兔子么?! 你能理解那种奋不顾身、忘我牺牲的兔子情怀么？兔子为了心中的大国梦，会做什么，你永远不会懂。

…………

## 73.。

兔子总是在成长中进步的，很多事情，也是要事后总结，才能确定经验的正确。那么，泡菜战争，对兔子们有什么启迪呢？

兔子们认为，产业决定论是没有错的。

这次泡菜战争，情况基本上等同于满洲骑兵对抗大明火枪营，事情的结果之所以没有满洲骑兵那么辉煌，是因为产业差越到后来差得越大，同样的情况下，把步枪手榴弹战法玩儿得登峰造极的兔子，也只能与玩飞机大炮的白头鹰战成平手。

至于说自己在不利的情况下赢得了战争（其实就是平手），那是靠兔子们的精神信仰支撑起来的。尽管战争打赢了，不过依然要明白我们的弱点，那就是开战之前，我们其实就已经输了。现在没有输，是因为我们用精神弥补了产业的不足，因为产业差不是太大，所以就打平了。

当然了，看清楚了之后，兔子们反而更看重这种精神层面的东西，虽然是迫不得已，可是目前也只能靠这个存活。大会小会使劲儿宣传，搞得小兔子们热血沸腾，搞得白头鹰全然没有对策……毕竟兔子宣传的没有错，靠着精神意志，的确拼赢了白头鹰，小兔子们心悦诚服。白头鹰就更不用说了，遇到一群不要命的疯子，除了老老实实地签了停战协议，还能干什么？

可是，兔子时时刻刻都没有忘记，自己的产业太落后了，必须追上去。

纵观历史，你会发现，自从工业革命开始以来，大国之间的战争就从来没有止歇过。进一步研究，你会发现，每一次大战之后，战胜国都会迅猛地发展一段时期，这是因为，每一场战争过后，都有战争红利可以吃。小饭团就是靠着甲午战争的赔款，完成了自己的工业基础建设。

那么，兔子打赢了泡菜战争，有没有战争红利可吃呢？呵呵，那当然是有了，不但有，还很多，兔子细嚼慢咽，红利一直吃到今天，居然还有富余。

…………

## 74. 。

首先，第一件事情，就是老子干趴下了白头鹰……虽然没有真正地干趴下，不过这不妨引用过来对内外吹牛。嗯，说吹牛有点忘本，基本上，这属于马教理论土鳖化的第二条：忽悠也是硬道理。

国内大小兔子扬眉吐气什么的就不用说了，国际上一片刮目相看对不对？看，快看，那边那个可是兔子哦，货真价实的兔子哦，刚刚揍了白头鹰的兔子哦……这家伙有外挂，以后没事少惹兔子。

国际印象大大改观啊对不对？

然后，原来迟迟交不出来的投名状，现在不但交出来了，还是个超级投名状！毛熊本来指望兔子杀一个过路的客商就可以了，谁能想到兔子居然蹦到金銮殿上去，在皇帝的屁股上狠狠地踢了一顿大脚？

这样的兄弟，再不好好栽培，那可就太不长眼睛啦！

所以，毛熊决定援助兔子，可是到底援助什么东西好呢？第一，当然不能再援助武器了，这家伙这么能打，把他培植起来，翻脸了连老子一起揍怎么办？

可是不援助武器还能援助什么？援助粮食……兔子家是有名的地主；援助文化……兔子家的文化沉淀了几千年……毛熊算来算去，能拿得出手的，兼且兔子能看得上眼的，就是工业体系了。

是的，没有错，工业体系！完整的工业体系！！！

一个国家，想进步想发展，就不能受制于人，当时的世界，拥有全套工业体系的国家，就是毛熊和白头鹰。毛熊的意思很明显："兔子，我是老大还是老二不重要，重要的是以后你在全世界起码做老三，怎么样？"

兔子大喜对不对……当然，这种事情还要把戏份儿做足。于是，186兔子带头高喊毛熊王万岁对不对？感动得毛熊王直接癫痫了对不对？全套的工业体系呼呼啦啦地就建起来了对不对？兔子，你终于可以自己生产胡萝卜了！

…………

# 75.。

当然，揍了白头鹰之后，红利怎么可能就是当一个名不正言不顺的小三……错了，是老三！这个世界是现实的，不是说你是老三你就是老三的，你要拿得出东西来，人家有新媳妇，你有么？人家有新西服，你有么？人家有新……什么东西都没有你当什么世界老三？

兔子们想了想，暂时当世界老三不现实，当个短期目标应该没有错。

就在兔子们热火朝天地学着毛熊建设工业化的时候，白头鹰因为愤恨不已，大张旗鼓地把自己家的战略轰炸机开到了兔子的家门口，就停在小饭团家里。

战略轰炸机哦，懂得啥叫战略吧？就是一下子就能干一票大的那种蘑菇蛋，战略轰炸机就是蘑菇蛋轰炸机。

赤裸裸的核讹诈对不对？

可是今时不同往日了，当年汉斯家的科学家首先发现了蘑菇爆破理论，可是还没来得及做出成品呢，汉斯就输掉了战争。当时白头鹰从西往东打，毛熊从东往西打，两面夹击，跟汉斯一起玩儿了一次三K，当然了，这次被K的是汉斯，不但国家被一分为二（怎么看着手法有点眼熟？）之外，国内的科学家也被毛熊和白头鹰瓜分了。

白头鹰把汉斯科学家抢回去之后，第一个制造出来了蘑菇蛋，直接就送给小饭团了，让小饭团尝了一次辣椒油洗澡的刺激，效果肯定是爽得不得了了。

问题是，小饭团被刺激了之后，毛熊也被刺激了！

啊，这么好的东西，怎么能够只有白头鹰有？于是，在兔子建国那一年，毛熊也爆了自己的蘑菇蛋。有人说是毛熊抢走的那批汉斯科学家弄出来的，也有人说是白头鹰家晓得天理正义的科学家把技术偷给毛熊的……

那些毛熊才懒得解释，有了蛋蛋之后，当兔子被威胁的时候，毛熊终于站了出来："小鹰，蛋蛋不光你有哦，这种危险的东西不要乱玩儿哦，小心炸到自己哦。"

…………


# 76.。


白头鹰的愤懑之心，那是谁都能够理解的。自从建国以来，白头鹰大战小战无数，连亲爹牛牛都推倒在地，打了屁股，抽了耳光，更何况其他的小菜？把半个世界搅合得鸡飞狗跳的小饭团又怎么样？还不是一样被按倒灌辣椒水？

可是，在泡菜国遇到了兔子，自己的全胜纪录居然被终止了！

还是那句话，这个世界比的是实力，实力不够，气破肚皮那也是没用的。白头鹰吵吵嚷嚷好半天，终于还是没敢往兔子家扔蘑菇蛋。

兔子得到这个消息之后，不但不开心，反而更发愁了。

兔子心里明白，国际政治，说白了就是大国政治，予取予求，风起云涌，全靠大国之间怎么推动。如今，毛熊看重自己，保护了自己，那么等有一天毛熊翻脸了怎么办？不要忘记，毛熊翻脸比翻书还快，那是国际知名的。

更加打击兔子的是，泡菜战争还没有完全打完呢，牛牛家的蘑菇蛋也试爆成功！

不着急那都是瞎扯淡，原本毛熊怎么说来着？打算推举我当世界老三来着，是不是？现在牛牛爆破了蘑菇蛋，他成了老三，那以后老子算老几？老四还是老五？

有兄弟可能会问，你那个世界小二百个国家呢，兔子心气够高的啊，自己那么穷，关于国际排名的事情，倒是力争上游啊！不懂了吧？这个世界从来没有什么公平不公平，大饼的东边本来就比大饼的西边大好几倍，兔子自己就占了东边大饼的几乎所有好地，面积等同于西边大饼的总和，兔子就是想当全世界倒数第一，这种翻过来的伟大理想，也是做不到的，有的是国家更破更穷。别看白头鹰家人人小康，黑洲那边饭都没得吃的国家一样还有几十个。

那么，为什么全世界的国家之间，差异会那么大呢？好吧，咱们从产业决定论的方面，简单说一下。想有工业就必须有基础，那么工业的最基础是什么呢？

…………

## 77.。

什么？有关经济建设的事情不爱听？不如打架刺激？咳咳，兄弟姐妹们，打架为了什么？光显摆牛叉么？当然不是，打架是为了占便宜，想占便宜就要手里的家伙管用，手里的家伙管用那是经济问题。明白了这一点，你就知道报国无门这句话是骗人的，只要你爱国，报效国家的方法多的是。

先说工业的基础，最基础的，是两个：煤和铁。

仔细研究一下，你就会发现，所有先发国家，尤其是那些最先工业化的国家，毫无例外同时具备了这两个条件。可是世界上的绝大多数国家，连其中的一样都没有。这是一个一加二等于三的简单问题，可是也很残酷，你家里有再多的一，没有二，那一也永远是一。

更残酷的是，你有一，也有二，不懂得一加二等于三的算法，还是白搭。

明白了这些之后，兔子们回头看自己家的底牌，发现冥冥之中的天意，简直让人不得不服气了。首先就是，兔子家是有煤和铁的，而且还不少，这点固然还要感谢老祖宗盲目地占了这么大一片地。可问题是，自己家的铁矿石比较垃圾。

铁矿石这东西，别的国家的矿石成分都是四氧化三铁，兔子家的铁矿石偏偏就是三氧化二铁，同样的付出，只能获得更少的回报对不对？这种先天不足，固然比较苦命，不过想开一点的话，就释然了。

正是因为兔子家的铁矿石品位低，所以导致了兔子必须更加勤劳对不对？所以冶铁的技术必须更加好对不对？所以要对生产出来的东西更加爱惜对不对？看看，勤劳、聪明、简朴，一样都不少，这种后天磨练出来的优秀品质，环境肯定是很重要的。

那么，对于生活在丛林社会的兔子们来说，优秀的品质重要，还是像骆驼国一样满地石油重要？这个问题大家不必回答，历史会给你满意的答案，天助自助之人对不对？话又说回来了，老天其实够照顾兔子的了，起码煤炭有的是，还都是优质煤炭。

…………

## 78.。

兔子们用巨大的牺牲，交给了毛熊一份超级投名状，换回来的报酬，就是一整套的工业基础体系，简称158工程，就是后来人们常说的156工程。因为实际上有两个工程没有启动。

当然了，那些都是国家级的大工程，具体为了配合这些国家工程，下面各省级单位，还要兴建配套的各种企业。举个简单的例子，辽宁省的国家级重点援建项目是24个，可是为了配合这24个项目，与之配套的省级项目就有720个之多。

现在，大家明白啥叫一整套的工业体系了吧？

不得不说，毛熊是很慷慨地把本国的工业体系直接在兔子家克隆了一遍。这种规模这种力度的大规模工业援建，在毛熊国的历史上，只搞过这么一次。推开了说，实际上整个人类历史上，这种规模的援建也只有这么一次。

不要忘记，那个年代的头等大事不是小康，兔子们当然向往富足的生活，可是亲，你不能指望一口吃个胖子，小康的事情以后再说，你起码要保证不能轻易地被人打脸。所以156个工业基础项目之中，有三分之一的项目是跟军火工业有关的。

兔子们再也不用抬头看别人的飞机了对不对？自己家也能生产飞机了对不对？飞机都有了，其他的小东细物还用说么？

那些年，有着忠诚信仰的兔子们大干特干，只用了短短几年时间，就把一个落后的农业国，建设成了一个初级的工业国对不对？钉子就是钉子，再也不是什么洋钉了对不对？

必须指出的是，毛熊给的工业基础，有很多是先进的，可也有很多工程技术很落后，可是没关系，再落后也比没有好多了是不是？有了这些工业基础，最要命的国防设备稀里哗啦地就国产化了对不对？

虽然都是山寨产品。

…………

## 79.。

是的，山寨产品。兔子为了追赶工业上的基础差距，在山寨的道路上越走越远，以至于后来国际上的友好不友好国家，纷纷跑过来劝兔子："兔子，要不你们以后别叫兔子国了，叫山寨国吧，好不好？"

说这话的人之中，有几个肯定是一脸的讥笑语气，可是你细细聆听，你会发现更多的人是一种羡慕的语气。山寨怎么了？山寨就意味着我有了。有和没有之间的分别，比正品和山寨之间差别大多了。

联合国的合法席位，因为有白头鹰作梗，兔子还是得不到。可是兔子的实力已经让全世界刮目相看了，真正说到左右世界的局势，少了兔子能行么？

所以，东西方冷战的大幕拉开之后，兔子勇敢地站在了最前沿。

所谓冷战，就是除直接武装进攻以外的各种敌对活动。包括代理人战争、颠覆、渗透、经济技术制裁、价值观相互洗脑……当然还包括面对面的谈判。打冷战的原因，其实也是因为热战的损耗太大了。

别忘记兔子是有大国梦的兔子，什么叫大国梦？天下第一就先不想了，可是做不了天下第一，起码也要挤进第一集团吧？再成功的二流国家还是二流国家，跟大国梦是有根本区别的。那么，进入第一集团的条件是什么？

是蛋蛋，是蘑菇蛋蛋。

…………

## 80.。

只有手里有了蘑菇蛋蛋，才真正的没有人敢欺负你。

可是，蘑菇蛋的制造技术，属于天顶星级别的，兔子连飞机都是山寨的，如何才能制造出蘑菇蛋蛋呢？

最好的主意，就是向毛熊要了。反正毛熊家就有蘑菇蛋技术，拿过来不就可以了？问题是，毛熊靠着蘑菇蛋才成为了东方阵营的老大，蘑菇蛋的技术一旦交给了兔子，自己的老大地位岂不是就不安稳了么？

但是毛熊又不能不给，为什么？因为泡菜国战争之中，兔子交的投名状分量太重了，好比两伙黑社会打架，兔子一个人就敢单独叫阵，还挥舞着板砖，从大佬到小弟，挨个拍了对方一遍，当这样的兔子回头恭恭敬敬地管毛熊叫一声大哥的时候，兔子就是看上了毛熊的裤衩儿，作为大哥的毛熊也必须毫不吝惜地脱下来赏给兔子。请注意重点哦，是"赏"，赏得越大，自己反而越有面子。

可是裤衩儿这东西，是最后的防线，给出去了虽然有面子，可是自己难受自己知道。所以，在给裤衩的问题上，毛熊开始玩儿蘑菇战术、茶水战术、旱冰战术……说白了就是拖，能拖多久拖多久，就是不痛痛快快地给你。

问题是兔子作为老土鳖的嫡系传人，远比毛熊聪明得多。毛熊的把戏，兔子早就看穿了，暂时不说破，是因为有求于人没办法。可是兔子们知道，把自己的幸福建立在别人的帮助上，是多么的不靠谱。

泡菜战争的红利，在毛熊这边得到了一整套的工业体系……土鳖传人的匪夷所思，在这个时候充分地体现出来，这些不靠谱的兔子，居然觉得战争红利这个东西，正着吃固然有理，反着吃的话，好像也有不少油水哦。

因此，兔子决定回头管白头鹰要点东西去。

…………

# 81..

有战争就肯定有战俘，战争结束了，战俘问题却远没有结束。白头鹰对抓到的兔子战俘不感兴趣，除了被秃子拐跑了一部分之后，大部分的战俘都跟兔子做了交换，把自己家的战俘鹰换了回来。

这里面有一个很关键的问题，就在个体战俘的意义是不一样的。兔子这边的战士都是普通陆军，容易培养，被白头鹰抓去了，白头鹰自己留着也没有用。可是白头鹰战俘却大多是技术兵种，其中还有一批白金级别的飞行员战俘。

懂行的人都知道，飞行员是一个国家的战略资源。因为飞行员太难培养了，要花费与飞行员身体体积相等的黄金，才能培养出来一名合格的飞行员。

整个泡菜国战争之中，兔子不但逼平了联合国军，还抓了不少飞行员。白头鹰为了这批飞行员尽早获释，不得不与兔子进行亲切友好的谈判。到底有多亲切友好呢？我们不妨还原一下双方的谈判对话。

兔子："小样儿，你敢动老子试试？"

白头鹰："擦，试试就试试，怕你啊！"

兔子："尼玛，这是要开战啊！"

白头鹰："开战就开战，你以为这是做广告啊？"

兔子："不爽你很久了！"

白头鹰："你以为老子爽你啊！"

兔子："来战啊！"

白头鹰："来就来！"

当然了，你懂的，冷战嘛，语言和行动是不配套的，亲切友好的谈判结束之后，白头鹰如愿以偿地领回了自己家的飞行员。那么兔子呢？兔子露着大板牙傻笑："俺家的留学兔终于可以回家啦……"

…………

## 82. 。

这个世界上没有免费的午餐，具体到兔子的头上，更加要付出十二倍的努力，才能得到早就该有的东西。

普通行业的留学兔大批地回国，辛辛苦苦地工作了好几年了，那些被白头鹰故意扣留下来的战略级别留学兔，才回到了他们日思夜想的祖国。忘我地工作是免不了的，那颗强烈的报效祖国的心，可以感动天，感动地，同时也吓坏了毛熊。

战略级的留学兔回国之后，毛熊马上就觉得压力山大。蘑菇种植技术，之所以一直拖延到现在，是因为兔子家没有懂行的人。现在懂行的留学兔回来了，不对的地方马上就会被人家指出来。

毛熊没少难为兔子，开始的时候抱怨没有厂房。好嘛，兔子使出浑身解数，盖了一个比毛熊家里的厂房还要好的厂房。

厂房够大够漂亮，毛熊视察的时候，说厂房太脏了，设备不能送到这么脏的地方。兔子立刻招来人手，每人一块抹布，把偌大的一个厂房擦得一干二净对不对？

设备好容易搬来了，还是最垃圾的那种装备，毛熊居然要求每天八小时工作，到点必须下班去喝酒，对不对？

好吧，这些都是应该的，准备工作都差不多了，该开始干了吧？毛熊专家说不不不，我们要先熟悉设备，你们大家仔细看哦，这个东西叫螺栓，这个东西叫螺母，这两个东西很神奇的哦，可以拧到一起对不对？

螺栓和螺母能够拧到一起，那是傻子都知道的事情，可是毛熊专家非要再讲一遍，兔子们也没办法，只能跟着听。听完了之后，毛熊会说："亲，是不是没听懂哦？没听懂没关系，我再讲一遍，你们看，这个东西是螺栓哦……"

完全是磨洋工对不对？

…………

## 83.。

会种蘑菇就是一流国家，一流国家就有了争世界老大的根本，如果你是毛熊，你会不会把种蘑菇的技术告诉兔子？

可是，不想告诉也要告诉，因为已经答应了。原本还以为可以磨洋工混日子，可是战略级别的留学兔回来之后，这些招数都没有用了。战略级的留学兔可以拿着教鞭，反过去告诉毛熊专家："亲，你们援助的这种设备有点老哦，是不是十多年前的产品？我在白头鹰家见过更先进的设备哦！"

看看，想拖都拖不下去了。怎么办？毛熊实在是没办法了，拿出杀手锏：要赖！

于是，毛熊一声令下，全部援助兔子的专家，悉数召回，命令所有人接到电报之日起，第二天必须坐上回家的火车，否则以通敌论处。

当毛熊专家来的时候，兔子给每位专家都配备了很多徒弟，一来尽快地掌握技术，二来也尽可能地方便照顾毛熊专家的日常生活。这些专家很多都来自社会的底层，对兔子们的勤劳善良很敬佩。

所以，当毛熊专家接到了第二天就必须返回毛熊国的命令之后，就有人急匆匆地找到了自己的兔子徒弟，一脸严肃地拿出自己的笔记本，告诉徒弟赶快抄，不要问为什么，赶快抄，能抄多少算多少。

到了晚饭时间，徒弟们饿了，要吃饭了，被毛熊专家一顿呵斥对不对？不许吃饭，继续抄，不许睡觉，继续抄，想问为什么？不许问，继续抄！现代化的科学技术浩如烟海，一个晚上仅凭手工能抄多少？说起来也不过是聊胜于无罢了。

天亮了，毛熊专家看着兔子的红眼睛，拍拍肩膀："兔兔加油，我要回国了。"还被蒙在鼓里的小兔子还在傻问："师傅你什么时候回来？"毛熊专家无法回答，直到他登上火车之后，送别的兔子徒弟才被同伴告知：他们不会回来了。

…………

## 84.。

看看，兔子们的创业史，大喜大悲对不对？哎……这种事情我们看一看都会觉得难以接受，当初身临其境的兔子岂不是更苦命？

我们现在回头想想，毛熊有点太小气，太不仗义，太他奶奶的不是东西了，哪有这么忽悠兔子玩儿的？可是，记得老花在前面说过，我们不要管什么时候发生了什么事，我们要追问的是为什么会发生那些事。

这个事情，说起来，毛熊也有点苦命。毛熊的强悍是天下公认的，毛熊的战士之强悍，有报道说他们的士兵可以一个人抱着重机枪，一边扫射一边冲锋！那是什么概念？同样的重机枪，要三个兔子抬着走对不对？

毛熊无疑是强悍的，公鸡国的老公鸡攻打过毛熊，汉斯国的元首也攻打过毛熊，除了他们之外，西方的每一个列强都攻打过毛熊。可是每一次毛熊都挺过来了。为什么？因为毛熊有广阔的后方，西边的敌人再凶猛，只要毛熊撤回东方，就可以立足不败，天气转冷之后，掉头一个反扑，老公鸡和大元首都是这样被干掉的。

不过事情也不全然都是绝对，就像白头鹰也会被兔子打脸一样，毛熊国在反抗外来侵略的历史上，也吃过大亏，虽然只有一次，但是余威至今令毛熊胆寒。

这唯一的一次，是来自东方的蒙古人发起的。蒙古人的打法与西方列强相反，他们是从东往西推的，毛熊失去了战略空间，一下子就被蒙古人推倒了。被打了屁股还不算，整个毛熊还被蒙古人一口气奴役了三百年对不对？可怜毛熊那时候的大公贵族，每年都要向蒙古人交重税，而且即使交重税也要挨揍，被打皮鞭是必须的，只要不被打断骨头，回家之后都要摆酒宴庆贺。

所以，几乎每个毛熊人都知道，西方的威胁虽然严重，最多不过是伤筋动骨，可是来自东方的威胁，却可以一下子让自己数百年不得翻身。兔子怕毛熊，怕得要死，实际上毛熊怕兔子，也是怕得要命。

⋯⋯⋯⋯⋯

## 85.。

　　毛熊的突然翻脸，让兔子们十分被动，尤其是蘑菇蛋的事情被严重耽搁下来，进入一流国家的门槛无形地被提高了好多。很苦命是不是？是的，当时是很苦命，如果没有坚持下来，很可能就一直苦命了。

　　问题是体格单薄的兔子们坚持下来了，种蘑菇的技术成了独立自主完成的技术。这件事在土鳖国伟大复兴的历史上，是最辉煌的事件之一，所衍生出来的红利，可以供小兔子们一代又一代地吃下去，这个部分我们以后会多次提及。

　　以后的事情以后再说，毛熊专家回国了可是很现实的问题。很多兔子都发愁了，不知道蘑菇蛋还能不能搞出来。186兔子火了，建国之后，他第一次动了肝火喊口号："蘑菇蛋，就是一万年，也要搞出来！"

　　因为蘑菇蛋的巨大杀伤力，一旦使用就会波及大量的平民，所以蘑菇蛋诞生之日，也遭到了全世界有良知的科学家的联合抵制。知名的某某夫人，曾经托她的学生杨某某传话给186兔子："你回去转告186兔子，你们要保卫和平，要反对蘑菇弹，就要自己有蘑菇弹。蘑菇弹也不是那么可怕的，蘑菇弹的原理也不是白头鹰发明的。你们有自己的科学家，可以自己努力。"

　　一切都是从零开始，基础物理需要大量的计算对不对？国内没有足够的计算机，我们的科研兔子在使用算盘对不对？这样极端机密的事情，都要躲到沙漠戈壁去搞对不对？科研兔子们啃咸菜、喝碱水对不对？极端艰苦的环境极端地考验兔子们的理想，有的兔子开了小差，又回到白头鹰国去了对不对？

有的，都有，就算有人说为了研究蘑菇蛋，有兔子被逼疯，老花我都相信……可是更多的兔子坚持下来了对不对？几年后兔子们的蘑菇蛋终于长出了蘑菇对不对？从此，再也没有人敢用蘑菇蛋三个字敲诈兔子了对不对？

…………

# 86.。

好吧，写到现在，老花突然发现兔子建国之后的事情太复杂了，好多事情都是齐头并进，如果按照时间的脉络讲下去，很可能会把老花自己绕糊涂了。为了讲得更明白一点，老花决定把各个值得写的事情单列出来，纵向地来写。

天道酬勤，有付出就有回报。兔子们在付出了无数心血之后，终于有了蘑菇蛋，举世震惊什么的就不说了，毛熊和白头鹰以后再也不跟兔子提我家有蘑菇蛋的事情也不说了，我们从另一个方面来了解这个事情对兔子来说，有多重要。

毛熊的专家撤走了之后，兔子经过数年打拼，终于初步地完成了本国工业化的基础建设。可是不要忘记哦，那些只是基础建设哦，说白了就是煤矿、冶铁、发电、电动机、简单的发电机等等工业基本产品而已，距离工业现代化的路还长着呢。

毛熊专家撤走了之后，兔子和毛熊之间的关系一落千丈，大腿是不能再抱了，兔子已经得罪了白头鹰，又得罪了毛熊，成了千夫所指的异类对不对？还好那个时候，与兔子有类似遭遇的国家不止一个。当然了，这些国家比较苦命，没有实力与当世的两大国叫板，又没有第三条大腿可抱，只好发起了不结盟运动。勉强算是中立国集团吧，实际上是哪边都不受待见，又哪边都不敢得罪的一群苦哈哈而已。

这群苦哈哈之中，比较有代表性的，就是白象和南毛熊，这两个国家正好又都距离兔子比较近，大家抱团取暖，也是不得已为之。

国际形势就那样了，硬着头皮往前顶。可是国内的工业现代化怎么办？在这方面还是需要很多技术很多项目的啊。兔子想了想，觉得这种事情，靠自主研发的话，一来太慢，二来成本也太高，现在自己一没钱，二没时间，如何才能工业现代化？

这当然是一个可笑的问题。技术这个东西除了自己研究之外，最快的办法就是直接买，问题是没有钱，用什么买？兔子想了想，自己拿得出手的东西，好像就只有蘑菇蛋了……于是，不出意料的，蘑菇蛋刚做出来，兔子就开始吃蘑菇蛋的红利了。

…………

## 87.。

以下的事情纯属道听途说，完全做不得真的，完全是老花胡说八道而已，证据一点也没有，特此声明。

还记得联合国有五大流氓吧？关于全世界的安全局势，联合国安理会的五大流氓，那可是有一票否决权的，霸气得不得了啊对不对?

可是细心的兔子们发现，五大流氓和五大流氓之间，还是有很大不同的。秃子那废材就不说了，兔子一向认为秃子目前占了老子的位置，因此联合国的什么普通会员席位，白给老子都不稀罕要。

咱们不看表面文章，看实际实力。毛熊和白头鹰都很强大就不说了，牛牛因为是白头鹰的亲爹，所以得到了白头鹰提供的蘑菇蛋技术，这个也可以理解。秃子的位置实际上是兔子的，现在兔子也有蘑菇蛋了，白头鹰和毛熊虽然如丧考妣（那是真正的如丧考妣，不是假装的），但是也只好承认。没办法，兔子家的陆军太霸气，毛熊也没把握稳赢，双方又都有蘑菇蛋，所以就没有什么所以了。

这四个国家的事情说完了，可是不要忘记哦，安理会可是有五大流氓的哦，还有一个被毛熊拉来凑数的公鸡哦。

公鸡也是先发的工业国家，战后十多年的恢复，也算是熬过来了。工业现代化什么的，基本也算完成了，掌握了不少技术，很多还是天顶星级别的技术……这种天顶星级别的技术兔子现在都不敢想，普通的技术都让兔子直流口水。

问题的关键就是：公鸡家没有蘑菇蛋技术！

这是一个比较头大的问题，身为五大流氓之一，别人都有蘑菇蛋了，自己偏偏没有。不但别人不给，自己还硬是搞不出来，你说公鸡可有多苦命？看明白了这些蹊跷之后，兔子觉得，有时候互换有无，也是值得考虑的。

…………

## 88.。

与公鸡之间的国际贸易谈判，比较艰苦，不像管毛熊要的时候那么理直气壮，有关具体的谈判细节，听说是这样的。

有一年，经过多方"选择"之后，兔子找到了公鸡："亲，在家哦？吃了没？咱们谈两笔军工合同怎么样啊亲？"

但是那年嘛，你懂的，兔子刚刚用板砖拍了白头鹰，而公鸡是需要抱白头鹰的大腿的，所以意料之中的回答就是："兔子，你就死了这份儿心吧，哥绝对不会卖给你东西的，你们这种××主义……（以下简略一万字）"

公鸡说得斩钉截铁，那是毫无回旋余地的，让兔子彻底地见识了一下西方贵族的优越性……但是，但是呢，兔子有公鸡没有的东西："哎，好吧，本来还以为你想学点儿种蘑菇的技术呢，现在看来……"

资本主义的尿性就出来了是不是？公鸡立刻来了精神，士气减一万，友好度，加八百，诚信度，加一百，一把拉住兔子的尾巴："亲，别走啊，一切好说嘛，对于贵国的国防事业建设，我是大力支持的……"

好吧，既然合作意向没有问题，就开始谈合作细节了。当然了，兔子家的细节就是那么一个，不用谈，所谓细节，就是去公鸡家大扫荡："哈哈，亲，你家的东西真多哈……我要这个，这个，还有这个……嗯，这个看起来也不错啊……"

公鸡受不了了："兔子，你不要太过分啊！！！"

兔子点头如捣蒜："嗯，我还要这个，这个，这个还有这个……对了，你说不要太过分的那个我要双份儿……"

太欺负人了吧……不是，是太欺负鸡了吧？公鸡手扶肚子，心想幸亏兔子不知道公鸡也能下蛋，不然老子的屁股他都肯定要翻开看看……

……………

## 89.。

好吧，上面的事情都是瞎猜的啊，完全不算数的，呵呵。已知的情况就是大约两年以后，公鸡如愿以偿地引爆了蘑菇蛋，为兔子的淘宝店加了一个好评而已。

这等国家级别的机密，你就是打死兔子和公鸡，他们也不会承认。可是呢，不承认不代表别人就不知道，白头鹰家的联邦调查局可是很厉害的情报组织，毛熊家的克格勃更厉害，兔子公鸡之间的买卖搞得这么大，他们就不管么？

别忘记毛熊把专家从兔子家撤走之后不久，就跟白头鹰一起拟订了一个《大气层内全面禁止蘑菇蛋试验》的公约，摆明了就是坑兔子用的。他们两个联合一气，对兔子都左防右防，会对公鸡全然不理，啥也不知道么？

实际上，还真都知道，实际上，还真都没管。

为什么？

问题很简单，白头鹰的算盘是："嘿嘿，你个傻兔子，公鸡是抱老子大腿的人你知道不知道？你给他技术就等于是在帮老子明白不？你帮老子做事，强化老子的小弟PK水平，老子为啥要管？"

毛熊的算盘更精明："他奶奶的，公鸡有了蘑菇蛋蛋之后，就不用那么怕白头鹰了，当初老子拉公鸡进联合国，当了大流氓，总算还是有点人情在的，公鸡相对独立之后，老子在联合国里面也不会那么被动了。"

大致就是这么一个思路吧，总之，在"法律"健全，监督齐备，证据确凿的情况下，兔子又办成了一件超级逆天的事情。办得波澜不起，办得严丝合缝，办得好多人都打算请兔子回去做总经理了。

互通有无本是人类社会进步的标志，应该大力推崇的。可是这个事情，公鸡总觉得自己吃了大亏，于是，当双方第二次合作的时候，公鸡一点也不客气地黑了兔子一把。

…………

90.。

还是那句老话，技术，科学技术是第一生产力。兔子因为蘑菇蛋技术先进，所以在第一次兔鸡买卖之中，大赚特赚，把公鸡身上带点颜色的羽毛都拔掉，带回家做鸡毛掸子去了。

时间向后推了二十年，当兔子去公鸡家买蘑菇发电技术的时候，公鸡总算等来了报复的机会。那件苦命的事情，现在先简单地说几句。

这等逆天的事情，为什么会发生，以后再说，现在只说具体细节。

一座蘑菇反应堆，民用发电的，按照当时的市价，是十八亿白头鹰家的绿票票。可是当时兔子穷得两眼冒金星，就是拿不出这十八亿。

买卖意向都有了，没有钱怎么办？好办，公鸡很大度地提出："可以分期付款嘛！不过先说好了哦，你要严格按照我们的要求安装调试哦，一定要把反应堆做好哦，为我们的产品做好国际广告哦。"

忽悠得兔子还以为遇到了老情人，乐乐颠颠地签了合同。结果，公鸡又在玩儿毛熊的老把戏对不对？兔子，你仔细看哦，这个是螺栓，这个是螺母，这两个东西很神奇的哦，可以拧到一起去的哦⋯⋯

问题是公鸡不白忽悠，一个一个零件地挨个拆开，挨个给兔子讲解，好在公鸡讲解得很快，只要兔子说懂了，就坚决不讲第二遍，可是却坚持把所有的零件仔细地讲了一遍对不对？兔子因为不懂，只好耐着性子听完对不对？

十八亿的东西，最后兔子实际支付了九十亿。

当然了，再苦命的事情也有好处，兔子耐心地听公鸡讲课，任由公鸡摆谱，给足了公鸡面子之后，蘑菇民用发电技术完全自己掌握了对不对？翻手开始外卖了对不对？把公鸡家的客户都抢跑了对不对？呵呵，有些事情，也难说谁更苦命。

⋯⋯⋯⋯

## 91.。

有关蘑菇的话题可以写一部鸿篇巨著，不过咱们不能老是围着蘑菇转，兔子嘛，理想和现实都是很精彩的。

因为没有了老土鳖的照顾，泡菜国比较苦命，与之相对应的，南方的猴子国们，也很苦命，猴子国那么多，不能一一细表，现在咱们说说其中的代表：越猴国。

越猴在二战之前，是公鸡的殖民地，被打脸、踢屁股的事情那是免不了了。好在二战的时候，公鸡早早就投降了，越猴的地盘，被气焰嚣张的小饭团占领了。

开始的时候，越猴们见小饭团赶走了百般压迫自己的公鸡，对小饭团还是很亲切的。可是没过多久，就发现小饭团可比公鸡王八蛋多了。苛捐杂税更重对不对？杀猴放火对不对？从小姑娘到老太太，小饭团都不嫌弃对不对？

所以，反抗小饭团是必须的了。那个时候的越猴们，也从毛熊那边学到了马教理论，有了马教理论的武装，越猴马上就变成了马教猴子，战斗值刷刷地涨啊对不对？一直强大到小饭团根本没当回事。

小饭团投降了之后，马教猴子们就忙三火四地在越猴国北部建立了根据地。不过公鸡的反应可也不慢，前脚接后脚，派兵支持越猴老国王建立了南越猴子国。

越猴们觉得有点苦命，二战都结束了好不好？全世界的殖民地都解放了好不好？为啥子老子家还有公鸡在耀武扬威？北越猴子看公鸡不顺眼，公鸡看北越猴子也别扭，靠，老老实实地种你的大米不好么，干啥要占了一半国土？

双方互相看不过眼，PK一场是在所难免的了。一口气打了十年，囧啊，北越猴子不但没打跑公鸡，自己的地盘反而越来越小了对不对？

眼看要支持不住了，北越猴子想起来了，自己的北方，还有一个古老的宗主国呢。现在虽然没有宗主国那套说辞了，可是大家都是马教教徒对不对？于是，专程跑去兔子帝都，请求兔子保护。

…………

## 92.。

很多时候很多事情，表述起来完全可以是两个论调。

在北越猴子第一次向兔子求救的时候，兔子展现出来的地区霸气，那是任何人看了都要发抖的。至于为什么兔子要去帮北越猴子，这个有很多说法。

一般人认为，兔子作为老土鳖的儿子，有可能背上历史的债务。就像兔子有一个大国梦一样，兔子同样觉得周边的历史属国，自己都有责任去拉一把。以前打不过西方列强，自己还被欺负的时候顾不上，那是没办法，现在老子连白头鹰都拍了，还差你一个公鸡？

当然，也有比较厚黑的看法，那就是兔子有地盘有人心，完全有机会实现自己的大国梦，当了大国，左右世界局势都可以，自己家的后院，怎么能容忍别人插手？

总之吧，兔子决定帮北越猴子一把，拉一拉自己的小兄弟。

当然了，事情不能做得太绝，已经打了白头鹰，再亲自动手灭了公鸡，那等于说是直接向西方阵营宣战了。这种事情毛熊都不干，兔子当然也是不干的。所以兔子决定学学毛熊，援助点武器物资给北越猴子。

结果事情立刻就收拾不住了，公鸡的家底儿远不及白头鹰雄厚，从兔子开始援助北越猴子开始，拖了十年之久的战争，不到一年的时间就结束了。苦命的公鸡们还被蒙在鼓里，卷着行李滚蛋了。

兔子呢，见好就收，也就不再管这事儿了，不管南越猴子还是北越猴子，怎么说都是当地人，爱怎么打怎么打去吧，谁打赢了，也不可能把越猴国搬走，到时候老子一低头，你还得老老实实地喊我一声大哥。

按说事情就这么不了了之，也算有个交代，应该就可以揭过去了。不料，远在大海另一边的白头鹰，因为对兔子不服气，决定蹚一蹚越猴国这汪子浑水。

…………

## 93.。

公鸡从越猴国败退之后，老老实实地回家发展经济去了，于是才有了十年之后的兔鸡交易，这个请看前文。

公鸡含恨败北，南越那边爆发军人政变，推翻了猴子国王，开始实行资本主义。半年不到的时间里，南越猴子和北越猴子各自建国，情形有点类似当年的南北泡菜。根据当时的国际条约，双方以北纬17度线为界，各过各的日子。

以上这些都没问题，问题是北越猴子建国之后，马上学习兔子搞了土地改革，把全国的土地平分给了老百姓。这一手固然得到了人民的拥护，可也吓坏了南越猴子和白头鹰政府。他们的土地都归大地主所有，一旦手下的人民反应过来，还有更好的国家制度，那么自己执政的基础就丧失了。

不可调和的矛盾就此产生。

对于这个矛盾，南越猴子是完全没有能力解决的，而国内的亲马教势力很快就抬头了，南越猴子只好去求助白头鹰，白头鹰也害怕马教主义占领整个东南大饼，所以毫不犹豫地就派出了大军，帮忙守卫南越猴子国。

大军对付反叛民众，那是一勺子就烩了。可是这样的举动也触怒了北越猴子。问为啥北越猴子会生气？废话，南越的亲马教民众，都是北越猴子扶植的好不好。

于是，公鸡走了没几天，猴子战争战火又熊熊烈烈地烧起来了。

帝国主义亡我之心不死啊有没有？

兔子刚刚打赢了泡菜战争，这才过了一年不到的安稳日子，白头鹰就又来挑衅了……傻子都能看出来，这又是存心跟兔子过不去。说白了，就是耗你，你不是想好好地发展建设么？没那么容易，你一穷二白地搞建设有多大困难老子不管，老子要做的就是给你制造更多的苦难！

…………

## 94.。

老花以一个旁观者的眼光，去审视当年白头鹰对兔子的绞杀政策，我发现白头鹰其实还是尽了力的，这点无论在已经结束的泡菜战场，还是即将发生的猴子战场，都可以充分说明白头鹰无时无刻不想弄死兔子。

问题是兔子不是秃子，兔子是一个实干家，当然，兔子也很会算账。算账这个事情是老土鳖的家传手艺，秃子学得很好，兔子学得自然也不差。

越猴国的局势是很复杂，可是简单分析起来，还是毛熊跟白头鹰在博弈。看明白了这一点之后，兔子就知道自己应该做什么了。具体来说到底应该做些什么呢？想来想去，觉得什么也不做，是最好的。

这点白头鹰可没想到，毛熊当然也没想到，大家都以为兔子会向泡菜战争那样，勇敢地站起来，再拍白头鹰一顿板砖的。毛熊是乐得看笑话，坐山观虎斗。白头鹰是因为泡菜战争打得不服气，想从猴子战争中重拾威严。

可是兔子就是不接招，岂不是奇哉怪也？

这就是聪明的民族和正常的民族之间的区别。

那么为什么兔子不愿意再出兵猴子国了呢？很简单啊，没有利益！南猴子国北猴子国地过日子，不是很好么？现在北猴子们还能支持得住，老子为啥要管闲事？当然了，为了掌控局势，兔子兔不了又拿出了老祖宗的法宝，继续打嘴炮："亲，注意和谐哦，记得不要过17度线哦，过了17度线小心我揍你哦！"

可以想见白头鹰听到这个消息的时候，有多么苦命了。有了泡菜战争做参考，这个17度线肯定是不能再过去了的。好在白头鹰也不想把事情搞大，只要保住了南猴子国，就算大功告成……当然了，不能过17度线的原因，是不能告诉国内民众的。

问题是北猴子们听了兔子的嘴炮之后，突然发现这等于是兔子声明了会保护老子的国土了！既然有了兔子撑腰，老子等于立于不败之地，既然立于不败之地了，老子可以玩儿玩儿颠覆、渗透的帝国主义把戏了，看看南越猴子们能不能接得住招。

…………

## 95.。

　　帝国主义搞的颠覆活动，要出真金白银，北越猴子搞革命输出，只要把马教主义传到南越猴子那边就可以了，顶多支援点轻武器。反正毛熊老大那里有的是，不用白不用，用了也白用。

　　好吧，既然是这么个情况，想不乱套都难了。结果就是猴子国接连混战了20年，回头兔子们再研究这段历史的时候，自己都觉得不可思议，至于么！

　　兔子觉得不至于，所以安安心心地搞建设，细细地消化那156个工业基础项目。当然了，因为北越猴子穷得叮当响，所以吃穿枪弹全靠毛熊供应。问题是毛熊和猴子国并不接壤，中间还隔着一个兔子。偏偏兔子家穷烂破大，让毛熊也很头大。穷点烂点破点都没什么，实际上毛熊觉得兔子越穷越好越烂越好越破越好。可问题是还很大，这个就比较苦命了，因为兔子家很大，援助猴子的物质供应线就要拉长，靠空运是负担不起的，没办法，还得请兔子帮忙搞后勤。

　　兔子肯定是一口答应了，同一个阵营的马教兄弟嘛，帮点小忙小意思啦。不过预料之中的，兔子就提出了种种困难，道路破烂啦，路程太长啦，我家太穷没有小车也没有汽油啦……

　　毛熊满头黑线，知道兔子又在卡油水要过路费了，只好给……不给是不行的，兔子连驻军都不允许，直接让你的炮弹卡车随便国内跑就更不可能了。唯一可行的办法就是给兔子若干卡车，若干汽油，兔子拍完胸脯保证完成任务之后，少不得还要汇报说司机不够，请毛熊帮忙培训一点司机……

总之吧，越猴那边打得不知道怎么样，反正猴子战争结束之后，兔子没花多少钱，没费多少劲儿，自己的后勤供应体系可是全部机械化了对不对？

可是，再长的战争，那也不用打20年吧？最后兔子实在看得心烦了，小手随便挥挥，战争就结束了……这一次，白头鹰可真吃了大亏。

…………

## 96.。

泡菜战争的时候，兔子和白头鹰其实是打了个平手，双方都在事后吹嘘自己赢了是因为各自完成了各自的战略目标……维持泡菜半岛分裂状态。国际社会普遍认为兔子赢了，是因为兔子手里的胡萝卜比较差劲儿。

可是到了猴子战场上，白头鹰却吃了兔子的大亏，不但战略目标没保住……南越猴子政权没有了，而且在武器相对占优的情况下，全线败北，最后完全从猴子国撤军回家，承认彻底失败了。

具体情况听说是这样的，一天，兔子遇到了猴子，免不了恨铁不成钢："猴桑，老子在泡菜国，三年就搞定了，你苦命呵呵地干了二十年，还是这个烂摊子，你怎么就不好好反省反省？"

猴子……对了，前面忘记介绍了，说起来，越猴也算是老土鳖的徒弟哦，当然了，尽管老土鳖想教，但是越猴不好好学，根本不像泡菜、饭团那么出息。

猴子眨巴眨巴眼睛，终于明白了，自己之所以能跟白头鹰死磕十年，不是因为自己多能打，是因为兔子划出了北纬17度的红线。白头鹰不敢过线，所以尽管每次出击都惨败，可是总能撤回来休养……说白了还是兔子在左右猴子战场。

好一个聪明的猴子啊，想明白这一点之后，立刻翻身跪倒，抱着兔子的大腿放声大哭，什么你们原来是我们的天朝上国啦，什么现在咱们还是同志加兄弟啦，什么两国山水相依唇亡齿寒啦……归根结底一句话："兔子，你要帮我啊！"

兔子忍不住叹息了！不管怎么说，这是老子的后院啊！就点了点头："猴桑，好吧，看你这么苦命，老子就帮你一次，你先给老子弄十万件猴皮大衣来。"

猴子傻了："你不是有兔皮大衣么，为啥还要猴皮大衣？"气得兔子抽脸大骂："废话，你想让老子公开跟白头鹰宣战啊？笨蛋！"

…………

## 97.。

猴皮大衣的具体去向不明，总之仅仅几个月之后，白头鹰决定全线撤出猴子战场，猴子战争结束。兔子得到了稳定的周边环境，北越猴统一了越猴国，毛熊的阵营势力如日中天，可谓皆大欢喜。

这里面最苦命的就是白头鹰了，几近20年的战争，白头鹰一共消耗了800万吨炸弹，远远超过第二次世界大战期间各个战场投弹量的总和，造成越猴160多万人死亡。白头鹰自己的损失也非常惨重，5.6万人丧生，30多万人受伤，耗资4000多亿美元。

这些数据说出来相当枯燥，那么我从另外一个侧面来描绘：自从全世界被分成东西方两个阵营全面冷战以来，在七十年代以前，白头鹰占据全面优势。可是到了七十年代猴子战争结束，严重被战争拖累的白头鹰全线紧缩，从战略进攻变为战略防御，毛熊一下子成为了世界上说话嗓门最大声的国家。

兔子，白头鹰坑苦了你，你也坑苦了白头鹰，对不对？你好好当你的世界老大多好，干啥要来招惹兔子？你难道就从来没听说过老土鳖有一句成语叫兔子蹬鹰么？回去多骂骂秃子，他怎么什么事情都不告诉你，是不是故意坑你啊？

兔子庄严地向外界宣传："我兔国从来没有派和尚将军出兵越猴国，从来没有打败过白头鹰，从来没有整编制地消灭白头鹰，从来没有击落过白头鹰在越猴国的飞机，也从来没有见过白头鹰家安排在雨林之中的支奴干直升机，也从来不知道那个直升机最怕无坐力单兵炮……"

这样一份宣言被海量印刷，无限地发往全世界，呆头呆脑的人们，居然认为兔子在故意说反话，你说气人不气人？兔子默默无语两眼泪，亲们，俺是好人啦，俺从来从来不喜欢说谎话的啦，呵呵。

…………

98.。

兔子建国不久，百废待兴，啥破事都能遇到。除了白头鹰不远万里地督导兔子必须强大之外，兔子的邻居们，也不是那么的满意兔子。小门小户的固然希望兔子强大，自己可以因为兔子的厚道过一份安稳日子。可是，相对大一点的国家，却巴不得兔子越穷越好，最好永远给自己当小弟。

好吧，如果毛熊是这样想的，那也没办法，大家差得太远了又离得太近了，伸出大腿来，你就必须抱对不对？不抱的话，有可能亡国灭种对不对？觉得很苦命吧，觉得很郁闷吧？谁让该发展的时候，你去抽大烟了呢。

对于毛熊，兔子只能忍耐，当然了，兔子从来没把毛熊当大腿来看，在兔子们认为，毛熊是个好老师，是一只超级肥嫩的烧鸡腿儿。

可是与毛熊有一样想法的人，还有一个白象国，这个就让兔子比较郁闷了。

白象的事情以前提过一句，牛牛大殖民时代最重要的殖民地！当然了，白象的身份并不是只有这么一个，白象还有一个身份更加的闪亮：四大文明古国之一！这个头衔，全世界也只有四个国家有，目前存活下来的，只有三个，分别是兔子、白象还有法老国，还有一个文明古国因为在古代对人类文明的影响很大，不得不提一笔，可是早就消亡了。

白象家的地盘也不小哦，人口也与兔子有一拼哦（而且还是唯一可与兔子拼人口基数的国家），古典文化也很灿烂哦……哦，这点必须说明一下，白象的古典文化十分灿烂，那是瞎子都能看到的。可问题是这些古典文化怎么来的，不但世人懵懵懂懂，白象自己也说不出个所以然来。

自己的历史自己说不出个所以然来，这是一个何其苦命的事情。这和没有历史有啥区别？区别当然还是有的了，那就是有资

133

格抓着文明古国的身份证发呆。

…………

## 99.。

白象想不发呆来着，也想像兔子一样，一提历史就口若悬河地说上三天不住嘴，让听故事的人饿着肚子都舍不得不听……这样羡慕兔子的不只有白象一个，实际上全世界所有的小两百个国家，都一起羡慕兔子。

为什么呢？说起来比较气人，那只不过是因为老土鳖爱记账。记账这个事情，还要从文字刚刚发明说起。土豆星球的文字格式千奇百怪，发明的时间有早有晚，中间还消亡了一大批，这个咱们先不管。

关键是文字这个东西，是作为传达信息用的，不同地域的不同民族不同国家，先后有了文字之后，最主要的功能大概就是写信了。除了写信还有立碑树传，这些都是日常生活的必须习惯，所以全球共享。

不过在浩浩翰翰的几千年里，唯有老土鳖一家，有记账的习惯。用老土鳖人的话说，就叫以史为鉴，可以知兴衰。记账的事情被提拔到了兴衰的战略级别，还给记账的同志们专门设置了一个官职：史官。

史官虽然隶属土鳖皇帝管辖，也接受皇帝给的工资，可是史官又是一个相对独立的职业，他们只记录历史，不发表评论。这让当皇帝的非常郁闷……只能做好事对不对？做了坏事，被史官们记录下来，就要遗臭万年对不对？

可是人性是复杂的，或者说人性本恶，做坏事也难免……那么，有没有办法让史官把皇帝做的坏事记录成好事呢？老实说，比较难。

曾经有过这么一个例子。

某年某月某日某一位王子，因为想当国王，就杀死了自己的老爹。当了国王之后，去看史官的记录：某年某月某日王子杀爹篡位。国王大怒，杀了史官，毁了记录，让史官的弟弟当史官。史官的弟弟肯定是一根筋了，想都没想，立刻就接着写：某年某月某日王子杀爹篡位。国王大怒，又杀了史官，让史官家的小弟弟接史官职位，小弟弟继续写：某年某月某日王子杀爹篡位。国王彻底服了，不再管这事了。

送走了国王之后，小弟弟史官的学友急匆匆地抱着竹简册子赶来了，看到小弟弟史官还在，长出一口气："你还活着啊？那我回去了……我怕史实被扭曲，特意赶来接你的班，就不信那暴君能杀光天下史官!"

…………


## 100.。


历史的重要性就是因为可以启迪未来，这个道理土鳖在好几千年以前就知道了，可是相同的道理，整个世界却没有第二家能够认识到。以至于后来兔子们办事之前，心里面先要有一个历史观，推开了来说就是大局观。

这点，西方世界是不能理解的，因此在他们看来，兔子有点莫名其妙，会做很多看起来完全没有必要的苦工作……要知道人的理解能力是有限度的，当你只凭有限的个人经验去看的时候，局限性是难免的，这就是为什么古代的人们会以为自己生活在大饼上。

同样的道理，当你心中没有大局观的时候，你永远不会明白很多时候为什么明明是吃亏的事情，兔子们也要去做。可能直到很多年以后，你再回头看，才会愕然醒悟：哦，原来是这样的啊，兔子这家伙……可惜当时你只会嘲笑兔子。

这个大局观的问题，白象家因为没有史官，所以也不懂。当兔子踢脚盆、扇秃子、打土豪、斗地主，轰轰烈烈地搞革命的时候，山的那一边，白象们也在奋起反抗，他们和兔子遇到的问题差不多，都是独立解放事业。

说起来，白象比较没有面子，当兔子苦苦支撑一个半殖民地社会的社会，白象们已经彻底地沦为殖民地了，牛牛只派了大约一千个人，就可以领导几亿白象，也算创造了辉煌的吉尼斯世界之最。

那么，牛牛是怎么做到的呢？这才是关键的问题。

这种问题，属于国家高级机密，你就是打死牛牛，牛牛也不会告诉你，不但不会告诉你，实际上连他的亲儿子白头鹰，他也不会告诉。可惜的是，这样的秘密就算牛牛不说，兔子们也能猜出来。

不要忘记，兔子家在古代，有很多史官来着。

…………

# 101.。

这个问题说白了，还要从白象国本身的社会结构说起。

白象国和土鳖国，在古代都发展得很牛叉，虽然兔子能说得头头是道，而白象只能听兔子说，不过不可否认的是白象当年也阔过。虽然白象现在不阔了，也说不明白当初为什么阔，可是的确阔过。

可是在遥远的古代，阔过的民族有很多，其中最著名的一个就是蒙古人。蒙古骑兵天下第一，这个前面说过了，因为各种原因吧（有时间可以单独聊这个话题），土鳖和白象都被蒙古人给揍了。

草原游牧民族不可能永远占据统治地位，不出意料地被土鳖反败为胜，可是这个经过，却出现了好几个后遗症。

首先就是，蒙古人推行的种姓制度。高种姓对低种姓拥有无可置辩的优越权力，有时候甚至可以不负责任地决定低种姓的生死问题。这样一种垃圾制度，对于文化更加昌盛的土鳖来说，是不可能接受的。仅仅几十年的光景，蒙古骑兵战力稍一减退，土鳖立刻大反攻，收复失地不说，还顺手抢了蒙古人好多地。

这里面有一个问题，那就是蒙古人在土鳖的北边，白象国在土鳖的南边，蒙古人强盛的时候，是从北到南，一口气推倒了白象国。可蒙古人的失败却是因为土鳖的大反击，蒙古人抵御不住，只能败退。

好了，问题出来了，留在白象国的蒙古势力怎么办？

蒙古人在白象家的具体情况不必细说，可是蒙古人的社会制度，居然被白象们完整地保留下来了对不对？四个种姓之间等级森严，不可通婚，不可越级，不可……你是不是觉得低级种姓很苦命？

低级种姓是很苦命，问题是低级种姓还不是最苦命的，没有种姓的人才是最苦命的白象国人，至今，白象家里仍然有八千万"不可接触者"，就是所谓的"贱民"。

…………

## 102.。

明白了白象国内是这样一个种姓情况之后，就不难理解牛牛是怎么控制白象的了，说白了就是一句话：牛牛并没有控制白象全国的人，牛牛只不过是控制了种姓最高的那群白象，用他们控制了整个白象国。

文化越昌明，人民越知道礼义廉耻，也就越顺良，越温和……当然了，你要明白，这种温和顺良，指的是底层人民，并不是指的统治者。白象们虽然顺良温和，但是统治他们的高种姓们，却一点也不温和，在武力值不够的情况下，暂时忍耐牛牛的盘剥是没办法的事情，可是到了二战的时候，牛牛被汉斯揍得很惨，万般无奈的情况下，他们不得不把白象们武装起来，拉到战场上与汉斯周旋。

结果大家都知道了，汉斯惨败，牛牛因此咸鱼大翻身，得到了很多好处。可是在这个过程之中，白象的武装力量也逐步地发展起来了，高级种姓们突然发现牛牛也没啥子了不起的，也是可以推倒的对不对？

这倒不是说白象的军队在整个二战之中表现得多么好，完全是因为牛牛被消耗得太厉害了。

整个二战就像一次大考，各个国家都把最精锐的力量搬出来参赛，重新分配了利益区域。这个过程之中，兔子考得不好，所以要参加补考，泡菜战争开幕，十几个国家做考官，结果大家是知道的了。

白象们没有兔子的豪气，又不肯继续给牛牛当牛做马，他们也站起来反抗……我们不得不服气白象们的智慧，他们采取了最不可思议的"非暴力不合作"运动。简单点说，就是除非你打我，否则我就是不跟你办事，什么事情都不跟你办。

牛牛不是活雷锋啊对不对？牛牛搞殖民地是因为想赚银子来着，这么一个"非暴力不合作"运动，弄得牛牛没有银子赚了对不对？没有银子赚的殖民地算啥子殖民地？牛牛终究没有办法应对，同意了白象独立。

…………

## 103.。

白象的执意独立，对牛牛来说，损失是显而易见的。当然了，你不要忘记，牛牛曾经号称日不落对不对？牛牛的高官们从来不看地图，他们是坐在办公室里面直接看地球仪的对不对？

对于牛牛这样一个拥有大局观的国家来说，下棋就必须走一步看三步，甚至更远。白象们执意要独立，牛牛阻止不了，可是有一个问题牛牛看得很清楚，那就是白象是一个很有潜力的国家，这种国家一旦发展起来，就会很强大。

不要忘记了，这是一个丛林社会，全世界的财富就那么多，别人多吃一口，自己就少吃一口。当然了，牛牛担心的还不止这些，牛牛最担心的，就是万一白象们发达了，想起老子曾经欺负过他们，回来算后账怎么办？

所以，牛牛决定在白象前进的路上挖几个大坑。这里面最重要的一招，就是貌似很公平地以信仰问题为理由，把白象国一分为二，成功地在白象身边又克隆出来一个巴铁国。牛牛的理由很充分哦：宗教信仰不同，搞在一起容易打架哦，你们分开各过各的日子，要好好相处哦。

这样的做法，全世界一片叫好之声。可是你别忘记了，大家都叫好没有用，白象才是事情的主体，牛牛只是客串演出。大家都叫好了之后，白象开始越来越觉得牛牛的划分方法有问题。

到底是什么问题呢？实际上说出来之后，大家肯定会发现这个问题太可笑了。牛牛实际上是把原来的殖民地划分成了三块儿，他把中间最大的一块儿分给了白象，东边和西边的两小块分给了巴铁。

白象刚建国的时候，还没心思体会牛牛的深意，白象闹独立的时候，白象国内的海德拉巴地区也在闹细分独立，稀里哗啦的被平叛之后，白象再回头看地图，怎么看怎么觉得自己有被巴铁国两面夹击之势对不对？

…………

# 104.。

　　兔子的民族解放事业,用的是三千万颗人头做的代价,白象们只不过是上街喊喊口号就可以了,差距实在太大了对不对? 你敢说白象们不聪明么? 可问题是,在这个世界上,光聪明是不够的,聪明反被聪明误的例子多了去了。

　　不费吹灰之力,就撵走了牛牛,白象信心爆棚对不对? 你不要以为白象还是原来的白象,白象的统治者可是跟着牛牛学习了好几百年的,如果说白头鹰是牛牛的亲儿子,那么白象就绝对是牛牛的养子了。

　　牛牛曾经日不落,下手比较黑是公认的。这点白头鹰固然学了个十足十,白象也跟着学了个七七八八。撵走了牛牛之后,白象的统治者猛然发现:啊! 原来这个世界也不过如此!

　　既然不过如此,那还客气啥? 不就是捏软柿子么,谁不会啊! 从此以后,白象极其聪明地积聚力量,开始东一口西一口地吃起来了,千禧年过后,地盘大了好多对不对? 能吃的地方挨个吃了一遍对不对? 凭什么讥笑白象无能?

　　可是,可是呢,不要忘记了,牛牛可是在白象的发展道路上挖过坑的哦,其中最大的一个坑,就是克什米尔大坑了。那个地方曾经是殖民地里的一个邦,大抵就相当于兔子家的一个省了。

　　牛牛给白象分家的时候,讲好的规矩是按宗教信仰划分。而克邦地区,人民普遍是信仰绿教的,不幸的是,牛牛事先在临走之时,在克邦培植的最后一任省长,是白象教信徒。

按说你一个省长，官再大，也不能啥都代表吧？克邦应该分给谁还不简单么，全民公投一下不就好了……可是请记住这个世界并不是一个讲理的世界，地盘这个东西，谁都想多弄点，所以在争执不下的情况下，白象和巴铁同时出兵，去抢克邦。

…………

## 105.。

大家一起去抢的结果，当然就是一家抢了一半。对此，巴铁是肯定不满意的了，那地方本来就应该是老子的好不好？凭什么只得到一半？

白象的想法跟巴铁略略不同：老子的胳膊明显更粗好不好？老子的拳头明显更大好不好？凭什么老子只得到一半？

好吧，既然大家不满意，继续开打是免不了的了，这一打起来，巴铁肯定是吃亏了的，这个大家都能猜到，大家猜不到的是，就像没人愿意看到兔子强大一样，西方世界的大佬们，可也不希望白象强大。

当然了，直接出兵干预是说不通的，为了牵制白象，白头鹰开始支援巴铁军火，支持巴铁顶住……既然巴铁顶得住了，白象自然很窝火对不对？

克邦的事情暂时就那样了，白象也就不着急了，反正能吃的肉很多，干啥老盯着克邦？所谓西方不亮东方亮，换个人再吃也一样。那么，吃谁比较好呢？白象算计了一圈，觉得兔子家的地盘最大，最好，关键的是兔子手里的胡萝卜也差劲儿。

当然了，兔子不是巴铁，兔子再怎么菜，那也是当世大国，想动兔子，事先各个大佬面前，去通知一声还是免不了的。

不要忘记了哦，泡菜战场上，兔子可是得罪了很多人哦，那么多西方阵营的苦命人排成一排，被兔子挨个打脸对不对？被打脸之后，你不会指望这些人会感谢兔子吧？你不会指望这些人还会背后说兔子的好话吧？

反正大家都讨厌兔子，白象打算教训兔子的事情，很容易就得到了西方阵营的支持。不幸的是，这个事情还得到了东方阵营的支持。

是不是想不开？兔子好歹在抱毛熊的大腿，大家都是马教兄弟对不对？你怎么能支持白象胡来呢？呵呵，你要明白，白象和兔子PK，跟毛熊一毛钱的关系都没有，你们两个打得越厉害越好，死的人越多越好，你们自己衰弱了，才显得老子更强对不对？

…………

## 106.。

好吧，既然大家都没意见，白象就决定动手了……白象可不傻哦，白象可是事先发现毛熊从兔子家撤走了专家，与兔子翻脸的时候，白象才觉得万事俱备了。

万事俱备的意思，包括白头鹰和公鸡支援武器，包括毛熊给白象壮胆，更加包括牛牛亲自派顾问团指挥白象作战。天时地利人和全占，白象的大军直接就开干了。

可是，不要忘记了哦，白头鹰都被打脸了哦，当兔子和白象的国界争端白热化之后，白象进行了全国战争总动员，声势那叫一个非同小可哦，白象们愤怒的呼声，那可是喊得震天响哦。

这样的场面被搞出来之后，兔子们当然也紧张了，一面加紧国内调兵遣将，一遍严令边防部队顶住，起码要顶到后续大部队到来……西南边疆距离中原腹地几千里远，兵马调动肯定是需要时间的。

然而，让全世界大跌眼镜的一幕出现了，白象的重兵精锐部队全面开战之后，仅仅八天的时间，就被兔子家的边防军打得头破血流，白头鹰给的棒棒糖、公鸡给的雪糕、牛牛给的爆米花……眼睛都没眨一下，就被兔子抢走了。

白象们郁闷哇，这叫什么事情哇！哪有全国总动员，却干不过人家的小小边防军的道理？这种事情传了出去的话，老子还怎么在江湖上混了？忙三火四地抽调兵力，连克邦前线与巴铁对峙的部队都抽回来了，准备找回面子。

结果听说这次更苦命，不到五天的光景，队伍被兔子边防军打得稀巴烂，全线溃逃对不对？当初在大街上喊的口号都忘光了对不对？稀里哗啦都跑光了之后，首都都没有军队守护了对不对？到了这个地步，白象们举国哀悼，都开始准备当亡国奴了。还好兔子只立足于自卫，根本没有侵占人家的意思，及时撤兵了。

这样的结果，白象们的愤怒先不说了，实际上兔子那边的高层也愤怒了："擦！老三，没本事你搞这么大阵仗做啥？老子在国内的军队都集合完毕了，老子可怎么跟他们解释？你害得老子跟你一起被人一起笑话对不对？"呵呵。

…………

## 107.

　　兔子与白象的边界战争，因为过程的离奇诡异，想不被载入兔子的史册都是不可能的了，到底有多么的不可思议？请看下面的数据。

　　兔子：死亡700人，负伤1700人。

　　白象：死亡5000人，包括一名准将。被俘4000人，包括一名准将。具体受伤人数不详，据白象声明讲，没有负伤的人，因为俺们有神油保护。

　　白象们的苦命情况可见一斑了……还有更苦命的，那些支援了白象武器的国家纷纷去找白象大使，问："亲，你确定你们是跟兔子开战？我们怎么觉得你们是去送礼了呢？我们支援你的武器，为啥没开封就被兔子搬回家去了？"

　　这些苦命的事情，白象们是怎么解释的咱们就不要去追究了，现在我们要讨论的，是这个事情出现之后，白头鹰和毛熊为什么没啥反应？不要忘记这可不是小事哦，凡是与兔子有关的事情，对西方人来说可都是大事哦，大家没忘记老公鸡的警告吧？

　　那个警告，西方人肯定是不会忘记的。可是白头鹰和毛熊确实没管，不但没管，当白象向他们哭诉的时候，还遭到了呵斥。那么，到底是为什么呢？

　　很简单，当白象下定决心揍兔子的时候，白头鹰和毛熊，因为鳄鱼国导弹危机的事情掐起来了。

　　鳄鱼国就在白头鹰国眼皮底下，是新大陆那边唯一的铁杆东

145

方阵营伙计。毛熊把导弹安装在鳄鱼国，等于是把枪口顶到了白头鹰的脑门上，这种事情，白头鹰那可是说什么也不能答应的。

白象一直觉得自己挺聪明，就是想不明白为什么会出这种事情，本来当世的两个大佬都支持我，为啥真到了要指望他们的时候，他们两个先掐起来了呢？直到好多年以后，白象才猛然明白：靠！这个机会兔子估计等了好多年了！

…………

<br/>

## 108.。

<br/><br/>

白象吃了大亏之后，痛定思痛是难免的了，难得的是，白象也具有东方人的产业决定论认识。白象认为自己打不过兔子，是因为兔子缴获了很多白头鹰的武器，当然还有毛熊援助的武器，这些武器自己家虽然也得到一些，可是太少了。

少了怎么办？

最基本的办法就是自己造了，可是白象发现自己家硬是不会造！不会造怎么办？不会造的解决方法当然是学习如何造，可是不要忘记哦，白象可是很聪明的哦，白象突然发现有一个情况很重要，那就是几乎全世界都不喜欢兔子。

西方阵营就不说了，问题是东方阵营对兔子也不怎么友好。虽然很多国家跟兔子并没有瓜葛，可是老大毛熊不喜欢兔子，手底下的小兄弟们虽然知道兔子没啥错，可也不敢说，也不敢多和兔子走动，免得被老大骂。

这些事情当然是谁都能看出来的，可是能在这种局势之中看出有利可图的人，那就只有白象一家了。

那么白象具体是怎么做的呢？很简单，直接去各国要帮助。实际上白头鹰和毛熊为了牵制兔子发展，还是很看重白象的作用的，虽然上一次战争比较苦命，不过朽木还是可以雕的，实在雕不了也没关系，先给朽木刷一层漆，也能糊弄糊弄兔子。

具体说来，那就是源源不断的军火援助了，当然了，白给是不可能的，小钱钱还是必须收的，这样的合作谁都很愉快，白象可以直接购买最先进的军火，毛熊和白头鹰可以赚好多的小钱钱，周瑜打黄盖的国际版隆重开演。

…………

## 109.。

总之，白象买了好多武器，各种型号各种威力的都有，不怕最贵，只求最好，以后再给兔子打脸的时候，再也不能被打得那么痛了……

好吧，军火买了之后，要训练，要形成战斗力，这些不用说。问题是，军火这东西很贵啊对不对？花了那么多小钱钱，却只能放在仓库里对不对？虽然也可以拿出来显摆显摆，终于还是换不来小钱钱的对不对？

所以，白象决定应该来找个人出来练练手。那么找谁好呢？第一个被白象否定的就是兔子了。

别问为什么啊，请记得这个世界是强者的世界，捏软柿子才是硬道理，兔子那家伙经常开外挂，作弊器不离手，不是一个好对手。

那么打谁呢？这个问题要是换作兔子考虑的话，那选择可就多了去了，周边接壤的邻国十好几个，可是白象不行，由于先天的地理位置比较苦命，能选择的敌人不多，除了兔子之外，就是兔子罩着的竹楼国，白象上次吃了大亏，正所谓风吹树动，草木皆兔，打了竹楼，兔子免不了还要找上门来，还是算了。

还有一个选择就是佛陀国了，理论上进攻佛陀国比较顺手，距离自己又近，武力值又差……可是佛陀国的那一边又是兔子的地盘，少了佛陀这么个缓冲带，万一翻脸，兔子一高兴直接闯过来怎么办？

除了上面的两个国家之外，白象就剩下了一个邻国：巴铁。

好吧，那就只好拿着巴铁开练了！

这样一来，巴铁就苦命了。本来还有白头鹰罩着，可是白象和兔子开战之后，白头鹰觉得还是白象潜力好，改为支持白象了。而且白象居然还因为得罪了兔子，而得到了毛熊的赏识，一时间风头无两，巴铁霎时间走进绝境。

…………

## 110.。

巴铁的苦命之处只有一点，那就是没有武器。

不要小看武器哦，武器，尤其是现代化的武器，制作工艺复杂得不像话，是真正的产业决定论的精华。一个国家，只有在武器制造方面达到世界一流，才有资格笑傲九州、指点天下。

可问题是能制作高端武器的国家就那么几个，连白象自己都做不了，更何况巴铁了。还记得前边说过吧，现代化战争拼的是消耗，白象那边刚买齐的新家伙，可以支持，巴铁这边没过多久就顶不住了。

有人说了，顶不住了就继续买点武器吧，谁让你自己不会造来着。

可是，买武器是需要时间的，不是点过去小钱钱，马上就能拿到武器，如果你需要的武器人家没有库存的话，说不定还要等上几个月才能制造出来，加上来回运输的时间，搞不好一两年就过去了。

兔子三天五天就干掉了白象对不对？谁会等你好几个月？

还有最糟糕的，那就是白头鹰忽然做起了慈善家："巴桑，我可是支持世界和平的哦，现在你和阿三乱打，会影响我的名声的哦，我已经跟国会商量过了，从现在开始，整个战争期间不再卖给你武器了，当然，我们也不再卖给白象武器了！"

巴铁当时就傻眼了！很长时间以来，自己可都是西方阵营的啊，怎么到了出人命的时候，白头鹰却不管我了呢？白象一直是毛熊在罩着的好不好？巴铁的脑袋里面只有一个词：自己被全世界抛弃了。

在这种完全绝望的情况下，巴铁终于想起来身边还有一个邻居叫兔子！当然了，巴铁跟着就想起来了，兔子曾经狠狠地踢白象的屁股！白头鹰和毛熊想用白象恶心兔子，那么实际上白象的最大敌人不是我，应该是兔子……当全世界都抛弃了我的时候，兔子会不会出手拉我一把？

…………

# 111. 。

　　全世界都认为兔子不会管闲事的，跟自己一毛关系都没有，谁会笨到找麻烦呢？

　　可是让所有人尤其是巴铁自己想不到的，是兔子根本就不是大家平时一起骂的所谓混蛋，当有人真的向他请求帮助的时候，兔子的帮助从来就是最感人的。

　　感人到什么程度？

　　当巴铁向兔子请求卖给自己一点军火的时候，兔子默默地捧出了一大堆东西："亲，这些都是刚刚生产出来的，不过你的求货量太大了，我只能把我现役部队的装备给你拿去应急了，嘿嘿……"

　　兔子的倾囊相助，感动了巴铁，从此以后，国际上无论风云如何变幻，国内巴铁的政权无论多少次更迭，巴铁都坚定地跟着兔子跑路了。谁是世界老大？大部分人会说是毛熊，少部分人说是白头鹰，只有巴铁不同，他不会管谁是世界老大，他坚定地认为兔子就是我的老大。

　　十年之后，兔子家需要黑鱼技术，全世界封锁，是巴铁偷偷地把自己买来的黑鱼直接开到了兔子家，供兔子临摹、素描。

　　二十多年以后，兔子家内部动荡，全世界都谴责兔子，联合国大会全体投票，小两百个国家的反对之下，投票支持兔子的，只有巴铁和鳄鱼两个国家。

　　四十多年以后，当兔子家遭遇史无前例的大地震破坏的时候，是巴铁第一个派出了国际救援队。为了携带更多的救灾物资，巴铁国的救灾队员们，拆除了飞机的座椅，站着飞抵灾区。

当时兔子急需帐篷，巴铁出动了包括战略储备在内的仅有的四架运输飞机，不停地往兔子家送帐篷。事后，兔子们发现巴铁送来的帐篷数目，居然是有零有整，都觉得有点奇怪。呵呵，其实呢，不必奇怪，因为巴铁将家里所有的帐篷都送过来了。

事后，有人不以为然："送点帐篷算啥？何况我们又给了钱！"亲，这个世界上，很多时候，不是你有钱你就能办事的，救灾和救命用的东西，等不得，救命用的东西，你临时生产或者购买是来不及的。

亲，关于这点，巴铁比你明白得多。
…………


# 112.。


大饼的西方，因为排队被兔子打脸，恨死了兔子，大饼的东方，因为兔子和毛熊之间的矛盾，也全面冷落兔子……被东西方阵营强烈的挤压，兔子们觉得太孤独了，作为心中有着大国梦的兔子来说，打破这种格局是必要的。

当然了，这种事情指望与东西方和好，那是不现实的。好在这个世界并不是只有东西方，实际上在大饼的南边，还有一片神奇的大陆：黑洲！为了在国际政治上不再那么被孤立，兔子决定去黑洲打拼。

不过说实话，兔子压根就没想到黑洲会那么的神奇……

首先，兔子不是去打架的，是去交朋友的。那么，想交朋友，就要拿出实际行动来，朋友可不是光放嘴炮就能得到的，具体事例请参看前面，多的是。

那么，兔子应该怎么去实际行动呢？兔子们觉得，黑洲人民太苦了，殖民地时代，被西方列强坑苦了，教一教黑洲的朋友自卫，总是没错的吧？

兔子使出勇闯黑洲第一招：武器输出。

兔子带着大批的武器……当然都是自己生产的山寨武器，兔子把这些武器送给黑洲朋友，作为援助黑洲朋友建设国防的基础军火，同时告诉黑洲朋友："亲，把你的弹弓子扔掉吧，这个比你那玩意儿厉害多了，光听听开火的声音就够生猛的。"

"哦？"黑洲的朋友惊讶了，大家一拥而上，拿着兔子的武器当鞭炮用，噼噼啪啪地打光了子弹，心服口服："声音是很威猛哦……兔子，还有子弹没？刚给的那些都听响了……"兔子以手捂脸，承认武器输出失败。

兔子使出勇闯黑洲第二招：金钱输出。

兔子带着小钱钱，直接给大家分钱，这个东西肯定比武器实用多了："亲，认识这个吧？小钱钱哦，可以买好多好东西哦……"

话还没有说完，众黑洲朋友一拥而上，把小钱钱分了个精光，结果就是有大半年的时光，黑洲朋友什么也不干，到处拿着小钱钱买东西，直到挥霍光了为止。然后回头找兔子："那个啥……兔子，那种绿纸你还有没有？你说的没错，真是好东西，不用干活就能有肉吃……"

总之……那一年兔子在黑洲深受打击。

…………

# 113.。

那一年，兔子坐在乞力马扎罗的山头上抽闷烟。周围万里风和日丽，唯独兔子脑袋上飘着一朵书包大的黑云彩，雷电交加，小雨纷纷，陷入沉思的兔子不得不服气：黑洲实在是太他奶奶的神奇了。

就在兔子愁眉苦脸的时候，坦黑叔赔着小心走过来了："兔子……那个……"

兔子没精打采地回头吐烟圈："啥事儿啊亲？"

坦黑叔鼓足了勇气，在兔子失去耐心之前，终于还是说出了自己的心事："那啥……兔子，那啥……你能不能帮我家修条铁路？"

愁眉苦脸的兔子一个高儿就蹦起来了对不对？一把就抓住了坦黑叔对不对？哭的心都有了对不对？亲，真是亲啊，亲你也知道产业决定论啊？

问兔子为什么这么高兴？能不高兴么？想在一起玩儿，起码也能尿到一个壶里面去吧？尿都尿不到一个壶里去，还玩儿个鸟？

别忘记兔子念念不忘的就是产业决定论哦，如果你把眼光放得远一点的话，你就会发现，铁路的重要性，对工业国家来说，那可是不可替代的。

兔子家的"保路运动"有印象吧？

坦黑叔既然知道铁路重要，那就说明坦黑叔也认可产业决定论，没有跟着那黑洲同伴搞民主……民主不是不好，问题是你要明白，民主不是万能的，更不是什么国家都能玩儿的，民主这东西玩儿不好，可是要出大乱子的。

可是产业就不同了，无论如何，你能做钉子了，就再也不用理会什么是洋钉了。这个是实实在在的好处……那么多的黑洲欢乐多都看不出来的问题，坦黑叔居然看出来了，说明什么？

说明这娃儿很聪明嘛！

…………

## 114.。

修铁路可不是什么好工作，而且请大家注意哦，坦黑叔要修的铁路可并不仅仅是自己国内的铁路哦，那条待建的铁路的全称可是坦赞铁路，除了坦黑叔之外，赞黑叔也想修建这条铁路哦。

本来黑洲没啥好朋友，一下子送上门来俩！

这件事情的背景是，坦黑叔找了世界银行，找了毛熊，找了白头鹰找了公鸡牛牛……找谁也没有用，没人愿意去修。

可是兔子还是决定去修。

不得不说，这条铁路的修建给兔子背上了沉重的负担，整条铁路算下来，要花十几亿兔子国的红票票对不对？可是兔子不能犹豫，朋友不是看你犹豫的脸色的，你来黑洲是来交朋友的。

整个坦赞铁路修了五六年，有六十六名工程兔子永远地长眠在黑洲，建成之后，兔子还要先后派出三千多人次帮忙保养管理，直到今天依然还有一个兔子国的办公室在协调调度。

有人可能会问，你帮了坦黑叔这么多，当年联合国制裁兔子的时候，坦黑叔为啥不投票支持兔子？伙计，我想说的是，黑洲朋友的回报远比你要求的那些要多，现在兔子发达了，阔绰了，眼光就应该放得更远一点，斤斤计较，小肚鸡肠，你得到的所有利益就都是眼前的。

不过我们不得不承认，黑洲的朋友太贫穷了，当兔子完成了坦赞铁路的修建之后，坦黑叔居然又找到了兔子："呃……那啥……兔子，能不能再帮个忙？"

记住那个时候的兔子并不富裕哦，刚刚帮忙援建了那么老大一条铁路，兔子已经是力不从心了，还有要求？兔子淡然地吐着烟圈："亲，我同意了亲。"坦黑叔瞪大了眼睛："亲，我还没说啥事哦？"兔子点头："说不说都一样，亲，我同意帮你。"

结果坦黑叔还是吓坏了兔子："亲……你帮我训练军队怎么样？"

…………


## 115.。


"帮你训练军队！"

兔子目瞪口呆，因为兔子发呆，坦黑叔也只好跟着发呆，直到烟头烧了手指半天，兔子才想起来大叫一声："你当真？！"

兔子当然要问了，兵者，国之重器，死生之事，不可不察也！军队是一个国家最重要的部门，坦黑叔肯把这种事交给兔子，等于是把阻挡兔子的国门直接拆掉了。详情请参看牛牛在三个国家的军事顾问团，请参见白头鹰在南越猴子家的顾问团。

这可是朋友之间最重要的重托了，基本上等同于把自己的媳妇儿托付出去了，虽然坦黑叔家的"媳妇儿"不咋地，可是好像好多人都说过媳妇是别人家的好哇！换成白头鹰或者牛牛，上下其手什么的就不说了，搞不好还要从此垄断"上床权"……详情请参考南泡菜家的模范事迹。

不过兔子究竟还是厚道的，细心调教，把坦黑叔家的"小媳妇"打扮得漂漂亮亮的，又完璧归赵了对不对？全然没动一点歪心对不对？

然后过了没多久，坦黑叔战战兢兢地来到兔子家汇报。

"兔子，这个……鸭子家的'媳妇儿'上门来找茬骂架……"

兔子不屑一顾："那又咋样？你的媳妇不是都学会天津快板了么？"

坦黑叔暴汗："是啊……可是鸭子媳妇儿吃了亏，又把卡大佐的媳妇找来了，要打架……还带了刀子来……"

兔子照例不屑一顾："那又咋样？你的媳妇不是练成了五虎断门刀了么？"

坦黑叔愈加暴汗："是啊……可是我媳妇下手太黑，鸭子媳妇儿和卡大佐的老婆不但被抓花了脸，还都打断了腿儿，都住院去了……听说还要截肢……"

兔子哂笑："黑叔，那你还来找我做啥？"坦黑叔说出了实话："万一他们管我要医药费怎么办？"兔子想了想："你让他们来找我要好了，我可以派我媳妇亲自上门慰问慰问他们……"坦黑叔如释重负，卡大佐却从此恨死了兔子。

…………

## 116..

黑洲太穷了，当坦赞铁路修通之后，黑洲的黑朋友们惊愕地发现原来世上还有兔子这么一号好人，纷纷开始向兔子求助对不对？

那些年，兔子总是那么好说话，宁可自己勒紧了裤带过日子，也从不辜负朋友们的求助，兔子家的国际医疗援助团队，一直坚持到今天对不对？数不清的黑叔叔黑妞妞被兔子家的白衣天使医治，期间又有多少感人肺腑的故事？

整个六十年代，兔子同时受东西方阵营的挤压，活得有滋有味。

那年那兔有对手，那年那兔有朋友。那年那兔坎坷走过。

亲，还记得上甘岭上那些无谓的军兔和那年值得尊敬的对手么？

亲，还记得戈壁滩里那些啃着咸菜干喝着苦碱水默默研究蘑菇种植技术的留学兔么？

是的，我想，你能记住他们，虽然你叫不出他们的名字，也不知道他们的长相，但是你能记住他们做过的事情，这就足够了。

…………

## 117..

七十年代的故事之所以苦命，不是因为白头鹰太强了，相反，是因为白头鹰的实力太弱了。那时候东西方阵营冷战激烈，白头鹰这边衰弱了，毛熊自然就显得强盛了，一时间国际风云变幻，东方阵营气势如虹，大有一举解放全世界之势。

这种情况下，毛熊自我感觉良好什么的，那是完全可以理解的，就连毛熊想把联合国总部搬到莫斯科去，大家也觉得是可以考虑的。人生嘛，原本就是这么的苍凉，在现实面前，强人们往往抬头抬得更快。

可是这里边有一个很重要的事情，毛熊这边得势，并不是毛熊做了啥惊天动地的事情，东方阵营得势是因为白头鹰衰弱了。而白头鹰之所以衰弱，是因为兔子先后在泡菜、猴子两场战争里打了白头鹰的脸，这与毛熊大概只有五毛钱的关系。

这原本是显而易见的事实，可是这个事实被毛熊理直气壮地忽视了。当老大当得威风凛凛，全世界开始布局下棋了，也开始学着白头鹰打这个打那个的了，唯我熊尊的势头闻者色变啊。

好吧，谁让兔子工业不行来着，辛辛苦苦拼出来的荣誉，不但不敢争取，还要默默承认，而且还不敢去找毛熊理论，苦命吧？

毛熊属于坐山观虎斗，可以忽略很多问题，白头鹰却实实在在地吃了大亏，不得不从南越猴子国撤兵。这一次撤兵，对后来局势的发展产生了深远的影响。起码白头鹰就是明明白白地在告诉世人："南越猴子国的事情老子不管了。"

这是一种拉稀的表现，老大一拉稀，小弟们肯定要乱，尤其是菲菲那种脑后长反骨的国家。白头鹰本来在菲菲国是有海军基地的，可是白头鹰从南越猴子国一撤军，菲菲家里的反白头鹰势力立刻起哄，最后闹到国会，议员们投票表决，13比12的结果，把白头鹰的驻军部队"请"出了菲菲国。

…………

118.。

　　国际政治就是各种算计加各种忽悠。

　　云里雾里的肯定能搞得你一头雾水，是不是好多同学还跟着懵圈子？好吧，请你暂时忘记那些已知的宣传洗脑活动，听老花细细道来。

　　白头鹰从南猴子国撤出之后，可还是指望着南越猴子国能顶住的。当然了白头鹰在回家的路上，免不了画小圈诅咒兔子："该死的兔子，划你奶奶的北纬17度线？老子既然知道兔子已经划线了，就该知道北越猴子已经立于不败之地，他奶奶的老子为什么要跟站在不败之地的猴子死磕？"

　　还有哦，最终那波给了白头鹰致命打击的猴子很奇怪哦，好像耳朵太长了点哦，北越猴子完全长的不是那么个样子的哦……

　　当然了，自己虽然回家了，装备什么的，还是都留给了南越猴子，期望他们能够自保，兔子虽然无耻，也算是有头有脸的国家，既然划出了17度线，应该也会约束北越猴子安分点吧？

　　白头鹰高烧四十二度半，挂着点滴回家去了。

　　好嘛，现在白头鹰离开了南越猴子国，又离开了菲菲国，让出来了好大一片战略空间对不对？这片战略空间里，还有一大片岛屿哦。这些岛屿秃子拍胸脯、切手指，诅咒发誓都是老土鳖的。

　　话说当年，秃子总统还在大陆的时候，人们眼睛里的所谓国土，其实还是跟老祖宗一样，只算陆地面积的。至于海洋嘛，反正谁走都可以，那就谁愿意走谁走好了。可是海权时代的来临，领海理念的兴起，全世界范围内，掀起了一股圈海浪潮。

…………

# 119.。

海洋既然也可以算是自己的地盘，那么大家都巴不得占得越多越好，这个属于全人类的占便宜不够的劣根性，先天就有，所以道德什么的事情统统被大家选择性忽略。

于是，大家都使劲儿地往家里划领海面积，这个事情全世界范围内，做得最伟大的，是老土鳖同志。

当然了，领海这个东西，划分起来也要有规矩的，不然谁都敢嚷嚷整个大海都是我家的。那岂不是要天下大乱么？

规矩：传说之中的规矩，是大炮能打多远，领海面积就有多远。这个理论属于心照不宣，合理不合理的，就那么回事儿。牛牛和白头鹰，都是海军强悍，开着大船满世界打酱油，舰炮射程之内，起名公海，实际上就是自己家的后花园。海军弱国养不起舰炮，就只能用岸炮，所以一般按照岸炮的能力，就是从陆地开始，往大海之中延伸若干海里就是自己的领海了。这个，马马虎虎吧，算是比较合理。当然了，小渔船也可以装大炮，所以近海水域，海军弱国多少也有话语权，所以领海以外，还有一定的水域属于专属经济区。

这一点属于公说公有理婆说婆有理，实力使然嘛，也没什么好讲的。可是同学们不要忘记哦，各个国家所占的岛礁也是国土哦，一个平时不起眼的小小岛礁，等到划分领海的时候，就可以占据一大片海域对不对？

所以从那个时候起，原本孤零零的飘在大海之中没有人理睬的岛礁们，一下子成了香饽饽。

这个时候问题就出来了，有些岛礁处于两国之间，平时大家都去岛上野炊，有时候也难免打过弹弓子，原本的属权问题就很模糊，这个时候一下子出来了领海问题，难免就说不清归属于谁，各种争执也就起来了。本着谁先发现谁先拥有的原则，大家都在努力地寻找证据。

这种莫名其妙就多出来的争端，害苦了好多人，可是谁也没有想到，在那么一个谁也说不清的年代里，有一个人居然全能说得清。

这个人当然就是老土鳖了。不要忘记哦，土鳖的老祖宗可是很喜欢记账的哦。记账这种风气，不但有正式的官员，民间也有好多狂热爱好者哦，狂热到后来查找资料的时候，能一口气找到十几个版本的古董级资料哦。如此轻易就能搞定大片海域争端的国家，也就老土鳖一家了。

…………

## 120.。

能在领海划分问题上不吃亏，这固然很好，问题是，那个时候土鳖国的海军就是个渣……不但那个时候是渣，就是二十年之后甚至三四十年之后，兔子经过一番励精图治之后，海军依然是个渣。

　　没有海军怎么维护岛礁权益？这个秃子想管也没办法，只好拿出长项：打嘴炮。这个岛子、这个岛子、这个岛子还有那个岛子，都是我们的，证据如下……你还别说哦，那些证据可都是现实存在的哦，你不信也得信哦。

　　这个事情里面，有一个蹊跷的，那就是土鳖国古代文化昌明，又爱记账，历朝历代出海的文人骚客们，又喜欢搞某某某某到此一游那种雅事，高兴不高兴的还要吟诗一首助助酒兴，回来之后免不了还要写点老残游记之类的文章显摆……总之吧，各种证据一大把，没有一个是伪造的。

　　可是这些花活儿别的国家都没有，很多苦命国家连文字都没有，个别有文字的国家又没有记账的习惯，有记账习惯的国家又没有那么多不要命的史官……所以等到大家比证据的时候，南海一圈儿小国，先是摆不过老土鳖，后来当然也摆不过秃子总统。当四三年的《开罗宣言》和四五年的《波茨坦公告》都规定了小饭团要归还包括南沙群岛在内的土鳖领土后，四七年秃子用十一段线公布了土鳖国领海图。这个时候，周围的小国们都没有异议。偌大一个南海，就这样被秃子捞走了大半。

　　…………


## 121.。


　　本来秃子捞南海这个事情，要大肆表扬秃子的，问题是，秃子捞到了南海之后，却没办法管理，海岛还是那个海岛，却只存

162

在于秃子家的地图上，秃子既没能力也没能力更没能力派人去看看，实际上秃子占南海，说白了，就是在老土鳖画好的地图上，重描了一遍而已，剩下的都是嘴炮功夫。

国际领海划分规矩是公认的，虽然在这个事情上，南海周边的小国们其实还是很苦命的。某某某岛子，距离我家只有13海里，距离秃子家起码500海里，怎么就成秃子的岛子了？可是这个世界就是这样，我们还必须要说，这种苦命不是因为人家霸道你才苦命，是因为人家的产业曾经远比你昌盛你才苦命，老子被小饭团抽脸的时候，不也苦命过！

所以，苦命不是理由。

这些事情，因为南海小国们无心也无力与秃子争，只好默认。可是过了没多久，秃子被兔子一顿狂抽，逃到小弯弯岛上去了。而代替了秃子位置的兔子，海军就是个渣，比秃子的海军还渣，连到南海巡视一圈的能力都没有。

山高大海远，多年没人管，北方草原的那一幕又出现了是不是？第一个挑头的，就是南越猴子国，有白头鹰支持，怕啥？兔子的陆军虽然厉害，可是兔子的海军简直就是一个笑话，都不用白头鹰出手，南越猴子自己出一半的一半海军，都有把握干兔子海军一个团儿灭。

既然这样，那还客气什么？南越猴子直接出动海军，占据了西沙和南沙大片岛礁。南越猴子这么一带头，周围小国顿时都不淡定了，你占一个，我占两个，没几年的功夫，就把各自家门口的岛礁抢了个七七八八。

⋯⋯⋯⋯⋯

## 122.。

南海被搞成这样一锅粥，兔子们想淡定那也是不可能的了。问题是自己家的海军太渣了，渣到跟南越猴子的海军简直没办法比。

一般军方和军迷们公认的看法是，一年陆军，十年空军，百年海军。也就是说陆军这军种，找一拨人，发点武器，训练个一年半载的，就可以上战场打酱油去了。可是相对来说，空军就比较苦命了，飞行员的训练难度非常大，淘汰率又十分的高，加上建造或者购买飞机的时间，统共算下来，没个十年八年是不成气候的。

然而最苦命的军种就是海军了，海军对设备的依赖程度非常高，而造船，尤其是造军舰，又是一个非常繁复的工作，放眼全世界，也没有几家人能造军舰。最要了亲命的，是这东西你还急不得，光有技术没有小钱钱是不行的，有了小钱钱又有了技术，想造起一支像模像样的海军，还是需要漫长的时间。

如果你细心的话，你就会发现，二战之中敢于站出来唱重头戏的，全是一战时期能够拉出来战列舰的国家，那是一个国家工业化发展的标志。

不幸的是这些国家里唯一的例外就是土鳖家。

现在家业传到了兔子手上，面对南越猴子的挑衅行为，刚刚成立不久、战斗力等于零的兔子海军决定教训教训南越猴子。

于是，就发生了著名的西沙海战。

双方的实力对比，说出来能吓大家一跳。

南越猴子方面：大军舰四艘。

兔子方面：也是四艘，可惜的是四艘加一起还没有人家的一艘大。

这样一种情况下，全世界的人们和南越猴子想法一样：这次肯定可以打兔子的脸了。巴不得看笑话的人们买好了瓜子汽水爆米花，合家围坐，准备看兔子如何出丑。

…………

## 123.。

据后来参加西沙海战的老军兔回忆，自己和战友们奔赴西沙前线的时候，都没有想过自己会活着回来，他们是抱着一种必死之心踏上征途的。

然而，苦命的事情还不止这一件。还是产业决定论的问题，那个时候兔子们根本不会造军舰，手里仅有的几条破军舰其实根本不是啥军舰，顶多算艇那一级的。就是这些战斗艇，还是毛熊援助的。

不要忘记哦，毛熊可是在兔子家的北方，而南海却在兔子家的南方，好死不死的，中间夹着一个小弯弯岛。兔子为了解放小弯弯岛，愁得头发都白了。说白了就是一个海军问题，秃子总统的海军比兔子强大多了。

那么，很现实的问题就是：如何把北方毛熊家搞来的战斗艇弄到南方南海去？有了小战斗艇，起码还可以一搏，连小艇都没有，怎么跟南越猴子打架？大家总不能指望海军兔子开着风帆木渔船去拼人家的海军吧？

这个事情是如何解决的，到今天也是一个迷，不过有一点可以肯定，那就是兔子的小艇穿越小弯弯海峡的时候，波澜不惊，平安渡过。至于秃子总统为什么没有派海军来拦截，网络盛传的故事如下：

话说军机秃子急匆匆地赶到了秃子总统的别墅，神情严肃地汇报："总裁，具可靠消息，兔子海军正从北方开过来，要不要学生把他们都干掉？"

秃子总统默然半晌，说了一句："西沙战事紧啊！"听了这话之后，军机秃子若有所悟，当兔子的渣子海军经过弯弯海峡的时候，秃子海军直接当做没有看见。

上面的传说是否属实，老花不敢妄言，不过大家是知道的，老花看历史，从来不管细节的，我们只知道结果是兔子的海军安全经过了小弯弯海峡，我们可以肯定的是如果秃子海军想借机会咬兔子一口的话，很方便，很容易。

可是什么动静都没有，兔子就那么开着战斗艇过去了。
…………


124.。


当全世界打算看兔子笑话的时候，兔子们却狠狠地回头笑话了全世界。在泡菜国干了产业逆天的大事件之后，兔子又成功在南海干了一件产业逆天的小事件。

打海战，比的是双方的舰艇吨位，比的是舰炮的火力射程，比的是操作人员的专业以及心理素质……这个大家都知道就不多说了，吨位越大装甲越厚、舰炮越大射程越远，这些事情也都是常识。

可是有些时候，事情也不是那么绝对的，在这次海战之中，兔子们充分地认识到了自己和南越猴子之间的差异，不过也成功地利用了自己匪夷所思的勇气和智慧。不但干沉了一艘南越猴子大军舰，还把剩下的三艘军舰都打得负伤逃跑了。

那么，兔子是怎么做到的呢？

首先，我们要认识到，舰炮这个东西，是有射程限制的。这点很多人都明白，不过大多数人只注意到了舰炮的最远射程，殊不知大炮这个东西，除了最远的射程限制之外，还有一个最近的射程限制。在最远射程和最近射程之间的区域，才是舰炮的有效火力覆盖范围。

海军兔子们居然冒险突击，把自己家的小艇直接贴过去打，当海军兔子的小艇突破了对方舰炮的最近射程距离的时候，南越猴子们才发现自己的大炮完全没鸟用！被对方的小艇炮一顿乱炸有没有？守着大炮干着急有没有？

在那个激情四射的年代，兔子们的嚣张气焰不是一般的强悍，随身携带的小炮蛋蛋打光了之后，居然开始跟南越猴子互相扔手榴弹。当双方的舰艇贴近之后，连刺刀都拼上了对不对？弹药舱都被兔子击中了对不对？

南越猴子默默无语两眼泪，耳边响起爆炸声……兔子，尼玛这是海战好不好？尼玛请你专业一点好不好？尼玛大家说的没有错，兔子就是喜欢开外挂，这垃圾兔子简直不是一般的垃圾，是垃圾中的战斗机。

这事儿办得简直太差劲儿了！！

…………

# 125.。

战事结束之后，双方各自承担后果，西沙从此回到兔子的怀抱……这些破事儿不用说大家也知道，我想说的是双方对这次战斗的战后总结。

兔子这边就不用说了，除了痛心疾首地再一次承认产业决定论是真理之外，当然也要表扬海军兔子的大无畏精神，总之情况不出所料，所以不再细言。

南越猴子那边的战后总结可就长篇大论了。南越猴子国战败之后不久，北越猴子就南下，一举消灭了南越猴子国，大批当年的南越猴子军官流亡到白头鹰家，他们的回忆录之中，倒是披露了很多有意思的细节。

首先就有人回忆说，当年的海战还没有开始之前，白头鹰就传话给南越猴子们，说你们最好不要招惹兔子。这被认为是白头鹰表示不会卷进来的表态。随后白头鹰为了证明自己的诚意，直接撤走了自己的舰队。

西沙海战中，猴子们多次请求白头鹰的第七舰队支援，但都没有回音。战事结束后，猴子们请求白头鹰家的第七舰队帮忙打捞生还者，同样遭到了拒绝。最让猴子们伤心的是，白头鹰居然还给他们提供错误情报，说兔子有大量的舰队和导弹驱逐舰正在增援，以至于有能力反击的南越猴子军队仓皇逃离，直接锁定了败局。

通过以上的细节，我们可以稍作总结：兔子的勇猛智慧，加上白头鹰的不作为，加上猴子们的心虚，直接导致了最终的结局。那么，猴子天生胆小不用说，兔子为了大国梦保家卫国也不用讲，可白头鹰为什么不作为呢？

你要是以为白头鹰怕了兔子的海军，那你就可以洗洗睡觉去啦。还记得我们一而再再而三地强调产业决定论吧？不要忘记哦，兔子手里只有几只小艇哦，打赢南越猴子的军舰就已经是逆天了，那个时候白头鹰家的第七舰队可是航母战斗群哦。

那么，为什么白头鹰要偏袒兔子呢？

…………

## 126.。

要回答上面的问题非常难，可是再难的问题也要回答，毕竟这个问题不光各位同学们关注，实际上白象也很关心。

怎么又扯到白象那边去了呢？没办法啊，土豆星球是圆的，转一圈之后，肯定要回到原点，在这个星球上发生的事情，也肯定是互相关联的。

记得就在兔子使劲儿抽白象的脸的那一年，我们说过，原本一起支持白象教训兔子的毛熊和白头鹰掐起来了的事情吧？对了，一切的不合理，都缘自那里。

具体说来，就是东西方阵营围剿与反围剿的冷战较量了。那个时候的白头鹰，恨不得一把捏死毛熊，仗着科技水平先进，产业级别第一，在围堵毛熊的事业上，可谓是花样翻新、送货到家、包死包埋一条龙的VIP服务。

包括在汉斯家部署的战略轰炸机，包括在土狼家部署的导弹基地，包括……总之你能想到的所有方法，白头鹰不但都想过，还都付诸实施了。没办法，毛熊可是能够年产坦克两万辆，年产飞机四万架的猛人哦。那么多的坦克飞机，还有不知道具体数目的导弹，不要说消灭了，挨个看一眼都能累成八百度的近视对不对？

当然了，必须说明的是，双方在大饼的西边相互顶牛的时候，毛熊可是完全是攻势的，白头鹰费尽了鸟劲儿，也无非就是守势。

可是，即便是守势，你也不能守到毛熊的家门口好吧？这么一种情况，毛熊肯定是怀恨在心的了，你天天在老子家的窗户外面探头探脑，老子怎么会爽？谁会喜欢洗澡的时候，窗户外边还站一个旁观者？尤其这个旁观者手里还拿着一把超级放大镜？

毛熊不是那种肯吃亏的家伙，自己光着屁股被白头鹰看了个精光之后，觉得这个事情也应该让白头鹰知道知道有多难受。

…………

# 127.。

可是白头鹰家里东西两面环海，这边一个大西洋烟波浩渺，那边一个太平洋浩渺烟波，实在是没有办法驻军。白头鹰的北面只有一个邻国枫叶国，同属于牛牛的亲儿子，牛牛衰老之后，枫叶跟着哥哥跑，就差改口叫干爹了。

白头鹰的南面是仙人掌国，本来跟白头鹰是死不对付的，可惜上百年零敲碎打加暴力组合拳的修理调教，仙人掌已经没有刺了，对白头鹰言听计从，甚至一度全民公投，同意并入白头鹰家……可惜白头鹰看不上，坚决不要。

可能有人会觉得白头鹰是不是傻了？人家要合并，你还装叉？实际上白头鹰不但装了，还装了两回，一次是回绝了仙人掌，另外一次就是回绝了菲菲……热脸贴人冷屁股的苦命尴尬也莫此为甚了。

贴了冷屁股之后，菲菲免不了落井下石，13比12从家里把白头鹰军赶走。可是仙人掌家却没有驻军，连摆个架子撒娇都没资格。而且天堂太远，白头鹰太近，贴了冷屁股之后，也不敢说凉。

白头鹰拒绝了大片领土，为什么？很简单，白头鹰之所以能在国内实行民主政治，那是因为刚好能够达到一个微妙的平衡……请注意哦，这点非常难得哦，这可是轮流坐庄，避免一方独大的基础，能达到这种平衡的国家，全世界也没有第二个哦。

这样的情况下，怎么能接受菲菲或者仙人掌加入白头鹰合众国呢？国内本来平衡得好好的，突然多出来的选票直接左右国内政治格局，变相地成了把执政选择权交给了菲菲或者仙人掌，这怎么能被白头鹰们接受呢？

好吧，话题扯远了，现在回头说白头鹰家的天然位置良好，毛熊想恶心白头鹰也没有地方下手，正发愁呢，没想到白头鹰的后院着火了。小小的岛国鳄鱼国吸引了毛熊的注意力：哇塞，机会终于来了对不对？

…………

## 128.。

鳄鱼国的鳄鱼们，属于那种典型的小国寡民，吃瘪受屈是难免的了，可问题是没有人愿意总被人打脸踢屁股，人都是一样的人，为啥子老子总是挨欺负？这种不满是早就埋下了，委屈压抑到一定程度，稍有诱因，就会立刻爆发。

二战之后的马教主义大势兴起，解放劳动人民的口号很吸引人，鳄鱼国的苦哈哈们终于受到了鼓舞，开始了轰轰烈烈的民族解放道路。鳄鱼们满大街喊口号，武力推翻独裁政府之后，肯定是开心得不得了。可是呢，可是鳄鱼国距离白头鹰家太近了，用兔子的话说，那就是一衣带水的邻邦啊对不对？

这种邻邦突然开始跟自己唱反调，白头鹰那是绝对不会袖手旁观的，于是白头鹰精心培训了大约四千条鳄鱼带路党，发了足够武器之后，直接把这些人送回鳄鱼国搞民主去了。

结果听说不怎么理想，四千条鳄鱼被马教鳄鱼扒了裤子打了屁股，还顺手都抓住了关进监狱里，然后隔着海湾向白头鹰喊话："老鹰，我不爽你很久了哦，不要来惹我哦，小心我揍你哦……"

这番话白头鹰肯定最是不爱听的了，可问题是毛熊喜欢听，毛熊突然发现，自己日思夜想的事情可以实现了，白头鹰家的栅栏外面有了立足之地了。于是，毛熊以迅雷不及掩耳之势，飞快地带了照相机、摄像机、放大镜、显微镜，立刻窜到了鳄鱼国，跟鳄鱼商量："亲，借你家的院子用一用，咱们哥儿俩合伙拍白头鹰洗澡好不好？将来做出白头鹰沐浴写真集，可是能卖好多小钱钱的哦……"

这种事情你是知道的了，除非没有人来找，只要有人来找了，高尚如老花也肯定要心动，更何况缺小钱钱缺得眼睛冒火的鳄鱼了。再说毛熊还做了保证，表示可以支援鳄鱼国建一圈新篱笆，防止白头鹰跳过来掀桌子。

…………

<br>

# 129.。

<br>

总之吧，当年的5月份，鳄鱼国宣布加入马教阵营，6月份鳄鱼头儿就坐飞机去了毛熊家，拜山头，认老大，毛熊的开心肯定是大板牙全露出来了对不对？

这种情况白头鹰肯定是警惕得不得了，结果同年8月31日，白头鹰家的侦察机就在鳄鱼国境内发现了正在建设之中的导弹基地。更加不巧的是，毛熊家运送导弹的船只也被白头鹰发现了。

三天以后，白头鹰就把帘子掀开，同毛熊摊牌了："老熊，你太不够意思了吧？怎么能把蘑菇蛋蛋搞到我家后院去了？伤到小朋友怎么办？就算伤不到小朋友，伤到花花草草也是很不道德的对不对？"

毛熊的反应大家一定猜得出来："老鹰，你是不是假酒喝多了？怎么说起胡话来了？我毛熊是那种背后搞鬼的人……不，是熊……么？"白头鹰表示老子没喝酒，也没嗑药，结果被毛熊更加同情了一把："真没嗑药？啧啧啧，老鹰，那你肯定发烧了，听哥的，那是病，得治，回家去找医生看看吧。"

忽悠白头鹰回家扎了两个月的屁股针，毛熊这边可没闲着，忙三火四地加紧建设蘑菇蛋基地……不过让毛熊没有想到的是，白头鹰根本就不上当，拿着毛熊免费提供的退烧药之后，直接扔垃圾桶里去了，继续派侦察机找证据。

两个月以后，白头鹰发现毛熊这丫的居然在鳄鱼国建了六个蘑菇蛋发射基地！同时发现这六个导弹基地，可以威胁到西方阵营几乎所有的大城市！不但牛牛公鸡跑不了，面条汉斯都能够得到。

这下子白头鹰再也不淡定了，召集了68个空军中队和8个航空母舰战斗群，全面对鳄鱼国进行封锁。白头鹰还集结了战后以来最庞大的登陆部队。战略空军部队进入战备状态，摆出了一副应付突然事变，对鳄鱼国采取行动的架势。

…………

## 130.。

白头鹰的激烈反应肯定是吓到了毛熊，话说至于么？你在我家门口还少布置了？老子都不在乎，你小子好歹也是西方阵营的头儿，怎么那么没情调呢？好家伙，压箱底儿的东西都拿出来了。

这个事情毛熊想不通，所以事先也没想到。

那么，白头鹰为啥搞得这样穷凶极恶一点都不顾形象呢？不就是蘑菇蛋么，你家不是也有么？你可以吓唬毛熊，毛熊怎么就不能吓唬你呢？

实际上还真不是这么回事，记住产业决定论哦，两万坦克四万飞机哦，而且那还是毛熊在二十年前的产量哦。反过来看白头鹰家，就苦命多了，常规武器根本就不是毛熊的对手，甚至整个西方阵营的陆军加起来，也干不过毛熊家的陆军，你说这蘑菇蛋要是再捂不住自己的屁股，那可有多苦命？

白头鹰可是真急了，不但把所有家当都摆出来了，还不停地在全世界宣传，寻找支持者，西方阵营的人一股脑地都觉得白头鹰比较苦命就不说了，让所有人都没有想到的，是兔子居然站出来说道："亲，蘑菇蛋不和谐哦，我不同意你们玩儿蘑菇蛋的游戏哦，万一失手会把我们的土豆星球烤得外焦里嫩哦……"

按说这种话也算公允了，而且也有不想跟着当炮灰的不满，也算代表了土豆星球上最广大人民的根本利益。可是……可是白头鹰居然从兔子的话里面，听出了弦外之音对不对？

表面上傻兔子是连毛熊带老子一起骂了，可这个事情是毛熊挑起来的哦，这个……说起来好像有四分是骂我，倒有六分是在骂毛熊哦……这个情况意味着什么呢？是不是意味着毛熊和兔子之间有矛盾了呢？

白头鹰当事者迷，自作多情是难免的了，不过上错花轿嫁对郎的事情，有时还是有的。

…………

# 131.。

兔子的表态得到了很多苦哈哈，特别是黑洲苦哈哈的支持，虽然连带白头鹰一起骂了，不过还是在一定的程度上打击了毛熊。

当然了，那点打击对毛熊这皮糙肉厚的家伙来说等同于放屁，除了闻起来比较恶心之外，并没有啥实际坏处，相反那扭曲的空气流动音，还是蛮有喜感的。

不过这个时候的毛熊可没有心情笑了，事情没发生之前他没想到，发生了之后总要面对吧？在怎么面对的问题上，毛熊突然发现自己有点苦命。

首先就是自己雄霸天下的陆军全然用不上，想把那些坦克运到鳄鱼国，要横跨万里大洋，那起码要好几年，根本来不及。来不及大家就甩蘑菇蛋好了，鱼死网破，谁也占不到便宜怎么样？毛熊稍稍地计算了一下，发现不怎么样。

注意重点哦，产业决定论哦，白头鹰可是四五年就知道怎么种蘑菇了，毛熊却是四九年才知道怎么种蘑菇。白头鹰家的工业产业比较发达，所以制造蘑菇蛋的能力还比毛熊快……简单说就是自己的蘑菇没有白头鹰多。

这是一个很现实的问题，如果双方互扔蘑菇蛋的话，白头鹰肯定占优势的。这点就是把毛熊换成兔子，兔子也是没办法改变同样没办法应付的。勇气和牺牲精神能弥补一部分产业差，可是产业差太大了就弥补不了，这个兔子早就知道了。

所以不出意料的，毛熊忽然一百八十度大转弯："老鹰，看你那棒槌样儿，还激动鸟……我来鳄鱼国可不是威胁你的哦，我是为了保护鳄鱼国的安全的，只要你保证不欺负小鳄鱼，我还是愿意撤走蘑菇蛋的……当然了，你是知道的，蘑菇蛋这种东西我也是不喜欢的，你在土狼家部署的那些蘑菇是不是也收起来吧。挺好的蘑菇，给土狼玩儿坏了也可惜……"

毛熊肯退步，这事按理说就应该皆大欢喜了，不料这个时候，鳄鱼国却不干了，他们扣留了毛熊的导弹，不许拿走……这下白头鹰和毛熊都傻眼了。

…………


## 132.。


是啊，鳄鱼可不是鸟哦，地地道道的地头蛇，而且还是长腿儿的地头蛇哦。鳄鱼这么一翻脸，毛熊和白头鹰都苦命了，本来谈好了的事情，又出现了变数。

那么，鳄鱼为什么公然地与东西方两大阵营的老大叫板？

这个事情要从鳄鱼本身的环境找原因。不要忘记哦，鳄鱼家就住在白头鹰的肚皮下面哦，肚皮这东西，平时大家都要藏好，没人愿意拿出来给别人乱看。乱看都没得商量，偏偏有一户人家住在那边，你说可有多讨厌？

可是大陆岛屿的形状千百万年以前就定型了，想搬家是不可能的。不可调和的矛盾就此产生。

白头鹰疑心鳄鱼图谋不轨，往死了掐鳄鱼，那是指日可待的。鳄鱼之所以把毛熊找来，就是怕白头鹰坑自己，现在毛熊要走了……毛熊只要一走，白头鹰肯定要捏死自己的。在这么一种苦命的情况下，如果你是鳄鱼，你会轻易地放毛熊走么？

于是事情就僵在那里了，白头鹰死活要毛熊走，鳄鱼死活不让毛熊走，毛熊开始不愿意走，后来想走也走不了了。

这种僵持局面大家都很难受，偏偏谁也没有办法打开局面，鳄鱼岛蘑菇危机越发严重了。

这件事牵扯了全世界的目光……这件事很严重哦，真的恶化起来，全世界都要跟着倒霉的。蘑菇蛋这东西，一旦大批量地引爆，会炸起放射性尘埃，到时候大家身上都能长出蘑菇来……世界末日对不对？善良的人们都害怕了对不对？大家一起帮忙想办法化解危机对不对？

于是，大家把目光都投向了兔子，毕竟在毛熊和白头鹰眼里，兔子都有一定的分量。

结果兔子就站出来了："亲，搞那些飞机做啥？俺正等着看蘑菇蛋表演呢……不能总放广告吧？来点真格的……"

…………

## 133.。

兔子的表态比较搞笑，这是大家都看出来的了，任谁都能看出来兔子是存心恶心人的，白头鹰听了固然吐血，毛熊听了也很难受……搞蘑菇大战？开什么玩笑，长脑子的人就知道那是同归于尽，打架为的是什么？打架为的是利益，都他妞妞的同归于尽了，还有什么利益？说白了，就是互相玩儿狠，结果僵那儿去了。

说起来，这个事情刚刚开始的时候，兔子的口风还是跟着毛熊一起走的，你要知道，这种互相顶牛的事情，怎么说都有理，现实版的无间道。可是大家不要忘记哦，产业决定论哦，毛熊家的蘑菇蛋蛋比较少哦。

这就好比毛熊高喊："我有一个新发现哦，炉子很暖和哦……不信？不信我给你坐坐看……"当毛熊坐在炉子上的时候，发现屁股很痛，正当他打算站起来的时候，旁边一只不长眼的兔子，却在高喊："毛熊英明，能够发现炉子很暖和，这完全是人类历史上最伟大的发现，熊老大，我好钦佩你哦……"

如果是这么个情况，毛熊会是一个什么造型？是不是脸上红光满面、屁股剧痛无比？如果马上站起来，那就是承认自己无能，如果坐在火炉子上继续烤，屁股又十分遭罪，所谓的铁锁横江那也不过如此了。

不幸的是，鳄鱼却从兔子的发言中，听出来了兔子在挺自己，知道自己并不孤单，所以在毛熊的屁股刚刚离开火炉的时候，鳄鱼又把毛熊按住了。毛熊的苦命可想而知，而这个时候坐在毛熊对面的白头鹰，却隐约地看出来了东方阵营之间的裂痕。

请注意哦，毛熊对兔子的援助仅仅是援助，并不是完全白给的哦，多多少少还是要给小钱钱的，虽然有些部分毛熊也仅仅收了点象征性的成本，可是也有不少东西是按正常收费的哦。

当然了，技术援助、产业升级这种事情，不是小钱钱能衡量的，也就是说，这种事情对兔子的好处还是大大的……不过大家不要忘记哦，那个时候的兔子很穷哦，穷得浑身上下只有一双拖鞋哦，99%属于裸奔对不对？穷兔子是伤不起的。

…………


## 134.。


前面说了，本来援助得好好的，毛熊却突然翻脸了。毛熊翻脸是因为看到了兔子的潜力实在太惊人，所以毛熊就想必须进一步地控制兔子，偏偏兔子不愿意受任何人的控制，毛熊只好翻脸翻到底，撤走了专家。

撤走了专家只是第一步，第二步就是催要贷款！好多人会说，这很正常啊，杀人偿命，欠债还钱啊……可是，这里面有一个很大的问题，那就是一个国家的生产力是有限的，如果你的国民收入还不上贷款的利息，那是一种什么苦命情况？不懂？不懂请参考今日之冰岛、希腊、美国……是不是杨白劳的代名词？

那是一种十分要人命的事情，到了那种地步，国家就被掏空了，年收入等于年利息，就等于你再也没有小钱钱发展了，会在事实上成为人家的附庸国。为了不这么苦命，兔子选择终止继续贷款，并提前还了毛熊的小钱钱。为了渡过这个苦命的难关，兔子们整整还了三年。自己家的苹果舍不得吃，送到毛熊家顶欠款。

欠款一旦还上，毛熊就再也没有能力控制兔子，所以百般刁难，他甚至拿出一张大网，筛选兔子送来的苹果，太大的不要，太小的不要，只要那些正好卡在网眼儿里的苹果，三车苹果只选出来一车，剩下去责令兔子拉回去。

这种事情被上报给高层兔子的时候，传下来的指示是："就地销毁！"于是大批被筛选剩的苹果被倾倒硫酸毁掉……懂不懂为什么这样败家？这么好的东西运回去依然是好东西啊！

这事儿被小毛熊们上报给了毛熊高层，毛熊高层听了默然无语。毛熊不会可惜那点儿苹果，毛熊肯定会被这种"败家"行为震慑，毛熊似乎听到了兔子的潜台词："亲，你还不晓得俺家有多大么？你以为用小钱钱会难住我们么？"

天上没有馅饼啊，无数兔子捐躯泡菜国，为的是换来一套工业体系援助。可是不要以为援助就是恩惠，夹杂在援助里的金融控制政策，才是毛熊的目的，援助说白了，就是一颗糖衣炮弹。能够吃了糖衣，送还炮弹的国家，寥寥无几。绝大多数国家都摔在糖衣炮弹之下，这点以后会多次论述。

明白啥是丛林世界了吧？

…………

# 135.。

一个农业国，想进步成为一个工业国，需要技术，资金，原材料。这是最基本的需要，其中的资金部分，也可以理解为设备。西方列强们早在上个世纪就开始了工业革命，那个时候老土鳖一开始是没看出来工业革命的好处。后来看出来了，开始自己搞的时候，却多次在工业改革的雏形阶段，被列强生生打断。

你原地踏步，人家在继续前进，距离差得太远了，老土鳖毫无意外地驾鹤西游了，这里面需要学的花头儿可就多了去了。

毛熊撤走专家，只不过是刁难兔子，只要兔子答应自己的条件，专家当然马上就可以回来，糖衣炮弹继续喂。结果这个事儿兔子压根就没反应，你要撤就撤，毛熊还指望兔子苦苦挽留呢，结果兔子把火车票都代为买好了……囧啊。

不走不行了……到家之后，毛熊狠狠地打自己的脸，专家不在了，没办法影响兔子高层的决定了，苹果事件搞出来之后，毛熊当然知道4亿白头鹰家的绿票票根本不可能为难住兔子，于是赶紧又陆续地把专家派回去了一部分……可惜啊，兔子已经吃完了糖衣，炮弹露出来之后，能送回去就谢天谢地了，怎么会再接受？

整个事件之后，兔子满世界地抹眼泪装孙子："呜呜……俺家还需要建设嘞……呜呜，俺家还需要砖家嘞……呜呜，毛熊太不讲义气……呜呜，你们大家说偶苦命不苦命……"结果惹得全世界一起说："这娃真可怜……"对不对？

呵呵，对啦，有的同学可能马上就会想："靠！原来是这样！太震惊了！"哎，提起当年勒紧裤腰带，清还毛熊债，小兔兔们悲愤莫名，全世界都在骂毛熊不地道，可是，可是呢，为啥子兔子干了这一票之后，那么的开心呢？

继续说鳄鱼国导弹危机，危机发生的时候，正是兔子清还毛熊家的债务，基本上算是还完了的阶段……好吧，活该毛熊要被烫屁股对不对？

…………


# 136.。


兔子喊完话之后，白头鹰和毛熊相对苦命……本来嘛，谁都不想死，还搞得那么热闹，赚人眼球、博人同情，太不要脸了对不对？难得两个家伙一起义正言辞："兔子，我们都很看重你的哦，大家都是大国哦，你不能这样哦……"

好吧，既然这样，兔子明确表态："坚决支援鳄鱼人民，粉碎白头鹰的战争挑衅！"

这话说完之后，白头鹰和毛熊更加苦命了对不对？兔子，你不要这样好不好？我们其实就是做做样子，你不要搞得我们真打起来好不好？尤其毛熊，都要哭了："兔子你个混蛋，老子的屁股都要烫熟了！"

这两家的苦命情况就不说了，问题是鳄鱼国的鳄鱼头儿，却心领神会，晓得兔子顶自己，立刻死死扣住蘑菇蛋，向白头鹰讲条件：1. 停止制裁鳄鱼国。2. 停止对鳄鱼国的颠覆活动。3. 停止对鳄鱼国的袭击。4. 停止侵犯鳄鱼国的领空领海……

毛熊头儿和白头鹰头儿气得都要吐血了，鳄鱼，你也太拿自己当盘子菜了吧？你只不过跟白头鹰家的一个州差不多大，白头鹰家有五十来个州好不好？就算兔子给你撑腰，你也不要这样嚣张好不好？

生气是没有用的，日子还要继续往下过。蘑菇蛋这东西杀伤力太大，三十年后，沙漠上的骆驼国王傻大木，仅仅因为"可能"有蘑菇蛋，就被抓起来吊死。想想后来的"恐怖头子"本大登，手里要是有了蘑菇蛋，那是一个什么局面？

蘑菇蛋的杀伤力固然可怕，可是因为蘑菇蛋而产生的恐慌更可怕，经济会全面停顿甚至倒退，社会一乱起来，各种革命说起来就起来，谁不害怕？

这件事情的结果不说大家也能猜出来，白头鹰保证不攻击鳄鱼，毛熊主动撤走了蘑菇蛋蛋，危机全面解除……这事从出现到结束，彻头彻尾的一场闹剧，被奚落了的东西方两大强国，已经保证了不为难鳄鱼国，就只好把气撒到兔子身上去了……注意哦，这里面有文章可做哦。

…………

# 137.。

鳄鱼国导弹危机结束之后，毛熊和白头鹰对兔子的不满可想而知了，白头鹰继续敌视兔子，这个不用说，问题是毛熊也开始讨厌兔子了。人都那个德行，不会想自己怎么算计兔子的，光想着兔子怎么对不起自己了。

从此兔子和毛熊之间逐渐产生了裂痕。那么我们不仅要问，兔子为什么要跟毛熊产生裂痕呢？小鼻子小眼儿的毛病不用太较真儿吧？国与国之间本就是利益关系，毛熊想占便宜也情有可原啊，为什么兔子不想办法弥补呢？或者说，当毛熊想办法弥补裂痕的时候，兔子为什么压根就不领情呢？

亲，不要忘记哦，西方阵营的老大已经被兔子打脸了哦，士气低落的白头鹰离开泡菜战场，再进入了猴子战场，气势固然凶得不得了，可是兔子一条北纬17度线，就把白头鹰堵住了，那意味着什么？

白头鹰虚弱了对不对？开始打主意防守了对不对？这样一个形势出来之后，稍稍动动脑子，就知道毛熊要蹦出来耍威风了。亲，白头鹰家毕竟在海的那一边，毛熊可确确实实跟兔子接壤哦。最要命的，毛熊可不是一个国家哦，毛熊是把十几个国家合并起来的联盟哦，万一毛熊也想把兔子联进自己家，怎么办？

兔子当然不傻，老土鳖玩儿了三千年国际政治，会玩儿不过那些愣头青？

毛熊在鳄鱼国吃了瘪没有错，可那是因为天堂太远，白头鹰太近。你换个地方试试？大饼的西边，要是出了这种事情，毛熊一巴掌就能把白头鹰扇趴下，东边就更不用说了，东方的兔子也不是好惹的哦……

不能让毛熊再强大了！再强大下去，他想合并兔子的时候，这个世界上就没有兔子了。有了这样的认识，兔子肯定要跟毛熊疏远，这个不是谁对谁错的问题。

当然了，两国关系渐行渐远，毛熊也渐渐不满……可是毛熊不敢乱动，鳄鱼国的导弹危机提醒毛熊：蘑菇蛋太少了会吃瘪，加紧生产蘑菇蛋，比收拾兔子更重要。

…………


## 138.。


问题是蘑菇蛋这个东西，你着急是没用的，一点点采矿，一点点分离……过程慢得不像话，毛熊虽然急得眼睛冒火，可还是必须等下去，这一等，就是将近十年。十年啊，就算是刚生下的娃子，十年后也可以去打酱油了，何况一个国家？尤其是兔子那样的国家！

按照产业决定论来说，毛熊的苦命是注定的。其实兔子打了白头鹰的脸之后，毛熊如果不是因为蘑菇蛋太少，基本上就可以直接开始三战了。可是蘑菇蛋硬是不够，外面没得卖，自己造又费时间，时也命也？

当毛熊加紧造蘑菇蛋的时候，兔子当然也不肯落后，一边小步快跑，加紧国内建设，一边还不忘记给自己漂白："有人一再攻击兔子为加勒比海局势制造困难，要把世界推入热核战争。这是对兔子的最恶毒、最卑鄙的诬蔑。"

对外宣传的同时，当然也要挑毛熊的毛病："亲，没有两把刷子，你去鳄鱼国搞毛？战略上犯投降主义的错误，战术上犯冒险主义的错误……"嘴炮打得两面沾光，毛熊只能支着耳朵听兔版总结报告。

不得不说毛熊很能忍，当然了，遇到产业决定论叫板的事情，不忍也不行。经过了将近十年的努力，终于还是把蘑菇蛋的数目搞上来了，起码对白头鹰产生了全面压倒性的优势，国际形势大盘轮换的局面不可控制地改变了。

本来毛熊在常规武器方面就占优势，蘑菇蛋再搞起来，白头鹰就完全落下风了。按说这种情况下，毛熊应该去打白头鹰的脸了吧？非也非也，什么意识形态挂帅都是扯淡，确确实实的利益才是毛熊追求的目标。

所以，当东方阵营的人们准备看白头鹰被打脸的时候，毛熊却把它的大巴掌，对准了兔子……理由：你干啥占我领土？

…………


## 139.。


亲，你家现在的领土，有一半是当年老土鳖不稀罕要的对不对？当然了，这种话也可以说是："你家的土地有一半是占了我家的对不对？"大家都是马教弟子，你又实力强劲，我暂时忍了也就是了，哪有还嚷嚷着我占你领土的？

好吧，让我来告诉大家一条国际惯例：除非关系家国命脉，否则炒作领土问题，十有八九都是故意找茬。违背这一常理的国家，大概只有兔子一个，兔子想问题往往要绕十七八圈，所以兔子的行为最难理解……尤其是当时。

找人家的茬固然不错，被找茬就比较麻烦了。眼看着边境局势日益紧张，毛熊国大兵压境，兔子这边当然也把军兔们顶了上去，好在这些军兔都是百炼成钢的，打了白头鹰的脸之后，气势如虹，很多兔子都打算顺便也抽毛熊一顿。

这种情况让毛熊非常光火，兔子，就是因为你太嚣张了，老子才要给你看看马王爷的三只眼，目的不是为了灭你，说白了就是为了提醒你：老子才是老大。只要你乖乖认个错，老子立刻就可以把东方阵营再凝聚一次。

至于凝聚了东方阵营的力量之后，毛熊要干什么，就不用再说了吧？

兔子肯定被吓住了！不是被毛熊的拳头吓住了，是被毛熊的野心吓住了，如果自己乖乖认错，给毛熊一点面子，那么顶多丢一个珍宝岛嘛，还不到一平方公里，与九百六十万平方公里的总面积比起来，实在是连九牛一毛都谈不上。

有人会说了：一寸山河一寸血，什么什么什么不能让等等，决心是对的，可实际上真到了具体事例，其间的具体运用，远比我们想的要灵活。当然了，此一灵活专指小面积领土，大面积领土那是谁也不敢弄丢的。

大原则总路线不变的前提下，放弃一点（只能是很少很少的一点儿），能换取更大的利益，这种事，也不是完全没有的。土地是死的，人是活的，我说是你的就是你的，你不听话了，我说不是你的了，马上就不是你的了。行业内的术语叫布子，将来找茬的时候用。

…………

# 140.。

一个非要弄点面子，一个死不给面子，双方一下子就僵持起

187

来了对不对？这要是真开战，兔子肯定是不愿意的，还是那句话，天堂太远，毛子太近。自己的工业实力不行，硬拼毛熊的结果，就算不国破家亡，工业建设一夜回到解放前是定下来的了。

那么毛熊呢？毛熊当然也不愿意死磕兔子了，兔子这丫的外挂不离身，搞不好老子会像白头鹰一样被打脸。就算老子拼死拍住了兔子，肯定也是要元气大伤的，伤了元气还怎么跟白头鹰争老大？

所以，大战是不可能的了。

可是双方摆出了这么一副对抗的架势，不交交手也不可能，所以小规模的冲突逐步升级，总体来说，死亡的人数方面毛熊吃了点亏。不过几百人的性命，毛熊还是不放在心上的，最让毛熊窝火的，是最高级的秘密武器……某型号的坦克被兔子抓走一只！

说到这里，我们要普及一下常识，陆军之中，最重要的就是坦克，这个东西如果先进过度，直接会导致战局的翻盘。毛熊的秘密坦克是准备抽白头鹰的时候用的，这还没抽白头鹰呢，就被兔子抓走了！

毛熊的愤怒可见一斑了，科学技术这个东西，研发时间往往很长，投资金额往往很大，结果往往是白忙。好容易弄出来好东西了，不明不白地就露底儿了，毛熊恼羞成怒，出奇兵深入兔子边境，干掉了数十名兔子泄恨。

事情演变到这一步，兔子该全国总动员、奋起反抗了吧？NO，NO，NO！兔子难得地忍了，不但没有反击，对内也封锁了消息，完全压下了这个事情。会不会有人认为兔子戾了？

兔子要是肯认戾，就不会去泡菜国抽白头鹰的脸了，兔子要是会认戾，也不会跟毛熊搞什么珍宝岛对抗了。那么，为什么兔子被打掉了牙齿之后，和血吞了呢？

…………

## 141..

原因说起来一点都不新鲜，当然还是咱们的老话：产业决定论。

毛熊的新坦克很震撼对不对？以前看不到，想山寨都没机会，现在标本送上门来了，不下大决心山寨下，兔子怎么会睡得着？这种坦克老子只要会做了，毛熊还敢来找茬么？权衡了利弊之后，兔子决定忍了。

需要注意的是，那个时候的兔子内部，开始全面地进行军事化整合，上到政府军，下到老大妈，全部被整合起来，到了兔子跟毛熊争珍宝岛的时候，这种整合已经进行了整整三年了。

面对这样的情况，毛熊也知道靠常规力量来拼，自己搞不好就会混得一如当年的小饭团，因此毛熊决定给兔子来一手狠的：种蘑菇！

当然了，种蘑菇这种事情，比较被人骂，为了堵住西方阵营的乌鸦嘴，毛熊亲自去找白头鹰："老鹰，兔子什么的最讨厌了，大兔子成群，小兔子成窝儿，传统战争搞不定啊……老鹰，咱们俩一起去兔子家种蘑菇怎么样？我知道你也恨兔子恨了很久了，咱们哥儿俩联手，肯定能让兔子吃不了兜着走……"

你能想象你的老大会做出这种事儿么？这得多无耻啊！

毛熊的主意太阴损了。请注意这个时候还是冷战时期哦，在东西方阵营的领队——毛熊和白头鹰不能直接PK的情况下，占领道德制高点的任务也很重要，白头鹰在家里研究半天之后，认为这事儿不能同意。不但不能同意，还必须坚决反对毛熊的馊主意。

白头鹰是这样想的："西方国家的最大威胁来自毛熊，兔子强大了对我们是有好处的。毛熊对兔子扔蘑菇蛋，兔子也有蘑菇蛋，肯定要还击。到时，核污染会直接威胁驻亚洲25万白头鹰士兵的安危。最可怕的是，一旦让他们打开潘多拉盒子，整个世界就会跪倒在北极熊的面前。到那时，白头鹰也会举起白旗的。"

白头鹰们还认为："我们能够毁灭世界，可是他们却敢于毁灭世界。"

最后，白头鹰认为："一是只要我们反对，毛熊就不敢轻易动用蘑菇蛋；二是应该想办法把这事儿告诉兔子，但做到这一点很难，三十年来两国积怨甚深，直接告诉兔子，兔子非但不会相信，反而会以为我们在玩弄什么花招。最后决定让一家不太显眼的报纸把这个消息捅出去，白头鹰无秘密是人所共知的事实，毛熊看到了也无法怪罪我们。"

第二天，《华盛顿明星报》在醒目位置刊登了一则消息，题目是《震撼：毛熊欲对兔子做外科手术式核打击!!!》

…………

142.。

这种消息被放出去之后，白头鹰反而心里更没撒了，啥子明星报，分明是一家八卦小报好不好？平时净登些女戏子三角恋啦、减肥啦、内裤啥颜色之类的消息，影响力很小啊对不对？万一兔子们假正经，不看小报怎么办？

白头鹰家的大报小报立刻得到了政府全面转载的"暗示"，该暗示的内容据说是这样的："报们，还想干不？想干的话，请转载那篇文章，不想干的话，明天老子就去封你家报社的大门。"

还有一部分白头鹰去教堂，祈祷兔子们别那么傻瓜，小报这种东西也是人民群众喜闻乐见的嘛，总要瞧瞧是不是？

白头鹰这边轰轰烈烈地炒开了，白头鹰家的大佬们还是不放心，觉得事实虽然捅出去了，效果不见得很理想，不如再造点谣……于是……情况大家可以自己去想了，乱七八糟的说什么都有了……详情请参考各种新闻事件。

这么一闹，兔子想不知道那也是不可能的了，好在为了防备这一天，老太太都早组织起来三年了，全国总动员就是一句话的事儿，立刻开始：深挖洞、广积粮、不称霸……为了进一步遏制毛熊，还要隔空打嘴炮："不要玩儿得过火哦，老子家里也有蘑菇蛋哦，你家的大城市好像也不多哦……"

毛熊当然气得要死，然而最让毛熊痛恨的，总也破译不了的白头鹰密码，在这个时候偏偏"破译"了，具体内容如下："兔子的利益同白头鹰的利益密切相关，我们绝对不会看着兔子被欺负。如果兔子家里被扔了蘑菇蛋，我们将认为是第三次世界大战的开始，我们将首先参战。白头鹰总统已签署了一份准备对毛熊家130多个城市和军事基地进行核报复的密令。一旦毛熊有一枚中程导弹离开发射架，白头鹰的报复计划便立刻开始。"

…………

# 143.。

事情演变到这一步，又是一个兔版的"鳄鱼国导弹危机"啊对不对？

当然了，鳄鱼国危机的时候，毛熊因为距离远，手够不着脚，加上蘑菇蛋的短板制约，暂时认了输。可是到了兔子版本的时候，距离已经不是问题了，蘑菇蛋的短板也没有了，是不是要把事情进一步搞大，毛熊有资格研究一下了。

还是产业决定论对不对？此一时彼一时了吧？

可是毛熊研究修理兔子的问题的时候，发现这个事情不但国际上诸多别扭，国内的问题说起来也很渣心。

毛熊的高官曾经去边境地区摸底儿，到了边境军区（相当于兔子这边的军区，管辖的范围一般都是好几个省），组织当地底层官员开会，会上大大小小的当地毛熊，没有一个人说要武力解决。至于主管边境问题的地方大员，更是明确提出，谈判解决才是最好的主意，那点领土，或者直接给兔子好了，反正也没多大……

其实就老花本身而言，我更愿意相信什么样的人民什么样的政府，可是现在我回过头去看的时候，我发现我之所以有这样局限的认识，是因为我现在所看到的国家都是资本主义国家，这些国家是民选政府，这一点体现得自然十分明显。

可是我忽略了原来盛极一时的东方阵营，是一群信仰马教的牛人，信仰马教的政府不见得都是好政府，可信仰马教的人民绝对是最可爱的人民。尤其是面对那种大是大非的事情的时候，相信人民的选择一定是正义的。

好吧，事情到了这个地步，毛熊的高官们也泄气了——外有白头鹰叫嚣，内有小毛熊怠工，对面还站着一只死活不退的二百五兔子，这仗可怎么打？

这件事双方的实际损失，其实并不大，可是这件事影响了整个世界。全世界都看到了古老的东方，站着一只不屈不挠的兔子，一只值得尊敬的兔子。

…………

# 144.。

不过这件事情最大的亮点，是让兔子明白了白头鹰不仅仅可以做为对手，也同样可以做为朋友，甚至是战略盟友。兔子与白头鹰从相互敌视的状况，终于走到了历史的拐点，我们的小兔子羞羞答答地走进了世界舞台。

当然了，值得说明的，还有经过这次事件，使得兔子的国际地位空前提高，影响力也日益加重。干了白头鹰，又打算干毛熊的国家，全世界也独此一份。不管人们愿意不愿意，三国鼎立的时代已经来临了。

当然了，上面所说的，还都是兔子的想法，那么，白头鹰是怎么想的呢？白头鹰愿意做兔子的朋友么……只能说是朋友，抱大腿什么的，白头鹰早就不想了，被人一顿板砖拍在地上，脸皮再厚也不敢再伸大腿儿了。

不但不能再厚脸皮，实际上白头鹰那个时候，已经快被毛熊吓破胆子了。武器、蘑菇蛋之类的东西，白头鹰就算差点，也还是有还手的能力的，可是当他看明白了毛熊所下的世界大棋谱之后，跳海的心都有了。

在毛熊立国之前，有一个比较有名的国王，叫彼得大帝，这人被称为雄主，一生都致力于扩张，最大的愿望就是继续扩张。可惜人寿有限，临咽气的时候，曾经立下了一份遗嘱，这就是有名的彼得大帝遗嘱。他在遗嘱之中，细心地谋划了毛熊国如何统治全世界，其中最著名的步骤，就是统治印度洋。

亲，不要忘记哦，毛熊国是北极国家，而印度洋却处于白象国以南。彼得大帝的志向之辽阔，可以想见了吧？当然了，正因为目标太宏伟了，再加上彼得大帝又是一两百年前的人了，好多人都认为那是别有用心的人在宣扬"毛熊威胁论"。

可是到了七十年代的时候，白头鹰们发现了问题……尽管毛熊在整个世界东一耙子西一扫帚地乱划拉，包括在索黑国投资，没过多久还翻脸了，又去爱黑国投资，挑动他们打架，一会儿又去骆驼国弄了个据点儿，在猴子国还搞了个金兰湾基地……粗略地一看，毛熊简直他娘的是神经病，可是仔细一琢磨，白头鹰们都惊呆了。

…………

### 145.。

世界地图谁家都有，稍稍看一眼就会发现，毛熊那么多不合理的乱棋，其实下得有板有眼，套用彼得大帝的遗嘱，简直就是严丝合缝。

有同学或者会说了，大饼的西边，白头鹰不是很有优势么？黑洲那边，基本上也都是白皮猪子孙的后院，大饼的东边，白头鹰还有25万驻军呢，怕鸟？不，不是怕鸟，是为什么怕熊？

亲，如今已经进入工业时代了好不好？工业时代的命脉是石油，而印度洋所裹挟的众骆驼国，那可是全世界的石油生产中心。一旦让毛熊控制了印度洋，就等于是控制了全世界的经济命脉。

毛熊在印度洋上布下的几个棋子，虽然都是孤子，怎么看都没有威胁，可是一旦毛熊使出杀手锏熊抱……具体说来，就是毛熊的黑海舰队出黑海，进地中海，经过苏伊士运河，到亚丁湾，这是毛熊的右手，这只手道路畅通之极，只要有大批的舰船保障，那是所向披靡的。

在这样一种情况下，如果毛熊再伸出它的左手，从阿富骆驼家一刀子捅下去，推倒了巴铁国之后，一个大大的熊抱就此形成。原先那些印度洋上不起眼的据点，依次就会盘活，整个中东就成了毛熊家的花瓶。

如果这一步被毛熊走活了，那绝对是放眼天下，舍老子其谁了。西方阵营都是工业国家，石油经济命脉一捏，成本会成倍地上升，甚至数十倍上百倍地上升，那是一种什么场面？大家还不都要破产啊？

问题是白头鹰虽然看穿了毛熊的伟大理想，却无能为力了，在熊抱印度洋的事件之中，毛熊是天时地利人和全占，外加一个很基础的产业决定论占优，整个西方阵营，被挤压到了生死存亡的边缘。白头鹰家的掌门人肯定是急了，在走投无路的情况下，白头鹰不管不顾地单刀赴会，勇闯兔子窝儿，可见被逼迫到什么窘迫的地步了。

………………

## 146.。

　　说到这里，不得不提的，是当年白头鹰家的头儿，想来兔子家认门儿，阻力还是很大的，该同学跳过国会，绕过国务卿，借路第三地，搞得比特工还特工，玩儿得比无间道还无间道，怎一个精彩了得。

　　至于兔子后来洋洋得意，宣传啥啥"乒乓球外交"，听听也就算了，没有珍宝岛事件之中白头鹰的力挺，你以为186兔子会正眼看白头鹰么？不过就是投桃报李的你来我往罢了。当然了，我们依然不得不承认，能够在这种国际大背景下投桃报李，那也说明兔子同样看穿了毛熊的把戏，对不对？

　　毛熊坐大了之后，白头鹰固然难受，可是兔子也同样不会好受。别忘记兔子还黑了毛熊家一辆坦克哦，一辆坦克对于一个国家来说，战斗力的贡献微乎其微，可是那辆坦克上所携带的天顶星级技术，却简直是无价之宝啊对不对？很多基础工业的技术积累，往往几代人都搞不定，一场珍宝岛事件玩儿下来，毛熊发现自己不但损失了不少小毛熊，还免费给兔子做了产业技术升级……你说这事儿可有多气人？不要忘记产业决定论哦，毛熊也不傻的哦。

　　有了这些做铺垫，白头鹰单刀赴会的事情，就再自然不过了，他必须来。

　　当然了，来可以，来了之后，给你来个下马威那也是必须的。于是，那年的白头鹰，在兔子家里见识了啥叫全民皆兵，啥叫气场无敌，啥叫老子当年拍你是正常的……白头鹰看了这些之后，做啥感想没人晓得，他自己也没有说。白头鹰这辈子啥话都敢说，真正没有说的事情可也不多。

这种爆炸性的新闻，雷翻了当时的世界。

"亲，听说没有？白头鹰到兔子家去认亲戚去了……"

"嗯嗯，俺也听说了，说是还在一起吃了饺子打了麻将……"

"这俩货搞什么呢？"

"知道是搞什么还问？鄙视你丫。"

囧啊。

…………


## 147.。


白头鹰自从和兔子秘密交朋友之后，在国际社会上底气足了好多，已经不像前些年那般憋屈了，整合自己阵营的能力还是有的，具体到西方世界的每一个盟友，白头鹰都有不同的说辞。

白头鹰找到牛牛："牛爹，兔子不是好人，你要小心他哦。"

白头鹰找到公鸡："公鸡，兔子可能是同性恋，听说丫看上你了……"

白头鹰找到面条："条条，兔子拉屎从来不冲马桶哦……"

白头鹰找到汉斯："西崽，听说兔子从来不洗澡哦……"

总之吧，兔子的形象在西方人眼里很快就丰满起来，就在大家窃窃私语、讨论兔子有多讨厌的时候，远远地，兔子扬起红丝帕："小鹰，你过来一下……"就在大家以为白头鹰会摆出黄世仁的架子的时候，就见白头鹰猛地一怔，还没扭头呢，早已换上满面笑容，一溜小跑扑过去，一把抱住兔子："小兔兔，人家想死你啦……"

身后的下巴掉了一地对不对？大家都觉得有点苦命对不对？话说白头鹰，你这说一套做一套的样子也太明显了吧？兔子那么混蛋，你还那么高兴，挑拨我们不跟兔子玩儿，自己跑去跟兔子玩儿，这叫什么事儿哦！

所以啦，后续情节不说大家也都知道，骂骂兔子，是件很拉风、很流行的事情，兔子被人批评得体无完肤也就不奇怪了……可是奇怪的是，在这么一个大环境里，大家私下里反而和兔子越走越近。

不是你不明白，这个世界发展得太快。

当然了，这种情况下，对于兔子来说十分重要的一件事情，不可避免地摆到了面前：哥是不是该进联合国了？这事儿因为联合国宪章定地比较苛刻，所以一直以来，属于那种遥不可及的情况，现在嘛，咳咳，情况毕竟不同了对不对？

…………

## 148.。

白头鹰总统是七二年去兔子家认亲的，兔子加入联合国，其实是四个月之前的事情，那次表决出现了联合国历史上极为罕见的景象。其过程之匪夷所思，直到多年后的今天，依然被老花顶礼膜拜。

具体说来，就是兔子和秃子都宣称只有一个土鳖。这样一个前提之下，谁代表土鳖就成了最大的问题，这是一个零和游戏，赢的啥都有，输的啥都没有。兔子嘛，被挤兑习惯了，而且信奉产业决定论，被人家承认不承认还不要紧，可是秃子却要蛋没蛋，要鸟没鸟，合法席位再丢了，那就苦命透了。

不过表决的结果，听说对秃子打击很大，76票赞成、35票反对、17票弃权。当大厅电子计票器显示出这一结果时，灯火通明的会议大厅顿时沸腾了起来，爆发出长时间的热烈掌声。坦黑叔家的代表则离开代表席位尽情地跳起舞来，出现了联合国从1945年创立以来少见的欢乐场面。

这个结果，在事后被兔子描绘为："是黑洲人民把兔子抬进联合国的！"兔子勒紧裤袋，帮坦黑叔修的铁路终于得到了回报对不对？兔子家的黑洲医疗队数十年如一日地传播友谊，终于得到了黑洲兄弟的认可对不对？

可是，光有这些够么？

让我们清理一下脉络：76+35+17=128，想获得议案通过，要最少得到65票赞成。如果白头鹰想搅局的话，只要发动64票反对，就可以扼杀兔子。那么，白头鹰能不能弄到那64票呢？

不要忘记，整个新大陆都是白头鹰家的后院，有几十个国家，白头鹰在这里说一是一，说二是二；不要忘记牛牛主导的英联邦有53个国家，牛牛起码对其中的绝大多数国家都有影响力，不要忘记黑洲号称是公鸡家的后院，尤其是北黑洲，更是被公鸡当成自己家的窗台。

真要是投票的话，毛熊主导的东方阵营是投不过西方阵营的，这个与实力无关，主要是西边的人头儿多，这也就是毛熊在联合国总吃瘪的原因……可是兔子怎么就被选进去了呢？黑洲兄弟肯定是功不可没了，不过肯定也是不够的。

…………

## 149.。

当然了，你要是指望白头鹰或者牛牛承认帮了兔子的大忙，那你就白看咱们的文了，好多事情呢，做做是不妨的，说说是不可以的。台面上互抽耳光，台面下哥儿俩好啊五魁首，六啊六啊一起喝酒，这根本不算啥新鲜事，小弯弯岛后期搞了民主之后，拿选民当二百五的事情多了去了……

还必须指出的是，大家都是老流氓了嘛，互相笑眯眯地抽耳光，台面下什么都没有，完全靠那种天顶星级别的心领神会来沟通，就更加高手高手高高手了对不对？至于到底是真抽耳光还是在装腔作势地打情骂俏，谁又能分得清呢。

兔子被选进了联合国，这消息传到兔子家之后，举国欢庆对不对？太意外了对不对？老总们都很淡定对不对？……是啊，为什么那么淡定？淡定当然是早就预料到了，小兔子们欢呼是因为没人漏口风，事到临头，不惊喜下怎么可能？

兔子怎么淡定的不需要说，需要说的是兔子代表团第一次参加联合国大会，本来是原定讨论一些世界大事的，没想到开会了之后，有57个国家轮流做欢迎致辞，一口气欢迎了兔子六个小时，导致当天的所有原定会议内容都没有人提。

当然免不了黑洲兄弟们热心地教兔子怎么开会，怎么使用麦克风，怎么找会休期间必用的厕所门，怎么……很务实啊对不对？

当然了，表决之前，白头鹰家的代表，还不忘记做做戏给小弯弯的二百五们看："我建议删除开除小弯弯会籍的部分……"

话音未落，会场上一片喊NO，那位不久之后当了白头鹰家总统的代表，被NO了之后满意地点头。

结果提案通过之后，这家伙第一个跑去跟兔子代表握手，呵呵。

兔子成功进位，秃子被扫地出门，小弯弯们郁闷是难免的了，据说秃子老总统听了这个消息之后，一言不发，憋了半个月，总算说了一句："娘希匹的上帝！"

…………

## 150. 。

兔子进入联合国，影响肯定是十分深远的，本来嘛，敢于同时敌对白头鹰与毛熊的国家，也只此一份了。当然了，这也不难理解，白头鹰是老大的时候，毛熊作为老二，联合老三兔子，一起打击老大白头鹰。那么到了毛熊当老大的时候，作为老二的白头鹰当然要拉着兔子去打压毛熊了。

这种趋势很多人能看明白，看得最明白的，就是小饭团了。不要忘记了，小饭团曾经是老土鳖的高徒，家里除了各种版本的《金瓶梅》之外，其他比如《三国演义》之类的邪门歪道书籍，也是必不可少的。

所以，白头鹰总统离开兔子家不久，小饭团家的首相也摸上门来，腼腆地表达了自己的好感，免得将来兔子算总账。各种不用偿还的贷款就不说了，各种兔子急需的技术，基本上那也是好商量的。

结果这个事情触怒了白头鹰，随随便便找人搞出来三张照片，逼着脚盆首相辞职，潜台词就是："丫看清楚点，老子才是你干爹！"那位苦命的首相一直都忿忿不平，那三张照片算什么证据？

临死的时候，苦命首相还拉着女儿的手，说白头鹰是故意地为难自己，为了避免兔子做大，任何过分亲近兔子的人都要受到无情的打击，干爹干儿子都不例外，小饭团的苦命首相就是榜样。

可是，这样搞下去的话，兔子凭什么还要跟你做朋友？

于是，兔子得到了43计划，虽然数目比当年毛熊给的156计划少多了，不过那些计划可都是高科技哦对不对？刚刚吸收了公鸡国的技术之后，兔子们都来不及喘口气，继续实施43计划，继续产业升级换代。

那么，这次换代完成之后，是不是就牛叉得不得了了呢？哎，早着呢。二三百年来落下的路程，二三十年时间是不可能赶上去的，兔子因为心急，也没少吃亏。

…………

## 151.。

自己家里欠了上百年的工业账，现在二战结束了，投名状也打完了，多快好省地建设马教主义肯定是必不可少的了。可是时间不等人啊，看看国外开始研究晶体管了，国内电子管还没搞明白呢，这代差太大了对不对？

心情太急迫了，就搞出来了大跃进那样的事情，事后承认错误是必须的，当然肯定成绩那也是难免的……不要问我大跃进还有啥成绩啊，对任何问题任何事情，都不能只看表面，我这样说有点给兔子捧臭脚的嫌疑，为了明确表达我的观点，咱们不妨举个例子来谈谈。

比如说，老土鳖的土地相对比人少是不是缺点？是缺点！可是为了克服这个缺点，老土鳖人在农耕技术上雄霸天下，一口气奠定了自己上千年的国际老大地位，那么，再回头看你的缺点是什么的时候，你还认为那是缺点么？

兔子认为那当然还是缺点，不过只要用真心去努力解决那个缺点，就会反守为攻，变成一个大大的优点。别以为这是老土鳖的绝学，这点小饭团很有青出于蓝而胜于蓝的架势，小小岛国，上亿人民，一样养活。

这个世界辩证统一，是是非非、对对错错，又有谁能分得清看得准呢？比如毛子几百万绿票票就卖掉了阿拉斯加，当时看来是占了一个大便宜，千里雪原，不毛之地，有人要就不错了。

可是不久之后，毛熊发现，如阿拉斯加还在自己手上，那么对付白头鹰的话中程导弹就富富有余了。现在没了阿拉斯加，除了远程导弹之外，其他各种型号的导弹都不用考虑了。所谓百尺竿头更进一步，远程导弹的造价可比中程导弹贵多了，两者根本不是爸爸和儿子的关系，基本上是高曾祖和重孙子的关系。

有些错误反省之后，不耽误行程，有些错误却后果严重，比如说"文革"。

…………

## 152.。

　　我个人认为，"文革"的起因，还是源于外部压力太大……这个事情稍后咱们仔细总结一下，不过兔子加入联合国之后，又发生了件不得不说的事情，也是前面早就提出来的问题，卖了这许久关子，总要先解答一下。

　　这个事情就是白头鹰为什么要在西沙海战之中，明里暗里地偏袒兔子。听了以上的解答，大家多少也就明白其中的小九九了。问题是当时的北越猴子，因为与南越猴子敌对，所以在西沙归属问题上，是帮着兔子打嘴炮的，还在自己的教科书里面写："西沙群岛自古以来就是兔子神圣的领土！"

　　那么，南越猴子海军被打败之后，北越猴子在陆地上也向南推进，灭掉了南越猴子国，那期间猴皮大衣的事情，因为太敏感，到现在也没完全解密，所以咱们就不提了……实际上是老花我也不知道。

　　可是我知道的，却是北越猴子灭了南越猴子之后，立刻就遇到了兔子侨民的问题。千百年来，土鳖国人在神州大地活得还是很不错的，因为本身的勤劳、勤俭、聪明，所以导致了一个很有意思的情况，那就是在国内不见得能混得多好，可是只要去了周围国家，还是混得很不错，简简单单就能混进上流社会。这种情况有点类似于今天的外教，甭管在家乡多么瘪三，到了中国一样人五人六地开始为人师表。

　　别不服气，你想学的英语，是人家的母语，这就是文化差异。

............

## 153.。

所以历史上下南洋的土鳖也不少，都当海龟去了。这些人出了国之后，原本在国内不值一提的手艺，到了蛮夷之地，稍一展示，顿时就成了大宗师啊对不对？曾经有过无聊的科学家，按地区把各类人群的智商做了一个形象的勾勒，他本身应该是西方人，所以照例把牛牛、公鸡、面条等国的人均智商定位100，用这个做标准，去衡量白头鹰和枫叶国人，发现他们的平均智商为97。相比较而言，泡菜的智商是104，小饭团的智商能达到105，而兔子家的人均智商是107。

高地区说完了，低地区的人，依次是毛熊家95，东欧各国90，比较可怜的骆驼国们，只有85，最苦命的猴子和黑洲黑叔叔们，只有75。

在古代，107的土鳖传人进入古代猴子领地，面对一群75的哥们儿……当然，当然，一番团结、进步、互利、共赢、平等的步骤玩儿下来，75还是75，107们则多数成了大老爷……

万恶的旧社会啊对不对？今天就高级了么？

............

## 154.。

　　关于97和95怎么拉着兔子一起争世界老大的事情，前面谈了很多，精彩刺激就不说了，毕竟大家差不多。可是，可是在遥远的古代，107和75的哥们儿碰到一起之后，没过多久，当地社会绝大多数的财富都跑到了107的兜里。

　　没办法，97和95之间只相差2，而107却比75多了一大截，可比性太差了。具体说起来，无非就是好地全被107占了。再具体说到越猴子国，北边的好地基本上一点也没有，全部的好地都在南越猴子那边。

　　南越猴子国灭亡之后，北越猴子们对当地兔子侨民肯定要清洗一番的了。这个事情兔子心里肯定知道，所以，在南越猴子国灭了之后，兔子曾经专门去侨民家商量，劝说他们回归祖国。

　　这里面就出了一个问题，那就是兔子是马教兔子，代表的是底层人民利益。而兔子侨民却大多数都是富裕阶级，很多人都怕回去之后被共产共妻了，再说世世代代地在当地生活到现在，背井离乡的事情哪个不怕？

　　所以毫无意外的，是只有很少数的侨民兔子跟着大部队……不，不是大部队，嗯，南越猴子国怎么会有大部队呢，咳咳，一着急居然说漏嘴了……跟着兔子的和平大使回国的侨民寥寥无几。

　　剩下的侨民不愿意回国，按说已经体现出来了对越猴国的眷恋了吧？可是没用，此后不长的一段时间里，猴子国兔子侨民的数量，从一百万直接降到了七十万。消息传到兔子家时，全体兔子都红了眼睛，却又无可奈何，这种事情去找毛熊评理都没用，阶级敌人懂不懂？杀了也应该。

可那是你的阶级敌人好不好，你清洗多少老子不管，可是你清洗掉了土鳖血脉，兔子就算把意识形态摆得再高，那份血浓于水的亲情终究是难以释怀的对不对？

…………

# 155.。

老土鳖人很厚道，很谦和，很温顺，很老实……可是有两样东西是不能乱碰的，第一就是土地，为了生养自己的这片土地，死多少人也不会觉得可惜，杀死侵略者那是必须的，做不到的情况下，同归于尽也不会犹豫，再不堪的情况下，用十个人换小饭团的一个人，这种仗也不是只打了一次两次。

除了土地是老土鳖的命之外，同样让土鳖人记恨在心的，就是人命了……猴子国侨民大清洗事件发生之后，兔子恨得咬牙切齿，没把猴子捏死就算够不错的了，偏偏越猴子还不看脸色，颠颠地跑来兔子家："兔子，我家的西沙群岛是不是该还给俺啦？"

兔子一听就急了，只甩出一句话："你家的教科书上写了：西沙群岛自古以来就是兔子家的神圣领土！"越猴理屈，从此不再提西沙，闷头去抢南沙。……看见没有，啥叫不长眼的东西？

那么，兔子为什么没有当时就教训越猴子？简单啊，这个时候兔子正忙着搞"文革"呢，轰轰烈烈的文化大革命搞起来之后，想停住就停住？做梦呢吧。

那么，为什么要搞"文革"？

这其实是一个很好解答的问题，还是老大老二老三的问题，通常来说，老二联合老三对抗老大，这个是合理的选择。可是有了蘑菇蛋之后，老大和老二的能力差不多，这个时候老大和老二所想的问题，是如何一起欺负老三，这个理论也可以理解为广义上的捏软柿子理论，不管谁捏破了老三，都会进一步巩固自己的国际地位，我这样讲，大家能理解那种情况了吧？

当然了，那些都是外因，内因自然也有，最大的内因当然还是不想当炮灰了。可老三之所以是老三，就是因为打不过老大和老二，一个都打不过，当两个人都打算捏死自己的时候，老三能做的，就是歇斯底里地证明自己很强了。

那么，产业决定论都是实实在在的，再怎么吹牛也没有用，能够拿出来做文章的，当然就只有人的精神了。好在用这个当武器，曾经干掉过白头鹰，因此兔子们虽然知道情况很苦命，不过还没到被吓尿裤子的地步。

…………

## 156..

歇斯底里地认为自己很强，就会引起歇斯底里的突变，控制得不好，就会一如希特勒先生一样搞二战，后果之糟糕就不说了。可就算控制得好，这期间各种势力争权夺利、妄登大位的事情也风起云涌。被迫害被打杀被诬陷的好人，也车载斗量。

那么，当时过境迁，我们事后来评价这一事件，我们依然要承认兔子付出了极其高昂的代价，而且都是血的代价。很多勤勤恳恳的兔子被整得苦不堪言，很多该搞的建设没有搞起来……这些都要承认，也必须铭记在心，那些枉死的冤魂，不允许我们昧着良心讲话。

但是，凡事都有两方面，在付出了极其高昂的代价之后，肯定也不是一点收获没有，我认为还是有的，有关"文革"的等等好处，本人未亲历，不做解释，详情请去百度孔庆东、司马南。至于他们说的是不是实话，老花没办法保证是真的。这里我着重说说不为人注意的两件事。

第一件就是封建社会彻底终止了。

别以为马教兔子上了大位，轰轰烈烈地带着大大小小的兔子们搞生产、闹革命、拼毛熊、揍白头鹰之后，老土鳖千百年来积攒下来的陋习就被根除了，形式上的根除和实际上的根除是有很大区别的，不要忘记老土鳖是农业国哦，实际上到了兔子建国六十年，可以对全世界颐指气使的时候，农民依然是兔子家的绝大多数。186兔子建国之后，老家赶来祝贺的乡亲，见面之后首先做的不是啥子叫一声"主席好"，而是三拜九叩地行起大礼来，封建社会的余威一致如斯。

第二件事情，就回到了"文革"的触发原因上了。没有轰轰烈烈的全民总动员，有谁能保证毛熊不会一刀子捅下来？干掉了兔子的话，还用得着几年后毛熊兵发阿富骆驼家么？从大饼的东边熊抱下去，不但印度洋易主，连带东太平洋都是毛熊的天下。这种要命的局面发生了么？好像是没有，那么"文革"的战略目的是不是达到了？

当然，我依然要声明：与已达到的目标相比，兔子所付出的代价太沉重了，付出和所得是不成比例的，而且不管是什么借口，小兔子们对祖国的信仰不该被打击得那么厉害，更不该影响到产业决定论的加强建设。

问题是，兔子还有第二种选择么？

…………

## 157.。

天地可永生，人寿有时尽。

带领着千千万万的大小兔子们告别旧社会、走进新社会的186兔子，在胖揍了小饭团、赶跑了大秃子、猛抽了白头鹰、遏止了凶毛熊之后，看了一眼建设了三十年的兔子窝儿，含笑九泉，他走了。

纵观186兔子的一生，横向比较已知的历史，我们不难做出这样的评论：在整个人类历史上，能够以超人的胆识、勇气，过人的智慧、毅力，一次又一次地以弱胜强，将一个积贫积弱人口众多的国家，变成一个不断进步的工业化国家，这种人，只有这么一个。

兔子们讲究盖棺定论，186兔子走了之后，继任的286兔子盘算了一番之后，认为产业决定论是没错的。在这条道路上，必须坚定不移地走下去。可是呢，兔子，不要忘记你只不过是老三哦，你要面对的局面，依然没有彻底改观，北方庞大的邻居毛熊，已经扬起了爪子，早就跃跃欲试了。

现在很多人会问，你把毛熊说得那么吓人，还说什么把白头鹰的稀屎都吓出来了，那么为啥七十年代毛熊一直没有啥子大动静？

还是那句话：产业决定论啊！

毛熊想经略印度洋，首先就要全面挤压白头鹰的战略空间，只有当这一点搞得差不多了之后，才有可能开始"熊抱"，不幸的是，七十年代初的时候，毛熊只有一条胳膊可用，那就是他的陆军。

毛熊的陆军很厉害，这个谁都知道，可是一只胳膊怎么能完成"熊抱"印度洋的任务呢？与陆军配合的海军也是整个战棋之中很重要的一环。只有拥有了强大的海上舰队，才有可能南下黑海，直接威胁中东。

可是在七十年代初的时候，毛熊家却没有那么多的舰船………
…………

## 158.。

六十年代初的时候，毛熊因为蘑菇蛋比白头鹰少，所以输了鳄鱼国的暗战。回家之后的毛熊痛定思痛，大力发展蘑菇蛋。到了六十年代末，蘑菇蛋就可以叫板白头鹰了，如果这个时候毛熊展开熊抱，那么整个世界都将落入毛熊的利爪。

可是这个时候毛熊发现军舰还是不够啊，于是毛熊在不断地制造麻烦之余，大力发展海军对不对？功夫不负有心人啊，到了七十年代末的时候，舰船也弄得差不多鸟，毛熊再也忍不住，要出手了。

当然，当然，毛熊并没有忘记身边还站着一个傻瓜兔子呢，丫典型的茅坑儿里的石头，又臭又硬，讨厌得很，又没有好办法应对。为了进一步地牵制兔子，毛熊在整个七十年代中期的布局上，着重走了两步棋。

第一，自然是加强跟白象的关系了。当毛熊发现控制不了兔子之后，控制白象就成了重中之重。毕竟白象也是大国哦，而且跟兔子还有过节，这么好的棋子，不利用下岂不是可惜了？所以那些原本打算援助兔子的东西，基本上都送给了白象。注意哦，不是白送哦……虽然和白送也差不多。

第二步，当然就是支援越猴国了，扶植猴子敌视兔子，肯定也是一招妙棋。那么可能有人会问，猴子又不傻，怎么会上了毛熊的道？

这个事情说起来也比较苦命，具体说来，就是当年白头鹰从南越猴子国撤走之后，为了让南越猴子自保，给南越猴子国留下了价值十几亿绿票票的武器。谁知道南越猴子不争气，这些武器都没用呢，就被灭国，武器装备也落入了北越猴子之手。

内战之中，猴子全民动员，组织了百万大军。这百万大军拿着大刀长矛的时候，战斗力基本是渣，可是白头鹰遗留的武器被缴获之后，越猴子们的百万大军一下子就成了现代化军队，信心极度爆棚的情况下，连"世界第三"的口号都喊出来了。同志们，妹子们，你们猜猜，这个口号是喊给谁听的？

…………

### 159.。

越猴和兔子虽然都是红色政权，前些年的关系听说却不怎么友好。原因说起来倒也简单，就是因为兔子太过于巨大了，小小的越猴国偏处南疆，总担心被兔子吞并……这个倒也不算瞎担心，实际上猴子国在历史上好长时间之内都是土鳖的领土，直到宋朝末期才逐渐从中原帝国分离出去。

可惜好景不长，到了元代，又被蒙古人给收了回来了。当朱元璋的红巾军推翻了蒙古统治之后，曾长期担心游离在塞北的游牧骑兵再次南下，所以治国整军之策的重点就放在了北方，南越政权才得以苟延残喘。

到了清代，满洲人以少赢多，维护中原已经力不从心，就别提重收越南了。短暂的民国时期，秃子内部混战不堪，历经八年艰苦卓绝的抗日战争和三年之久的解放战争，等到兔子建国之后，大陆才算重新成为了以汉人为主体的新政权。

这让偏安一隅的越猴备感压力。为了制衡兔子，越猴采取了联合毛熊来压制兔子的策略，陆续开始蚕食边境一边的兔子领土，这让兔子的第二代领导286大为光火，直接导致对猴自卫反击战的全面爆发。

1979年，兔子家的解放军甚至一路兵临猴子首都城下。因不想积怨太深，兔子主动撤兵，可由此引发的长达十年的边境冲突，给两国尤其是猴子带来深重的灾难。前些年满大街都是的越猴新娘，就是不堪忍受国内的贫穷，纷纷远嫁兔子家，就是一种非常直观的写照。

上面的事情都是已经发生的了，谁都知道，那么，这个事件背后隐藏的动机，以及事后导致的结果，又是什么呢？

比如说，兔子为啥不把猴子直接灭了？

…………

## 160.。

　　老花我是从来不相信啥高调的，自私是人的本性，白皮猪子孙的血腥发迹史就不说了，那么老土鳖就真能做到仁义天下么？当你拿来地图，观看兔子家的地盘时，你想没想过，几千年前的土鳖政权只有黄河中间的一小块？那么，如今纵横南北东西上万里的国土是怎么来的？

　　当然，实力使然是没有错，不过当你仔细回望历史的时候，你还会发现，历史上实力使然的猛人多了去了。遥远的古代，匈奴人横扫大饼的西侧，一样是实力使然，怎么没几年就连匈奴人的民族都不见了？

　　再往后推，突厥人一样在大饼的西边横冲直撞，也一度所向披靡，占据了大片的领土，那么，如今的突厥人为啥只剩下了一个小小的国家？突厥人所占领的那些土地，为啥一再易主，如今连突厥人曾经留下的马蹄印都找不到了呢？

　　再往后的蒙元人，建立了迄今为止世界上领土最为辽阔的国家，从当时的行政中心算起，骑着快马奔行，东西南北各要一年才能跑到边界。如此让人叹为观止的宏基伟业，如何到了现在就只剩下被人遗忘的那么一个苦命角落？

　　大元首的纳粹党，小饭团的鬼子兵，都曾经占领过大面积的土地，结果又怎么样呢？

　　全部烟消云散了对不对？能够一步一步做大的国家，目前为止好像就有三个：兔子、毛熊、白头鹰。三国角力是要有基础的，土地基础是最根本的基础。当然了，毛熊家的下场大家都知道，被分裂成十几个国家。那么，白头鹰会不会步入毛熊的后尘，恐怕也还不好说。再回头看兔子的时候，你会发现，兔子好像根本不存在这个问题。

为什么？

…………

# 161.。

因为当年老土鳖占土地的政策，是细嚼慢咽，一小口一小口地吃，即便是全盛时期，老土鳖也不会稀里哗啦地把邻居都推倒打屁股，更加不会带回家去当妃子，顶多分出力量来对付很小的一块土地。

这块土地一旦被占住了，绝对不会做跳板继续前进，老土鳖接下去做的是强化占领，慢慢地把这块地与自己原来的地融合。

等到局势对老土鳖不利的时候，它会仰仗着自己的壳子死顶，任何一块已经同化的土地都不会松口吐出去。

整个过程非常慢，可是再慢老土鳖也没有停过，一小口一小口地吃，一口气吃了数千年，想不吃成胖子都难。最主要的是，吃了就是吃了。

用这个观点去看当年兔子揍越猴，你就会发现很多条件套不进去。首先当然是兔子并非是全盛时期，有了这一条之后，第二条基本上就可以不说了。能力不行，还想开疆拓土，结局一般就是被打脸。

可是猴子还那么嚣张，不教训一下又不行……当然了，我们不能忽略的，是毛熊已经把爪子伸到猴子家去了。白头鹰遗留下来的武器，固然让猴子牛叉了一把，可是东西毕竟有限，打光了就没有了。然而毛熊源源不断给的援助，却可以让猴子们很快地走上工业化道路。

眼熟吧？

连同志们妹子们都看着眼熟的路子，兔子可是一路走过来的，所以，当兔子发现毛熊要进驻猴子国金兰湾的时候，就知道必须教训教训猴子了。一个敌视自己的猴子绝对不是啥好猴子，就算不能占领，让它懂点儿规矩，也是必须的了……

猴子当然不会退让，猴子知道兔子不敢灭自己，为了要来更多的毛熊援助，投名状的事情当然搞得越风光越好。

…………

## 162.。

好吧，让我们看看事情的经过。对猴自卫反击战，兔子们稀里哗啦，只用了一个月的时间，就推到了猴子城下，所有目标悉数攻克。然后就是兔子大军陆续撤回国内，揍猴子行动宣布胜利。

兔子收兵，一方面固然是因为实力还不使然，一方面也是收到了毛熊的严重警告，为了支援越猴，毛熊在北方边境上集结重兵，向兔子施加压力。

以上的事情大家都知道，也都能明白，自然不用多说，然而你想不到的是，被狠狠抽了一顿嘴巴的越猴，居然并不服气，隐隐还摆出一副反攻的架势，此后兔子猴子在边境线上，扯扯拉拉地搞了十年的拉锯战……亲，兔子并不想灭猴子好不好？亲，你不会以为猴子想灭兔子吧？既然这样，为啥还要打？

先说越猴方面，猴子骚扰兔子，那是得到了毛熊的授意的，你不要以为猴子是在打仗哦，实际上猴子们把那当成一项产业了。毛熊支持猴子，那可是按天给小钱钱绿票票的，你打一天，就可以得到多少援助，包括武器、弹药、衣服、袜子、面包、牛肉、工业、技术、教育……明白了吧？这对猴子来说，只是做生意而已。毛熊的意图就更明显了，牵制了兔子，使兔子无暇西顾。

那么兔子方面呢？明知道猴子跟自己捣乱，就是为了去毛熊家领工资，为啥还要陪着猴子当冤大头？

兔子当然也不傻，跟毛熊闹掰了之后，自然就要向白头鹰靠拢，这个不是你愿意不愿意的问题，也不是有骨气没骨气的问题，这是个亡国灭种的问题，所以所有是是非非对对错错的问题就统统不算问题了。

向白头鹰靠拢，是为了活下去，那么，靠拢了之后，你不能让老子白靠拢吧？不给我点好处，老子凭啥向你靠拢？兔子希望得到的好处，白头鹰当然是不会吝惜的，不过也不能白给是不是，起码你要表个态吧。

兔子觉得，陪着猴子玩儿，肯定是最好的表态了。

…………

## 163.。

投名状既然已经交了，白头鹰自然也不会亏待兔子，各种援助滚滚而来，你要知道，那个时候毛熊的气焰太嚣张了，已经有了吞并天下的苗头，所以当兔子交了投名状之后，白头鹰对兔子的援助，倒是少了很多附加条件。没有条件的援助就等于是白给了，虽然并不是全然白给，可还是白给了不少。

兔子和白头鹰开始度蜜月，毛熊那边已经迫不及待地动手了，在七十年代的最后一天，毛熊终于准备好了一切手续，正式启动"熊抱"计划。大军星夜云集，一举就冲到了阿富骆驼家里。

这个举动让全世界都变了颜色，如果让毛熊占住了阿富骆驼国，那么下一步肯定是推倒巴铁，直接就冲向印度洋了。到时候组建好的毛熊黑海舰队再从西边来个包抄，世界经济的命脉就掌握在毛熊的手里了。

当然了，这里不得不提的，是那个时候毛熊的黑海舰队已经初具雏形，为了稳固熊抱印度洋之后的战略利益，毛熊甚至还开建了数艘航母，光是里海造船厂，就同时兴建一艘核动力航母和一艘常规动力航母（有名的瓦良格）。

阿富骆驼家的腐朽政权一如南泡菜国和南越猴子国，没有信仰支撑的政权说瓦解就瓦解，一点儿都不拖泥带水，这局面让白头鹰愁眉不展。大家都知道，毛熊的下一步，肯定就是吞巴铁了，为了吞巴铁，毛熊早就做足了功课，不惜得罪兔子，也要使劲儿地扶助白象啊对不对？

为什么毛熊要扶助白象？还用说，一来可以牵制兔子，二来可以帮忙收拾巴铁，就算不帮忙，到时候别来捣乱就行。

这是一种摊牌的举动，白头鹰却苦无对策应对，为了阻止毛熊的战略企图，白头鹰不得不放下身段，开始积极地化解危机。那么，谁能在这个问题上使上劲儿呢？

…………

# 164.。

整个八十年代的历史，那就是一部全世界人民共同努力的斗熊史。

能够在阿富骆驼家使上劲儿的，都必须使劲儿。首先，要抵御毛熊的入侵……这里还要先说说入侵的问题，你要明白，不管你的理念你的制度多么先进，你想搞可以在自己家随便搞，搞到了别人家里，那就是侵略。

要抵御毛熊在阿富骆驼家的野蛮行径，必须要有人，也就是说，必须当地人要有反抗精神，只有当地人反抗，才说得过去，若是白头鹰直接参战，那就是第三次世界大战了，后果没人负担得起。

在人的问题上，阿富骆驼居然有着传统优势……当然也可以说大环境使然。阿富骆驼家是真正的苦命之地，老土鳖当年占了之后，想了想都不稀要了。太荒凉了，自然条件的恶劣，造就了当地人十分强悍的民风。

好吧，既然人的问题解决了，那么下面要考虑的自然就是把这些人武装起来的问题了，这个过程说起来可就麻烦了。

第一，要有人出钱吧？

第二，要有人肯卖武器吧？

第三，要有人把武器从卖家运到阿富骆驼手里吧？

出钱这个事情，没的说，白头鹰必须铁肩担道义、义胆加忠心，于是白头鹰毫不犹豫地拿出了存钱罐里的硬币。

然后的问题，就是哪有武器可卖？白头鹰家肯定有武器的，可是太远了，大饼西边的白皮猪众子孙国怎么样？也不比白头鹰家近多少……环视左右，好像只有兔子家能产武器。

不要忘记产业决定论哦，武器可是工业产业的精华部分，能造武器的国家寥寥无几。

…………

## 165.。

有一年，兔子正在家里撅着屁股种胡萝卜，忽然之间，感觉面红耳赤，咦？怎么感觉要发财了呢？自己算了算，最近家里花钱的事情比较多，赚钱的事情好像基本没有啊……难道是老子想小钱钱想得发疯了？

正游移不定时，巴铁来找兔子："兔子，俺想找你搞点胡萝卜……"

兔子没精打采、哈气连天："亲，我先看看账本啊，最近东西不太多，我看看还能赊点啥东西……"话说赚小钱钱的事情没想起来，花小钱钱的兄弟又来了。这些年巴铁全靠兔子支持，才顶住了白象的攻势，兔子的银子也是大把地流啊。

巴铁小心翼翼地伸出小手，一大把绿票票："不……这次我给钱，现金……"话还没说完呢，小钱钱就被兔子一把抢了过去，一边飞快地数钱，一边眉开眼笑："亲，提钱多外道，咱们还是应该多提提感情好吧……"

巴铁只能满头黑线："兔子，说这种话的时候，你能不能停下数钱的手？"

当然了，既然有人出钱，有人出武器，又有人运输，阿富骆驼家的游击队当然凭空厉害了好多，这些人一口气拖了毛熊十年之久。这样的拉锯战拉下来，白头鹰也苦不堪言，小钱钱花得如流水啊对不对？

还好，国际雷锋们的行动，感动了阿富骆驼的亲戚们，不要忘记中东那个地方可是骆驼国成群的哦，很快就有大佬站了出来，挑衅白头鹰的威严："老鹰，不要泄气哦，继续加油哦，我可不是来打嘴炮的哦，你出一块小钱钱，我出两块小钱钱怎么样？看看咱们谁会穷得卖裤子怎么样？"

这些事情当然瞒不住毛熊了，可是毛熊却无可奈何，不管是继续进兵攻打巴铁，还是分出兵马去收拾兔子，都会把事情搞得不可收拾，能期望的只能是尽快在阿富骆驼家站稳脚跟……可为啥老是站不稳呢……

…………

## 166.。

十年奋战之后，毛熊踉跄回家，再也不想占什么骆驼国了。

至于啥子彼得大帝的遗嘱，不妨收起来继续当遗嘱，反正骆驼家是高低不能再住了，骆驼奶没喝到，反而惹了一身骆驼腥膻、粘了一身骆驼毛。

这样的结局大家都很开心：白头鹰因为阻挡了毛熊的扩张而开心，兔子因为陈年积压的武器被换成了小钱钱而开心，巴铁因为消除了被打脸的危险，又同时攀上了白头鹰和兔子的战车而开心，即便是最倒霉的阿富骆驼，也因为赶走了毛熊，可以向全世界吹牛而开心……总之大家都开心，就毛熊不开心。

不过不要忘记哦，这是一场消耗战哦，毛熊并不是因为打不过阿富骆驼才撤兵的，毛熊撤兵是因为无法安稳地占住阿富骆驼国。无法安稳地占住，就等于说利用不起来阿富骆驼国的地缘优势，那结果当然就是撤兵了。

当然了，正是因为是场消耗战，所以白头鹰和毛熊甚至巴铁和阿富骆驼，其实都很苦命。毛熊死了人、消耗了弹药装备，结果还白忙了就不说了。白头鹰那边可也是花了无数小钱钱的，阿富骆驼没钱可花，却死了不少人，就算中间斡旋的巴铁，其实也是出工出力，没得到啥好处，顶多算脱险而已。

可是，不要忘记哦，整个事情里面还有一个不显山不露水的兔子哦，你们花了多少小钱钱、出了多少多少人工、死了多少多少人俺都管不了，可是俺可是把武器都换成了小钱钱了哦，不但啥损失没有，还借机会把军工产业拉活了对不对？

为什么大家都开心了之后，结果会这么的不同呢？

当然了，这些事情白头鹰看着不眼红是不可能的，于是他发动国内的军工企业，搞出来一款"毒刺"导弹，专门对付毛熊的装甲部队或者飞机，效果据说不是一般的好……结果东西被送到阿富骆驼手里的时候，被告知："你这使用说明书太长了，看起来很眼花的……"

白头鹰努力推销："那俺回去简化一下使用说明书怎么样？"

阿富骆驼："你能简化到没有字的程度么？俺不认识字……"

于是，白头鹰家的生意告吹……

…………

## 167.。

兔子慢慢长大了，进入了国际军工市场之后，兔子发现这里面的利润太大了。虽然兔子家的胡萝卜属于白菜价，可是那也是国际大白菜价哦，三五斤钢铁，成本不过就是几块铁矿石加几块煤炭，随便搞搞，就快赶上金条了。

这样的事情不开窍也就罢了，一旦开窍了，兔子的反应超乎所有人的预料，国际胡萝卜市场上，很快就出现了兔子家的淘宝店……问为什么这么快就明白了？那还用问，当初老土鳖用泥巴烧瓷器换金条的时候，早就明白其中的花活儿了。

最让兔子开心的，莫过于阿富骆驼家的战事还没打完，中东那边的水骆驼国和火骆驼国又干起来了……咳咳，当然了，人家打仗会死人，这个也还是需要同情的，可是嘛，可是送到手的生意总不能不做吧？而且，这可关系到小钱钱哦，就算生意没送到手上，自己争取一下也不过分吧？

于是，兔子家的淘宝店开始了凶猛的广告宣传，看家本领大嗓门喊："瞧一瞧，看一看，这里的胡萝卜很划算……"为了照顾聋哑客户，免不了还要在门口竖一块牌子："包送、包邮、包死、包埋，诚信交易，好评第一！"还要找民工散发小广告：

"亲，消费×××金额可获VIP会员哦，会员客户有优惠哦……"

当然还要跟白头鹰、毛熊抢客户："亲，大优惠、大清仓、大甩卖哦，全场一点五折甩卖哦，我这可是吐血跳楼大酬宾哦……"

这么卖力地吆喝，效果当然立马就出现了，比较不和谐的场面也隆重诞生：水骆驼跟火骆驼一起赶到兔子家买胡萝卜……结果就是水火骆驼PK八年，兔子家的胡萝卜工厂为了跟进市场需要，不得不开了好几条流水线。

善良的人们，是不是觉得……这么做有点儿有点儿那啥？问题是在国际政治之中，那啥从来就不是问题。事后，水火两骆驼一致认为："兔子家的胡萝卜出奇的耐用，威力更是大得丧心病狂。性价比好得没话说，售后服务更是一流！"回头告知众亲戚好友："想要么？找兔子！"

…………

## 168.。

总之吧，整个七十年代，江湖上虽然大风大浪，北风呼啸，可是天塌了有白头鹰顶着，兔子拎着钱袋子四处打酱油反而赚得盆满钵满、招人羡慕。

当然了，赚得再多，比不过家里的窟窿大，各个产业项目都需要升级，数不清的小钱钱被各种项目吃个精光，可国家还是没有现代化，而且看起来路还很远，怎么办？

在这个问题上，286兔子展现出来了他与众不同的超人才华。

首先，国家不改革是不行的。建国之后的前三十年，全体兔子只有一个念头，那就是不挨打。一旦挨打，兔子窝儿再好也会被人砸个稀巴烂。为了避免挨打，整整三十年的时光里，兔子的主要精力都放在了重工业上。为了达到这一目标，全国的兔子过着苦不堪言的日子，有时候甚至还要吃不饱穿不暖。

那么，三十年过去了，挨打的问题是不是彻底解决了呢？当然没有。那么，既然还没有完全解决挨打的问题，是不是全体兔子要继续勒紧裤腰带苦干呢？结论那是当然的，可实际上已经做不到了。

三十年来，大大小小的兔子们所付出的心血和汗水，实在是太多了，任何一个国家任何一个民族，都没有做出过如此巨大的牺牲。兔子们已经熬得毛都要掉光了，再这样搞下去，整个国家都会崩溃。

286兔子检视了一下家里的东风大炮仗和蘑菇蛋，认为这些东西自保，起码能够自保一段时间了，小兔子们吃了那么多的苦，该过点好日子了。从那时候起，关系国际民生的轻工业总算被兔子抬到了桌面上，一丝不苟地改善人民生活水平。

按说这本是必走之路，应该没问题吧？

没想到这样的问题，兔子窝儿里的兔子们自己就吵起来了。争论的焦点，莫过于社会制度问题……
…………

## 169.。

还记得我们说过吧，西方人宣扬的是制度决定论，也就是说，我先进是因为我的制度好，我的制度好了，我什么东西就都好。这点上，白头鹰固然叫嚣得很卖力，实际上毛熊也是这么认为的。

那么，当集体经济的模式出现弊端之后，毛熊没能更进一步走，而是回头去走了资本主义的路，这个变化之惊人，影响之深远，突变之快捷，完全出乎所有人的意料之外，实实在在地吓了全世界人民一大跳。

当然了，这里所谓的人民，专指底层人民，作为各国的高层领导，尤其是关心毛熊政治的各国上层领导，其实早就心里有数了。不管怎么说，人们奋斗的目的是为了过上好日子，十年二十年的苦日子熬下来，为了国家的利益，为了再也不用挨打，可以忍受，当你发现自己忍受了一辈子，眼看着儿子也跟着忍受了半辈子，后面跟着的孙子还要继续忍受的时候，人心思变已经是不可挽回的了。

阿富骆驼家的战争还没有完全结束的时候，毛熊家里已经因为苦日子看不见尽头，而开始悄然瓦解了。战争结束之后，仅仅两年的光景，偌大的红色帝国轰然倒塌，冷战随之结束。

那么，毛熊们是怎么搞垮了自己的国家呢？

我们必须看到的是，毛熊其实并不如人们看到的那么强壮，那些所谓的尖牙和厉爪，是硬撑起来的。如果阿富骆驼家的战争打赢了，那么不妨，或多或少的战争红利，还可以让这个庞然大物继续前进，可是不幸的是，战争没有打赢，红利也就没有，本来就是硬撑起来的帝国，再也无法向他的人民交代。

同志们，妹子们，现在大家需要注意的是：毛熊在骆驼战争里打了十年，与此同时，兔子好像也跟猴子拼了十年，两场战争脚前脚后地开始，脚前脚后地结束，为什么毛熊轰然瓦解，兔子却一步步地挺过来了呢？

…………

# 170.。

因为产业决定论。

我们在文章里面一直把毛熊当做东方阵营的老大，这个没有错，问题就是这个所谓东方阵营，是相对于西方阵营来说的，要是与兔子比起来的话，毛熊还是属于西方世界，兔子才不会去想什么制度决定论，兔子们只相信产业决定论。

当兔子发现毛熊的模式有弊端的时候，首先想到的不是改变社会制度，而是从更实际的角度想为什么会有那些弊端，以及怎么解决那些弊端。简单说来，无非就是人们的生活水平不好，条件很艰苦啊。

要解决这个问题，改变社会制度是没有意义的啊。生活水平不好，是因为各种日常所需要的物质缺乏，如果不缺乏了，生活不就好了么？生活要是好了，不就啥子问题都没有了么？

可见思维决定命运，态度影响了结果。同样的情况，同样的局面，差不多的基本条件下，由于认识的不同，结果出现了完全不同的两种局面。时也命也？事后多年，无论是兔子还是毛熊后裔，提起这个事情来无不唏嘘。

所以，据说小兔子们一想起毛熊来，那是眼泪哗哗的。

一个国家，一个政权，

它的诞生是为了启蒙兔子；

它的发展是为了指引兔子；

它的覆亡是为了警醒兔子⋯⋯

我感动得流泪了……

这是一种什么精神？这是最伟大的国际主义雷锋精神啊！

…………

# 171.。

好了，现在我们要回头说说毛熊是如何一下子倒掉的了。

毛熊一开始就认为制度决定论，所以当国内出现问题的时候，毛熊所想到的第一件事情，就是我好是因为我制度好，那么我不好了，就说明我的制度不好。好吧，我不得不承认，能把这么复杂的问题想得这么简单的人，也算是牛叉人物了。可怕的是，想到了之后，毛熊的高层们，居然就开始行动了。

既然制度不好，当然就要改变制度了。可是请不要忘记，信仰马教的政府虽然有可能王八蛋，可是信仰马教的人民绝对是不王八蛋的。这点毛熊的高官们当然也知道，想搞资本主义选举的话，这些叫嚣民主自由的人肯定会被第一波选掉。

既然指望不上人民，那就得指望中层社会精英了。可是社会精英也是红色的脑袋，想指望他们支持资本主义，也有难度。

于是，毛熊的统治者们决定给这些人洗脑。

当时互联网还没有普及，洗脑的最好工具，那就是报纸了。报纸这东西有一个好处，那就是不会跟你讨论，他是直接给你灌输。远不像如今的作秀之后，还要找砖家、叫兽、水军撑门面那么麻烦。

领导给这些报纸的任务就是一个：挑政府的毛病。

如果作为舆论监督，这么做当然是合理的，可是作为颠覆手段，这一手也是十分毒辣的，为什么？因为这是政府安排的，那些报纸开始还能找点民生、民主、民权问题来应付应付，没过多久，就开始疯狂地攻击政府，各种合理不合理的屎盆子，都往政府的头上扣，而且越到后来越变本加厉，最后造谣都成了潜规则。

那么毛熊的高层面对这样一种局面，做了什么呢？很遗憾，什么也没做，当一种舆论思潮成为一种政府默认的文化，狂炒了几年之后，马教毛熊执政的合理性，都被人怀疑起来，甚至到了毛熊解体的时候，军人也一点反应都没有。

…………

## 172.

好吧，谋略多年之后，毛熊内部没能涌现出南、北大侠与颠覆报刊对着干，精英阶层基本上认可了制度变革，到了这个时候，毛熊头儿开始了实质化的举动："亲们，咱们搞全民公投吧……"

不幸的是，上层认可了，中层认可了，底层却远没有认可，最要命的是权力体系是金字塔形状的，越到底层人数越多，搞精英政治，还可以任由上面胡来，真搞成了民主投票，劳动人民还是不答应。毛熊的六个加盟共和国抵制了公投，剩下投票的人们，百分之七十八的人反对国家解体。

这要是换成兔子，一句民心可用，早就收拾收拾继续过日子了……当然了，兔子压根也不会傻到去搞啥全民公投……可是毛熊没有兔子那么多的智慧，发现解体之路居然不行，干脆就老毛病出笼，直接解体，再也不理会什么人民意愿了。

说实话，我到现在也想不明白毛熊当年是怎么想的，一个如此伟大的国家，创造了人类历史上的无数个奇迹，又拥有各种产业决定论优势，还有那么朴实拥护的人民，就因为轻工业没有，说解体就解体了。

老大，那么难的重工业都搞出来了，轻工业有那么难么？农业有那么难么？没有粮食可你有土地啊，那么辽阔的土地，不用种田，养点牛羊也够吃了。反过来说工业，你能制造宇宙飞船，我就不信你造不出来汽车，你能造出来导弹，我就不信你造不出来刀削面，你能造出来坦克，我就不信你造不出来拖拉机。

这么好的底子，说垮就垮了。

一个个还厚颜无耻、还铁腕人物……鸟，你们见过真正的铁腕人物么？当北极熊让全世界颤抖的时候，毛熊头儿会自己开着飞机装酷么？当红色风暴席卷世界的时候，毛熊头儿会用摔跤显示强硬么？毛熊头儿干的最二百五的事情，那也不过是用自己的鞋子敲打联合国的桌子，敢于当场脱下鞋子，敲打联合国的桌子的人，除了他还有第二个人么？

哦，对了，还真有，听说是兔子家的一个温州卖鞋子的人现场做广告。

…………

173..

整个八十年代末期，国际风云突变，原东方阵营国家纷纷改

230

弦易辙，重走回头路。在这一历史进程之中，白头鹰帮了大家很多忙。不但提供社会制度的模板，甚至还学雷锋做好事，帮助这些国家制定行动计划。

国际大趋势如此，那么兔子家的情况怎么样呢？当然是不怎么样，跟着一起胡闹是必然的了，有理想、有抱负、没理想、没抱负、看热闹的人们纷纷走上街头，表达着心中的不满，要求社会走白头鹰家的道路。

后来的结果大家都知道，东欧国家，包括毛熊在内，都扔掉了马教理论，回归了资本主义社会。在这场大变革之中，比较另类的就是兔子了。兔子经过一番折腾之后，眼看着老师毛熊摔了大筋斗，居然决定继续走下去。因为兔子没有瓦解，连带兔子家周围的几个小邻居，包括北泡菜国和越猴等小国，也坚持下来了。当然还有一个鳄鱼国，全世界英特耐雄奈尔的国家就剩下这么几个了。

我不知道当初国际动荡的时候，猴子国、北泡菜国是啥心情，假如兔子没挺住，这两个国家会不会从此就消失在土豆星球上？什么叫苦命国家？苦命国家就是从来不能主宰自己的命运，很多事情不用你去想，早有人给你设计好了。

那么，我们要问的是，为啥兔子挺过来了？

第一，我们要明白，社会的基本单元是人，而人这个东西是具有两面性的，简单说起来，就是人有同情心，人有自私心。同情心是利好别人，自私心是利好自己，社会主义强调前者，而资本主义强调的是后者。

那么，我们不用去管太复杂的东西，追本溯源，从人的角度来分析问题。实际上我们不得不承认，人的自私心理是大于利人心理的。绝大多数人，在同情他人的时候，会给自己设定一个前提，那就是不能过分损害自己的利益，这是本性。也就是说，在利人还是利己的问题上，社会主义是不占优势的。

…………

## 174.。

那么，社会二元论的基础出来了，毛熊都摔在这个上面了，兔子为何就逆天行事，不但跟跟跄跄地熬过去了，现如今更是走得更好了呢？实际上要回答这个问题，还要从马教理论土鳖化说起。

我们知道，马教传到兔子家之后，走了没多久，就摔了一个大筋斗，当时差点把兔子们都摔死。因为186兔子带领大家把马教理论进行了土鳖化改造，兔子们才绝路逢生，赶走了小饭团，打败了大秃子。

这个事情对于兔子来说，当然是至关重要的，可是对于毛熊来说，是难以接受的，甚至还一度指责兔子，说兔子们搞的是人造黄油似的假马教，让兔子们十分的伤心。不幸的是兔子们一步一步做大，手里拿着的小本本分明还是马教经典著作，这样的兄弟总不能推到白头鹰那边去吧？毛熊在抢小弟的时候，毫不犹豫地把兔子拉了过来。

可是拉过来之后，两伙人在马教教义上的分歧，那也是显而易见的。为了这个事情，吵嘴是免不了的了，很大程度上，两国之间的分歧也源于此。现在我们回过头去看，可能会觉得，两国国情不同，具体实行马教教义的时候，出现点偏差本来就情有可原嘛，干啥搞得那么严重。

可是你不要忘记毛熊才95哦，107的兔子能想明白的事情，95的毛熊在认识上就有点跟不上。

不要忘记兔子是老土鳖的儿子，亲儿子，老土鳖自成一家的文化氛围，强悍到外人很难想象。别说把你的马教理论土鳖化了，就是当年的佛教，传到老土鳖家的时候，不也土鳖化了么？任何思想，任何信仰，进入土鳖家后必须土鳖化，不然你就会半路死鱼。

佛教之中，有名的不拜父母，到了老土鳖这样以《孝经》立国的地方，你不改能行得通么？还有什么沙弥不拜王者，你当然可以说啥众生平等，可是土鳖皇帝就是不想与你平等，你不拜王者行么？王者当然也可以信佛拜佛，可是遇到王与佛相争的时候，佛必须给王让路。佛教最有名的观世音菩萨，在土鳖家被供养了几百年，就是因为土鳖家出来一个唐太宗李世民，观世音菩萨就变成了观音菩萨。

..............

## 175.。

说到这里，倒是忍不住想起了如今身边的新教，你玩儿高雅、扮时髦、扯犊子是没有用的，你想真正地进入土鳖家里，不经过土鳖化改造是不行的……当然了，现在也能看出若干苗头了，我看到有些教堂门口开始贴春联了，什么时候你过圣诞节发圣餐的时候，给大家发一碗饺子吃，基本上就差不多土鳖化了。

回头说马教理论土鳖化，这一进程不是无病呻吟，正是经过了这样的改造，才使兔子活了下来，这是一种马教理论实用化的路子，这个路子兔子已经走过了，所以当信仰危机来临的时候，兔子当然就更能比毛熊抗风险了。

第二，人民经历问题。不要忘记哦，马教思想大混乱的年代，距离兔子家的"文革"结束只有十年哦，经历了那么一场大混乱之后，人心思安是肯定的，所以当东欧各国的人民兴高采烈地上街游行的时候，大多数兔子看了只会觉得同情：丫这是又要学老子那样摔一跤了吧？

老百姓这么一种认知的情况下，谁会跟着瞎起哄？当然，二百五青年还是有的，可是那些人使出全身解数，也不过就那么点动静，还一个个以为自己是时代领袖，殊不知老百姓都以为是在耍猴儿玩呢。

你说这样一种情况下，国家能乱到哪里去？不要忘记，兔子是农业大国，农民占了全体国民的绝大多数，只要农民不跟着上街，能搞成啥？

结果就是东欧各国纷纷倒台，兔子这边决定继续走下去。

当然了，继续走下去，要首先有理论基础，全体兔子开始反思：我们的信仰丢人么？

这个问题在不同的国家有着不同的理解，可是老土鳖的文化积累，千年一脉，不是啥啥空洞的民主自由，而是忠、孝、仁、义。

忠孝仁义，这四个字没有一样是鼓励人自私的。

…………

# 176.。

　　那么，让我们把目光放得更远一点，当我们重新回头，去看整个人类的历史的时候，你会发展，人作为社会单元，其实还是在不断地变好的。文明越开化，野蛮杀戮就会越少出现，时间越往近现代推，批评各种丑恶的声音也就越大。

　　这就等于是说，在大的趋势下，人逐渐地向好人发展，这个是趋势。

　　想明白了这一节之后，兔子们认为老子的信仰不但不丢人，反而很高尚啊对不对？老子为啥有好样儿不学，回头去学你的坏样儿？

　　当然了，因为毛熊的榜样原因，也使兔子明白了，不能急功近利，人性这个东西必须慢慢慢慢地改变，从吃人到不再吃人，我们一口气进化到现在，黑洲个别地方还有吃人族残留呢，想一步进入共产主义，就基本是笑谈。

　　那么，不管怎么说，人类是在不断进步的吧？那么，在引导人类的发展方向上，从人的角度出发，资本主义符合现阶段社会实情，可同样从人的角度出发，社会主义才是人类正确的道路。毛熊垮掉了，不是因为他的理想不对，而是他走得太快了，步子迈得太大，容易扯到蛋。

　　那么，兔子认为，只要把步子放得慢一点，不就行了么。至于要放多慢，可以看实际情况，再慢的步子，那也是前进，对吧？

兔子这边可以自我反省，平安地度过了这一劫，东欧各国尤其是毛熊，在这个问题上却摔了大筋斗，鼻青脸肿、头破血流，之悲惨壮烈，咱们稍后细说。那么，有一个问题也必须谈一下，那就是毛熊为什么会搞成那样。各种基础条件全都具备的情况下，怎么就坚持不下去了呢？

这还要从毛熊的工业结构上来说，我们知道，毛熊基本上也算后发国家，一步一步的工业改革，都是被牛牛、公鸡、汉斯他们逼迫才搞起来的。因为起步比较晚，所以毛熊和兔子一样，首先考虑不挨打的问题，优先发展的，是重工业。

…………

## 177.。

可是你要知道，一个国家的能力是有限的，拼下重工业，就已经不容易了，轻工和农业这些事情，毛熊因为家里人口少，根本搞不起来。兔子家人多，一部分搞工业一部分搞农业，不耽误事，毛熊却硬是做不到。

要知道工业可不是想搞就能搞起来的，资金，技术，原料，缺一不可，兔子是走的农业养工业之路，毛熊呢？毛熊比兔子运气好得多，家里居然有石油，随随便便搞几桶，就可以换小钱钱买设备、搞技术发展工业了。

问题是这种发展的模式，被白头鹰发现鸟……从此白头鹰开始疯狂地打压油价，一直打压到油价成了水价，毛熊家的一半收入打了水漂，而很多工业发展项目都发展到一半，继续投资吧，没有小钱钱，不投资了吧，以前投的那么多的小钱钱又都打水漂了……挺了没多久，毛熊就崩溃了。

兔子家没有那么多的油田，自给自足稍稍富余，必须靠人们勤勤恳恳地经营土地换小钱钱，虽然远没有毛熊舒服，可是却不受外来压力影响。粮食、棉花不管怎么说，可以供老百姓吃穿，不至于一下子崩盘，而石油那东西说是宝就是宝，说是水也无非就是水，吃不得穿不得，一旦换不成小钱钱，立刻变成废物。

关于毛熊怎么崩溃的，大家都明白了吧？

首先就是毛熊没有了，它分裂成了十几个国家，分别是大毛、二毛、三毛……各个国家分别继承了毛熊的一部分财产，其中大毛得到的最多，二毛也得到了一点儿，三毛以下顶多喝了点儿汤。

那么，分家完毕，大家都该满意了吧？哎，一言难尽啊，大家分完家之后，又都改了社会制度，觉得这会可以过一过白头鹰家的小康日子了吧？可是不幸得很，该没钱还是没有钱，该物质短缺还是物质短缺……希望变好的地方根本没看到好处也就罢了，因为恐慌，货币还一路贬值了上千倍……亲，你现在可以算算自己有多少小钱钱，想想那个数字除以5000之后还有多少。

人民几十年的积蓄，都变成了废纸。

…………


## 178.。


当然了，凡事都有两个方面，毛熊的倒台，对兔子来说，还是很有好处的，首先当然是来自北方的威胁顷刻间化为乌有，连带南海边上跳脚的越猴，也很快看清了形势，坐着飞机就跑到兔子家认错去了。

当然了，还不止这些，毛熊家的很多财产，兔子也不会放过去……这个不能鄙视兔子，实际上大家都在捞。毕竟毛熊家有那么多已经完工的和尚未完工的东西，那些东西留着又没有用，大大小小的毛子们又急缺小钱钱糊口，所以国际救援队一股脑地冲进了毛熊家里，十分慷慨地施以援手。

比如说用铅笔换毛熊家的金戒子啦，比如说用橡皮换毛熊家的玉镯子啦，比如说用口香糖换毛熊家的高压锅啦……总之吧，大家满载而归，留给毛熊的儿孙们一把毛票和硬币。你能想象那种疯狂的局面所导致的后果么？毛熊家价值28万亿绿票票的东西，大约只换回来了五千亿现金。

这还不包括人才的损失，毛熊家的各种尖端人才，被各国政府领走了好多，白头鹰干这个事情最拿手，得到的人才也最多。兔子不敢跟白头鹰抢风头，不过也没少划拉，基本上白头鹰抢了十份，兔子起码也能弄到一份。

可能会有同志、妹子说了，这兔子不是吃亏了吗？咳咳，亲，那些东西那些人才本来就不是你的好吧？多得到一点儿，都是白赚的，怎么能说吃亏呢？顶多算占便宜占得少了而已，对吧？

不过那期间，还是出了很多让人不吐不快的事情，我挑几样来说说毛熊家的苦命事，毕竟这些事情对于今天的兔子还有很多警示意义。

当初白头鹰从越猴家撤兵之后，安心发展国内经济，那就是有名的黄金十年，当白头鹰发现毛熊喜欢争强斗胜之后，决定用经济拖垮毛熊，打压石油价格什么的，只不过是让毛熊少赚钱，那么，忽悠毛熊乱花钱，也是必不可少的……

…………

# 179.。

于是，白头鹰家里就出现了一个牛人，号称要与毛熊打"星球大战"……你奶奶的你在陆地上都打不过毛熊，还扯啥星球大战？这种傻瓜话听到兔子的大耳朵里，基本等于放屁，可是毛熊却信了。

信了就要花大钱，花了大钱，就算打水漂也能听到响啊，所以毛熊毫无例外的，有了他最引以为傲的科技产品：和平号宇宙空间站！形象点说，就是毛熊在太空之中盖了一个房子，可以接地上的人民去居住。

对于人类这样一个没有翅膀的生物来说，这种技术肯定属于天顶星级别的了，所造成的影响力那也不用多说。可是，和平号升空后不久，毛熊就解体了。后继的大毛同学，却一天比一天穷了起来。

就在这个时候，白头鹰看准了情况，很热心地把大毛拉进了自己主导的国际空间站发展计划，一方面可以白用大毛的技术，一方面又可以分流和平号空间站的资金，等到白头鹰得到了大毛的技术之后，立刻卸磨杀驴，催促大毛尽快沉掉和平号，把资金全部投到国际空间站里去。

注意这个时候冷战已经结束了，起码表面上不存在对抗的问题，大家一起合作是为了整个人类的未来……面向未来最根本的可是立足已有的基础，和平号空间站不坠毁显示不出来白头鹰的优势，可是使劲儿鼓吹和平号坠毁，又会招引骂名，所以当白头鹰看出来大毛下决心要坠毁和平号的时候，立刻装起了圣诞老人。

大毛宣布废弃和平号的法令的时候，大毛宇航员们对此毫无思想准备。最后一个机组返回地球前还指望有下一个机组接替，按照风俗，还留下了欢迎他们的盐和面包。14吨来自27个国家的科学仪器和设备也未如礼炮七号坠落前那样卸走，全都成了和平号的陪葬品，化为了灰烬。

为了挽救和平号，很多科学家做出各种努力，采取了各种办法筹集资金，终无多大收获；大毛在野党领导人发表公开信，认为白头鹰的导弹防御计划使大毛更有必要保留和平号以维持超级大国的地位；二百多科学家、宇航员在莫斯科市政大厅前示威要求用新对接的进步号提升和平号的高度。他们认为和平号还可以工作，而与国际空间站的合作不过是白头鹰机器上的驱动器；数日后，一百多位科学家、宇航员和其他人来到大毛航空航天局门前抗议销毁和平号，但大毛航空航天局无人出来应答。

2001年3月23日，和平号国际空间站坠毁，在监控空间站坠毁的过程中，大毛航天指挥中心里先是一片寂静，然后呜咽一片。而白头鹰航天指挥中心却爆发出一片欢呼。有人问，如果让一个白头鹰来为和平号空间站写讣告结果会怎样？

我觉得可以借用当时《洛杉矶时报》的标题：人类最壮观的焰火表演。

…………

180.。

好吧，我不知道白头鹰们是不是看焰火看得上瘾了，可能也

240

巴不得兔子家的天宫也变成烟火，当然了，为了这个事情，很多人也在默默地努力，不幸的是，国际空间站已经超期服役多年，坠毁已经是指日可待的事情了，在比烂的大背景下，不知道谁先有眼福……

当然了，兔子们最需要的，还是飞机技术。时光进步到九十年代的时候，白头鹰家的四代机都开始列装部队了。毛熊因为临死之前狠砸了一笔银子，所以三代机也搞得有模有样，只有苦命兔子，二代机玩儿得不亦乐乎。

还记得歼七歼八一系列的大改吧？眼看着人家连隐身技术都搞出来鸟，这边的兔子们却还在苦命地研究二代机……时代在进步啊，当你小步快跑的时候，人家也没有必要停下来等你好不好？

作为大明湖畔克林顿时代的亲历者，老花我当时真的是深深地绝望，看着图片上白头鹰家的B-2隐形轰炸机，感觉兔子顶礼膜拜都不够资格，如果说勉强能让人民提起一点士气的事情，那就是大毛把三代飞机卖给了兔子。注意不光是飞机哦，还有生产线和技术哦。有了这些，当然还是不能跟白头鹰比肩，顶多也就是可以望其项背而已，有谁还记得那个苦命的年代？

兔子家后来出了一种炮射导弹，这种导弹兔子后来还出口给各骆驼国家，赚了好多小钱钱……但其实这种导弹也是在毛熊解体后从大毛家引进技术仿制的。毛熊的专家对兔子说："我是一个坚定的马教主义者，但是马教主义在我们国家已经没有希望了，我把我所掌握的所有技术都毫无保留地告诉你们，但就是希望，你们不要拿这种导弹打我们国家。"

总之吧……毛熊千古，愿你安息，还有就是别再活过来了。

…………

## 181.。

　　毛熊倒台子了，国际形势又变。

　　本来按照正常情况，老大毛熊倒台子之后，无非就是降到老二，原来的老二白头鹰，接替毛熊做老大，然后老二毛熊继续联合老三兔子继续坑老大白头鹰，当年的泡菜国战争，轻车熟路得很啊，再玩一次又怎么样呢？

　　可是不幸的是这次毛熊摔得狠了点儿，白头鹰等等家伙去援助毛熊的时候，下手也未免黑了点儿，结果就是毛熊死后，继任者大毛同学，不但做不了老二，反而搞得连老三也比不上，只能把家里的东西翻出来到处叫卖："走过路过不要错过啊，老少爷们儿有钱捧个钱场，没钱捧个人场……"

　　好吧，既然大毛已经混得像小瘪三了，那么国际形势自然就出现了大问题。首先的问题就是没有老二了，这可是一个很严重的问题，没有了老二的国际社会，很苦命。

　　当然了，你这个时候硬把原来的老三兔子当成老二也行，可问题是你毕竟还是老三的实力吧？白头鹰因为冷战结束，战争红利一口气吃下去之后，等于是凭空加上了半个毛熊的实力，这让瘦小的兔子情何以堪啊？

　　如果换了正常逻辑，这个时候的兔子基本上就应该死鱼了，可是你不要忘记哦，这个时候的兔子又换了掌门人，286兔子隆重退休，386兔子登上台面。有一段时间，老花我曾经非常鄙视386兔子，可是时间是把杀猪刀啊……咳咳，几十年后蓦然回首，我才发展这兔子真不是一般的天才。

面对一个强大得无法形容的白头鹰，386兔子使出了老土鳖最绝的一招：装孙子。

具体说来，做法如下：

1. "老鹰，你是俺见过的最伟大的国家了，羡慕嫉妒恨啊……"

2. "亲，你是全世界国家的楷模和榜样啊，俺坚决支持你的领导地位……"

3. "你的制度决定论很高明哇，可以教教俺么？不过俺脑子笨，你多费心哈……"

16. "俺重新审视自己，觉得不配做老三，俺是老九……"

58. "俺觉得家里大兵太多了，留下一半就够自保了……"

357. "你家的技术好天顶星哦……"

4582. "亲，你做国际警察怎么样？"

…………

## 182.。

总之吧，兔子为了不挨揍，表现得极为恭谨极为低调极为可怜，时时刻刻提醒白头鹰："亲，咱们是好朋友哦，你可不能忘记哦……"好吧，这个事情也让白头鹰很头大。

为什么头大？很简单啊，第一，斗毛熊的过程之中，兔子是出了大力的（当然我们也可以理解为赚了大钱的）；第二，兔子摆出一副百依百顺的姿态，任何事情都要配合自己的利益，联合国投票都一向是有名的"弃权专业户";第三,冷战了这么多年,也的确没人想打仗了,国内也需要过点好日子。

当然了,最关键的,还是兔子家有蘑菇蛋!派大兵去把兔子家砸个稀巴烂倒是不难,可万一这傻瓜兔子往我家扔蘑菇蛋怎么办?一个蘑菇蛋就能毁灭一个大城市哦,白头鹰往自己家里看了看,够得上大城市资格的,好像也就几十个。

白头鹰又算了算,兔子是六十年代学会种蘑菇的,现在三十年过去了,毛熊一口气搞了上万枚,兔子就算再懒,几百枚还是能搞出来的吧?这要是都扔到俺家,俺的鹰窝儿哪里还保的住?那就直接回石器时代了。

是不是还是产业决定论?

当然,白头鹰想得肯定还要更深远一些。经过一番论证,白头鹰认为,兔子还是有很多战略短板的,只要掐住了兔子的短板,就可以捏死兔子了。

不要忘记哦,蘑菇蛋这个东西可是大杀器,光有蘑菇蛋是不够的,运载蘑菇蛋的工具也是必不可少的。兔子的苦命在于距离白头鹰太远了,而兔子家的战略轰炸机只不过是中程战略轰炸机,还没有能力对白头鹰家构成威胁。

细细地研究了一下之后,白头鹰发现兔子的蘑菇蛋其实也没啥了不起的,兔子能把蘑菇蛋扔到白头鹰家的方式只有一个,那就是远程导弹,如果自己有导弹防御能力的话,还用怕兔子么?可问题是这个时候,导弹防御体系白头鹰硬是没有。

没有就赶紧搞吧……产业决定论哦……

…………

# 183.

　　白头鹰想捏死兔子的心，不能说没有，之所以一下子捏不死，问题就和当初毛熊的"熊抱"一样，自身的硬件不够。不够那就得赶紧搞，可是这个时间不等人啊，等你搞出来了，人家也相应地强大了……很苦命对不对？

　　到了这里，有一个很基础的问题，要着重说一下了。那就是有关白头鹰家的制度决定论问题。很多兄弟会说，这算啥问题？白头鹰不是一直嚷嚷制度决定论么？可是同志们妹子们，这也正是一个大问题。这个问题的关键就是，一个封建社会的军队，装备了重机枪，面对一群人数相当，装备了拳击手套的资本主义军队，结果会怎么样？傻子都知道重机枪会赢是不是？

　　傻子都能看出来的问题，你不会以为白头鹰想不出来吧？

　　真相就是：白头鹰最相信产业决定论了，之所以叫嚷制度决定论，那是因为怎么嚷嚷是自己的问题，嚷嚷出去之后，目的是为了让别人听。懂了么？

　　说白了，白头鹰嚷嚷制度决定论，其实是搞出来忽悠全世界人民的，他自己本身是根本不信的。从这点上来看，你还会以为白头鹰有毛病么？不要太当真好不好，那些都是骗人的把戏好不好！你自己信了吃亏是你自己傻好不好！

　　不得不说白头鹰这手棋玩儿得非常高明，稀里哗啦地就推倒了毛熊，所谓上兵伐谋的最高境界，那也不过如此了，赢得兵不血刃对不对？玩儿得毛熊死了之后，大毛二毛三毛之流还要感激白头鹰对不对？

　　可是这个事情，白头鹰有点玩儿过头了，亲，那些鬼话是说出来骗人的好不好？而且已经把全世界绝大多数的苦哈哈们忽悠住了，都傻乎乎地搞民主自由呢，这么辉煌的胜利你可不能犯晕啊，你要坚持住啊。

　　遗憾的是，这些鬼话听起来太舒服了，说得久了听得多了之后，白头鹰自己也信……

　　…………

# 184.。

　　好吧，你愿意相信你就相信吧，反正白头鹰这个时候已经是唯一的超级大国了，整体实力比隐藏在暗处画圈的兔子强了二十七八倍，真可谓空前绝后，一时无两，很霸气啊对不对？很牛叉啊对不对？俺就是很强啊对不对？

　　可是，白头鹰，你不要这个样子好吧，虽然毛熊被你搞砸锅了，可是你也不能像当初的毛熊一样浑蛋吧？

　　还记得毛熊是怎么当老大的吧？兔子在泡菜战场跟白头鹰兵戎相见，拍了白头鹰一个鼻青脸肿，然后又在猴子战场小手挥挥，一平一负两场战争，彻底地折了白头鹰的锐气，毛熊是在这样的大背景下，安然发展二十年，才成为老大的。当了老大的毛熊从来没想过这个老大是因为兔子出了好多力气争取来的，也把猴子们的努力全部忽略，就一心一意地当起自己的老大来，还十分的理直气壮。

现在我们回头来看白头鹰的情况，是不是很相似啊？亲，你搞垮了毛熊，是很有本事，可是你不要忘记，毛熊因为要遏制兔子花了多少小钱钱，为了吓阻兔子，又在北方安置了多少精锐部队？最关键的是，阿富骆驼家的战争，是整个骆驼世界在跟毛熊火拼的好不好，各个骆驼国的志愿者可没少牺牲哦。

现在毛熊垮掉了，所有的这些都不算了，白头鹰没想过苦命骆驼们是怎么浴血沙场，也没想过兔子们为了抗住北方强大的压力往边界集结了多少重兵，导致了毛熊分散了相当大的精力资源，这才拖垮了毛熊对不对？

可是冷战结束之后，白头鹰开庆功会，只说了一句："我们赢得了冷战！"就没有下文了，全世界各国人民的努力，尤其是兔子和骆驼国们的努力，白头鹰从此不提了，所有的功劳都成白头鹰的了。

白头鹰，你丫是不是偷学秃子总统的算术秘籍了？

有你这么算术的么?!

…………

## 185.。

可是白头鹰已经是唯一的超级大国了，他就爱那么算术，谁敢管？他就想把所有的功劳都揽到自己的头上，谁敢分？他就是吃了绝大多数的战争红利，谁敢抢？真的是谁也不敢，能像兔子一样装孙子，都是一种福气。

全世界有这个条件的国家，也只有两个：兔子和大毛。

至于剩下的苦命国家，别说装孙子了，你就是想当孙子，那也是没有机会的！毛熊倒了，当年毛熊的小弟们，可没少帮着毛熊给白头鹰带眼罩。现在毛熊已经千古了，白头鹰肯定要回头收拾那些当年不长眼的家伙了。

第一个要收拾的，那就是水骆驼了！

骆驼群国大多都处于沙漠之中，地下有丰富的石油，石油又是经济的命脉，当年毛熊的"熊抱"大棋，说白了还不是想控制那些命脉。

当然了，白头鹰距离骆驼国们比较远，在当地培植自己的代理人也是必不可少的，水骆驼国的傻大木，就是白头鹰在中东的一个代理人。问题是傻大木同学出息了之后，居然不理白头鹰，打算单飞了。于是，白头鹰随便找了个借口："傻大木家可能会有大规模杀伤性武器"，就直接派飞机射导弹，把水骆驼家砸了个稀巴烂。

围在四周看热闹的兔子，还以为另外一个阿富骆驼战争出现了，兴兴头头地等着白头鹰深陷水骆驼泥潭……没想到第一次水骆驼战争，白头鹰干净利落脆，一个月的光景就打完了，漂亮的转身，华丽的谢幕，震惊了所有人！

战争还可以这么打?!！！

可怜的兔子本来还以为应该站出来给水骆驼说两句公道话，可是太震撼了对不对？如果自己处于傻大木的环境下也要苦命对不对？说不定更苦命对不对？

兔子眼含热泪地坚信：装孙子是没错的！

…………

# 186.。

可是装孙子这个事情真不是好事情，其间之艰难隐忍，我不晓得一个大国领袖是如何承担的，但是我知道装孙子的可不只有兔子哦，大毛同学也跟着装孙子呢。兔子不显山不露水地傻笑，大毛却是忍两天就暴跳了。

那么，大毛暴跳了之后，白头鹰是不是就要捏死大毛呢？这个当然是不会的了，大毛家的导弹搞不好比白头鹰家还多，蘑菇蛋更是多得吓人，实际上白头鹰觉得大毛同学可以忽略不计了，他愿意装孙子也罢，不愿意装孙子也好，对整个世界的格局已经不具备影响力了。

当然了，也不能把大毛逼急了，该宽慰还是要宽慰，该戏要还是要继续戏要……总之该怎么样还是怎么样。只不过这样一来，对兔子的注意力就减轻多了。

可是减轻了只能保证兔子不死啊，不死只是最基本的愿望，怀里抱着蘑菇蛋，兜里揣着小钱钱才是硬道理吧？

蘑菇蛋的问题不用想了，前辈们已经搞出来了，那么小钱钱怎么办？家里大大小小的兔子们苦熬苦干了这么久了，怎么还是没有富裕起来呢？怎么才能富裕起来呢？轻工业好歹也搞了十来年了，该做的东西也会做了，怎么就还是富不起来呢？

这个问题兔子们困扰了很久，最后发现，东西做出来了，还要卖出去才有小钱钱，自己没有进入国际市场，没有机会赚小钱钱啊。

为此，兔子们展开了艰苦卓绝的加入世贸组织的谈判，加入了世贸组织，就等于说是有了市场，自己家的东西就能换成小钱钱。当然这里面还是有风险的，开放了市场就意味着人家能够把东西卖进你家，你家的产品有竞争力，才能赚小钱钱，没有竞争力的话，连工厂都要垮掉。

这可是一把双刃剑啊。

…………

## 187.。

兔子还在考虑怎么摆弄这把双刃剑，白头鹰已经意气风发得不知道如何显摆好了……好吧，历史上无数次证明，这种显摆不会有啥好结果的。这就如同某些富二代官二代，有资源有关系你偷着用也就罢了，真嚷嚷起来，没人帮你说话的，炫富摆阔更是傻瓜之极，除了给自己惹祸之外，能换回来的也就是那点儿虚荣心了。用虚荣心去惹祸，能这么干的二百五们，不被打脸的寥寥无几。

当然了，当时摆阔装酷的时候，那还是很威风的，整个九十年代，大使馆啊，银河号啊，南海撞机啊……数不胜数，兔子一而再、再而三地被白头鹰抓住打脸，这种羞辱，对386兔子来说，都只能挺着浮肿的脸颊满世界讨好。

你是不是觉得386兔子真没种？有一段时间我也是这么认为的，不过时隔多年之后，愕然回首，还是要对这个人竖一下大拇指，这个以后再说。

自己家的经济是计划经济，不具备市场竞争优势，当兔子发现问题的时候，搞了很绝的一招：货币贬值。

货币贬值是相对于其他国家的货币贬值，货币这个东西是实物的体现，也就是说你有多少东西，就应该有多少相应的货币。而货币贬值的话，相对外国的物品来说，东西更便宜，东西一旦便宜了，竞争优势不就有了么？

这个问题原本很简单，但是居然蒙过去了……你如今再想货币贬值一下，看看白头鹰什么反应？肯定是跳着脚地开骂，然后死活不买账的……可当年白头鹰知道了兔子家的货币贬值了好多的时候，不但没有提高警惕，反而十分开心：哈哈哈傻兔子，装不住了吧？露馅了吧？货币坚挺挺不住了吧？哈哈哈哈……

当然了，我们不能说白头鹰瞎了眼，只能说当时的兔子手够黑，这一手玩儿过去之后，后果可是很严重的，这个决定深远地影响了后来十几年的世界。

那么，具体导致了哪些后果呢？

…………

# 188.。

让我们把目光放得宽广一下，审视一番世界经济的发展之路。八十年代以前，因为没兔子什么事儿，咱们就不说了，只稍稍总结一下。那个时候全球过得去的国家，基本上都是二战之前的工业强国。七十年代经济大发展，南美洲的经济发展势头很猛，产生了很有名的拉美模式，仙人掌啊，巴巴国啊，足球国啊，都很繁荣。

眼看着南美各国，就成了中等收入国家，直奔发达国家去了，结果半路杀出来了程咬金。还记得兔子吧？还记得八十年代初的时候，兔子跟白头鹰交朋友吧？前面我们说了，一个国家或者地区，想工业化发展，需要资金（设备）、技术（人才）、资源（技工、土地、原材料等）。

在工业化发展之初，技术不算太难的东西，但是设备可就要了命了，你一个手工纺织机，肯定干不过工厂里面的流水线吧？那么这设备问题，就需要出钱买了。很多国家都是以农养工，可是这样子发展太慢了。想快速地发展起来，最好的办法就是有人来投资啊对不对？

本来拉美就是白头鹰的后院，所以当拉美搞经济的时候，起步资金全部都是白头鹰提供的，眼看着拉美国家一步步地有钱了，白头鹰毫不客气地收走了自己的资金，同时搅乱拉美各国的商品贸易渠道……好吧，毛熊的例子又出来了是不是？工程干到一半，继续投吧，资金没有了，不干了吧，以前投的小钱钱都打了水漂了。

这是一种很苦命的情况，当然了，上面所说的收走资金，是指的停止继续贷款，贷款停了，前期大笔的投资就都压住了对不对？不要忘记那些钱可是从白头鹰家贷款来的哦，你的工厂没有完全建成赚不了小钱钱人家不管，当他伸手管你要以前借给你的钱的时候，你总要还吧？

好吧，下一个环节出现：股票大跌，货币贬值……不好意思，你的货币贬值是因为你还不起钱了，这个与竞争力是没有关系的，可是一个国家的货币是有物品来对应的，货币一落千丈，东西却还是那个东西，当然了，这个东西也可以理解为工厂啊，矿山啊、油田啊等等企业。

结果就是，小剪刀剪羊毛，刷刷刷，拉美人民几十年的心血，被白头鹰都卷走了。

…………


## 189.。


剪掉了拉美的羊毛之后，拉美经济从此掉进中等收入陷阱，再也没有抬起头来。那么为什么再也抬不起头来呢？羊毛可以继续长啊……不幸的是，这个时候兔子也想长毛了，全世界的小钱钱就那么多，有人多赚了，就肯定有人少赚，这个是基本问题。毛都长兔子身上去了，拉美还长个毛？

是不是有人想说兔子太不地道鸟，抢了拉美人民的饭碗？亲，你不要忘记哦，这是商战，比的是竞争能力。谁的竞争能力强，是因为这个人付出了更多，那些都是汗水和智慧的结晶，这是个丛林时代好不好，不打架就够文明的了好不好。

收拾完了拉美国家之后，白头鹰举起小剪刀，瞄准了小饭团。当然了，在这之前，我们还必须要说说小饭团是如何长出羊毛的。

小饭团打败了二战之后，家里的坦克、飞机都被拆毁了，还被白头鹰驻了军，小饭团苦命到靠给白头鹰战士提供女孩子取乐度日，一个国家一个民族，苦命到这个份儿上，是不是自作孽不可活？

可是呢，好死不死的，泡菜国战争爆发了，白头鹰要打仗，白头鹰们就必须吃喝拉撒（当然也包括找小三儿），这些问题白头鹰靠本国很难解决，太远了。白头鹰盘算了一番之后，决定把这个任务交给小饭团。

亲，那可是价值四十亿绿票票的大生意哦，亲，那可是五十年代时的四十亿绿票票哦，亲，做完了那单大生意之后，小饭团可是攀上了白头鹰的战车哦……那么咱们总结一下，小饭团是不是因为靠着兔子发家了呢？

靠着兔子发家的只有小饭团一家么？泡菜国战争之后，紧接着就是猴子国漫长的二十年战争，白头鹰统共花掉了四千亿绿票票哦，当七十年代末，白头鹰认输回家的时候，你发现没有，大饼东边的世界，赫然出现了经济"四小龙、四小虎"？你不会以为"四小龙、四小虎"的情况跟当年的小饭团不一样吧？

大家都靠兔子发了财，居然没人感激兔子，你说奇怪吧？

…………

## 190。

白头鹰为了跟兔子打，跟毛熊斗，家里的小钱钱花得如流水啊，拉美那点羊毛很快就挥霍光了，没有钱的日子很难过啊对不对？白头鹰痛定思痛，觉得自己该赚点钱了，可是自己家的东西硬是竞争不过小饭团的东西，可怎么办？

能看到这里的同志们妹子们，可能直接就可以给白头鹰当财政部长了，竞争力不行，搞一搞货币贬值不就好了嘛。可是不要忘记哦，货币贬值是把双刃剑哦，万一你的货币贬值了之后，小饭团学着白头鹰的样子举起小剪刀怎么办？你贬值了你家的东西就便宜了，你家的东西固然有竞争力，可是你家赚小钱钱的工厂也便宜了。这个时候直接抄底儿买下你家的工厂，你就连赚小钱钱的本钱都没了对不对？

白头鹰想了想，觉得自己的货币贬值不划算，不如让小饭团的货币升值。虽然小饭团的货币升值了，变相地等于白头鹰家的货币贬值了，不过小饭团货币升值了之后，就意味着小饭团家的东西变贵了，而这一个贵，是相对于全世界来说的。白头鹰这一手，等于是拉着全世界的人民一起贬值了。

当时的小饭团一口气升值了一半啊对不对？市场竞争力一下子变渣了对不对？小饭团从那个时候起，一直到现在都没有翻身啊对不对？

是不是想问小饭团傻啊，干啥被白头鹰忽悠得这样厉害？首先，白头鹰在你家驻军呢好不好？不听话就揍你很方便的好不好？其次，一下子升值了一半，等于说有白头鹰做担保，凭空给了小饭团半个国家的财富。有了这些财富之后，小饭团终于可以搬家了对不对？不要忘记小饭团可是住在大炮仗上面的对不对？

所以嘛，周瑜打黄盖，一个愿意打，一个愿意挨，光看到"广场协议"之后小饭团的经济再也没有起色是不够的，我们应该发现，广场协议之后，小饭团满世界地投资，在海外建立了大批的工厂，有一阵子，小饭团们甚至还商量，是不是直接把白头鹰国买下来……

…………

### 191.。

面对手里抓着大钱袋子皮笑肉不笑的小饭团，白头鹰也很头大，为了顶住这一波的金融冲击，白头鹰使出了浑身解数，忽悠小饭团们去炒房地产，忽悠小饭团们买股票，忽悠小饭团们……可还是狼狈不堪啊对不对？

可是这个时候毛熊居然倒掉了，喷涌而出的冷战红利让白头鹰们兴奋得发狂，啊哈哈，信奉马教的傻毛熊，嚷嚷了半天，结果好处都让老子捞走了对不对？用理想支撑起来的拼搏干劲儿，数十年积累的财富，白头鹰勾了勾小手指，就把红利都吞了。至于兔子跟着捡的那点残汤剩饭，白头鹰根本就看不上眼儿。

这个时候的白头鹰，无论是政治、经济、军事、科技……绝对的全世界第一，隐隐约约有独占半壁江山之感。按说你都混到这个地步了，就不要跟苦哈哈们一起见识了吧？可是谁会埋怨钱多呢？再说当初为啥要打击拉美？还不是因为全世界就这么多肉，你多吃一口老子就少吃一口，所以老子必须阻止你吃肉的过程。

那么，下一步，剪谁的羊毛好呢？对啦，聪明的同志肯定就会想到"四小龙、四小虎"吧？实际上白头鹰也是这么想的，这些小国家崽子，发展了也十几二十年了，应该存下点私房钱了吧？是不是应该咔嚓咔嚓咔嚓嚓了呢？当然了，能剪下来多少羊毛不重要，重要的是再不动手，这些国家就有权吃肉了。

好吧，既然这样，东南亚的金融危机想不爆发那也是不可能的了，结果就是"四小龙"变成了"四小虎"，"四小虎"变成了"四小渣"……

那么，被剪了羊毛的国家，埋头苦干重新发展好不好？答案当然是不好了，你发现得快是因为兔子正努力不挨揍中，当兔子觉得也该长点毛的时候，任何一国家任何一民族的人，有谁敢说自己比兔子更勤劳、聪明、简朴？

要是自己还有羊毛，可以用羊毛当本钱做大；如果还有长毛的能力，剪了之后还可以再长。可实际上的情况却是：白头鹰剪了以前的羊毛，兔子拿走了长毛的权力，剩下的，就只有苦命了。

…………


## 192.。


现在的问题是：白头鹰会让兔子长毛么？

呵呵，这个问题就不用问了吧？看看世界地图就知道，白头鹰已经把能剪羊毛的地方全都剪羊毛了。剩下的只有四个地方：西欧、中东、黑洲、兔子。这其中，黑洲从来就没有毛，直接忽略不计。对付黑洲的穷鬼，搞剪羊毛这样复杂的动作岂不是浪费？直接派两个大兵去抢过来就好了嘛。

剩下的三个之中，中东的骆驼国们比较不识相，不肯被剪羊毛，白头鹰想剪羊毛必须先把骆驼国们按倒再说。而西欧的人民，同是白皮猪的子孙，又是自己战略盟友，当然不能轻易就动，结果就是白头鹰环视左右，就剩下一个兔子了。

可是毛熊的例子太吓人了，显然是把兔子惊到了，再指望兔子也解体，似乎有点难度。面对一个明显刺猬化的兔子，白头鹰想了想，棒杀不如捧杀，于是白头鹰兴高采烈地来找兔子："亲，你也来玩儿全球化吧？"

经济全球化是白头鹰搞起来的，白头鹰的设想，是把自己当做全世界经济的引擎，其他各个国家都做为配套。这说起来是一个听上去很不错的主意，为什么说听上去很不错呢？你要知道，一个国家要想提高综合国力，各个工厂矿山之间要有横向联系，否则的话就无法叠加更高的附加值。

比如说毛熊死了之后，大毛家的赚钱企业还是很多的，可是为什么就无法再整合一下赚更多的小钱钱呢？好吧，咱们一起看看大毛家的情况：有矿山，没错，有油田，没错，有金矿，没错，有木材，没错……可是这些产业主之间没有联系啊，每一条线都是纵向通往国外去的，无法对当地经济做出更大拉动，明白了吧？

这是一种没有前途的经济模式，下游的国外公司效益好了，你当然跟着水涨船高，可是一旦风吹草动，就立刻危机重重。作为业主的本身，没有能力整合国家经济，追求利润是唯一目的，那么这个国家岂不是成了附庸国？

…………

## 193.。

在这里，我还要提醒同志们妹子们更基础的一个观念，那就是，当附庸国，那也不是你想当就当的，当附庸国那也是要有资格的。不信是吧？不信是因为你的国家从来不可能做附庸国，因为没人养得起。

你以为当附庸国就苦命啊？看看白头鹰家的几个附庸国就知道了，一个个混得有头有脸啊对不对？举个实在点儿的例子：白头鹰在南泡菜家驻军，大家都知道吧？那么大家知道不知道那些军队的花销要南泡菜支付？这种没脸的事情，放兔子身上，早就大学生小学生抗议，一股脑地撵他们滚蛋了。可是，可是一旦白头鹰宣布要从南泡菜家撤军，你能想象得到全体泡菜痛哭流涕，哀求挽留的盛况么？你会觉得太可笑、太无耻、太没种了吧？抱歉得很，这些对你而言理所应当的尊严，小国是不会去想的，他们需要的是活下去，当然还要有小钱钱。

当全世界的国家，都绑到白头鹰家的经济战车上的时候，白头鹰就可以兵不血刃地控制全世界了，是不是比动刀动枪更高明？

那么，回过头来，当白头鹰搞定了一切，笑眯眯地给兔子挖坑的时候，我们聪明的兔子会不会上当？我想你肯定不会相信，兔子把陷阱上面的伪装物挪开之后，望着眼前的大坑，毫不犹豫地就跳进去了。

那么，兔子有毛病了吧？才不是呢，还记得我们前面所说过的两件事吧？第一，兔子是一个有着全套工业体系的国家，这种国家全世界也只有三家：毛熊、白头鹰、兔子。对不对？白头鹰现在是老大了没错，毛熊彻底死鱼了也没错，可是，白头鹰，你总不该忘记兔子家的工业体系是成套的、可以横向联系的，即便关起门来自己过日子，那也不是不可以的。

当然了，我们也不得不承认，兔子家的工业体系，因为是成套的，所以很多环节都很渣，可是再渣那也是体系啊，你不能这样藐视兔子吧？

．．．．．．．．．．．．

## 194.


问题是白头鹰真的真的是一眼睛就把兔子看扁了。当然了，这里面最主要的原因，是"装孙子"这种大招太华丽了，唬得白头鹰一愣一愣的。而且因为不懂市场经济的窍门，所以刚开始改革开放那些年，赚的小钱钱基本上跟吃的亏一般多，无论白头鹰怎么藐视兔子，那都是理由充分、证据确凿、无可抵赖的。

好吧，既然是这么个情况，那么白头鹰就打算剪兔子的羊毛了。剪羊毛的第一步，就是先把兔子忽悠上自己的经济战车。

这里面我们还要明白一个问题，那就是经济全球化之后，所生产的产品卖给谁？总要有买家吧？这个问题白头鹰自己就扛住了，很大一部分产品都由白头鹰消费掉了，付出的小钱钱回流到世界各地，重采原料再加工，再卖给白头鹰去消费……在这个过程之中，白头鹰消费了大多数产品，国民生活好得不得了啊对不对？买衬衫都是成打买的，从来不洗，脏了就扔掉……可是这种经济是不可维持的啊，小钱钱都以利润的形式被各个国家留住了之后，相对地白头鹰家的小钱钱就没有了，那怎么办？

这样的情况下，过几年，各个国家就多多少少地有了羊毛了。到了这个时候，白头鹰要么通过经济手段剪羊毛，要么通过军事手段搅乱局势，然后剪羊毛……总之，小钱钱又回到了白头鹰家对不对？又可以开始进行下一个周期的循环了是不是？

这种情况下，白头鹰的日子肯定美得不得了了……当然了，地主家也没有余粮啊，花钱的时候，买到的东西越便宜越好啊。可是想东西便宜，就要降低成本，在成本差不多的情况下，谁家的人民更吃苦耐劳，当然就谁家的东西更便宜了对不对？全世界之内，比人民吃苦耐劳的话，谁能比得过兔子？

于是，毫无例外地，白头鹰终于决定把市场外包（我享受，你生产，这也只能叫外包了吧）的事情交给市场，市场根本没有选择，只能选择兔子。本来兔子家的东西就够优势的了，当兔子一口气把货币贬值了一半之后，产品竞争的优势已经无人能比了，本来跟兔子抢市场的"四小龙""四小虎"立刻就退出市场了对不对？

…………

## 195.。

好吧，到了这个份上，给兔子一个名分是免不了的了，这个世界贸易组织，说什么也不能挡住兔子了。可是，在这个问题上必须谈好条件，尽可能地为难兔子，给兔子设置各种障碍。

就在白头鹰阴险地给兔子设置障碍的时候，苦命的兔子们终于遇到了传说之中的兔子人民老朋友：小树丛和本大登同志。911之后，这俩货先掐起来了！

我说了那么多有关经济的问题，因为水平有限，东一耙子西一棒槌的，可能说得有点含糊，大家尽量理解吧。不过我要提醒同志们妹子们的是，经济问题只是国际争雄的一个方面好不好？别忘记了最杀手锏的军事手段。

从九十年代初开始，一直到新千年开始，白头鹰一直都在孜孜不倦地研究导弹防御体系，没有这个体系，欺负兔子的话就有风险，一口气准备了十年，准备得怎么样了呢？咳咳，实际上到了本大登同志名扬天下的时候，白头鹰的导弹防御计划还是没有完成，没有完成就不能下死手黑兔子，不能黑兔子，本大登又炸上门来！

好吧，事情总要一步一步地解决吧？干掉本大登的任务被白头鹰当做重中之重，认认真真地开始搞起了反恐战争。可是这个东西嘛，属于无底洞啊对不对？你空养着一只世界第一的军队，却只能被动挨打啊对不对？不管你投入多少，也顶多维持了个平安局面，根本没有收益的啊对不对？

然而更加让白头鹰恼火的，是傻大木居然还跟本大登勾勾搭搭，这简直是叔可忍、婶不可忍了，水骆驼国被再次干翻对不对？为了一劳永逸，白头鹰干脆调集大批的部队，一头扎进水骆驼国对不对？

当新千年的曙光洒向古老的土豆星球的时候，白头鹰像超人一样把内裤穿在了外面，勇猛无畏地捍卫着自己的尊严……而那个时候的兔子呢？兔子环顾左右：全是小钱钱啊对不对？

…………

## 196.。

现在让我们看清楚当时的兔子到底是一种什么情况。

当时的兔子还是很穷，这有点让人不可理解，兔子自己尤其不能理解，重工业有了，起码不会轻易被灭门了，轻工业也有了，该生产出来的东西也都能生产了，农业不用说早就有了，自给自足富富有余……好吧，什么都不是问题了，怎么还是穷呢？

要回答这个问题，你就会发现，农业还可以，只能维持国内需要，换不来多少小钱钱；重工业呢，因为各个国家不怎么打仗鸟，所以兔子的胡萝卜生意也萧条了……剩下一个轻工业，生产出来了产品，硬是卖不出去。

卖不出去怎么换小钱钱？产业怎么升级换代？兔子之所以没死，是因为兔子就像沙漠之中的野草一样，把根系深深地插在了泥土里，靠着可怜的水分生存。这种草很不起眼，很苦命，很悲催……可是你不要忘记哦，这种草最可怕的也就是这种顽强的生命力，它长不好不是它不努力，是因为没有水和肥料，一旦水和肥料充足，这根草会长得多大，是白头鹰从来没有想的事情。

现在好了，苦命苦熬的兔子，在经过了数代人的牺牲、奉献、努力、付出之后，雨水和肥料一下子就都来了。于是，在不经意间，在所有人都没有防备的情况下，兔子用了极其短的时间，极其快捷地成长了起来。

386兔子退休了不要紧，继任的486兔子继续执行韬光养晦的战略，一心一意地主抓经济建设，在赚小钱钱的大业上奋勇前进。国家工业化的脚步在悄无声息之间越来越快，越来越快，最后导致大饼的东方，赫然出现了一个硕大无朋的兔子工业国，让全世界的土老帽儿们一起目瞪口呆、震惊不已。

那么，到了十年后的今天，兔子到底长多大了呢？我想，我们可以通过一组数据来大致了解一下。

钢铁是工业发展的基础，当年小饭团搅动得半个世界鸡飞狗跳，源自于他强大的钢铁生产规模，那么，还有谁记得我在前面着重提起的那个数字呢？对了，当时小饭团的年钢铁产量，是450万吨。这些钢铁被制造成了枪支弹药坦克飞机，给半个世界的人民带来了深重的灾难。当年的白头鹰之所以拼掉了小饭团，是因为那个时候白头鹰家钢铁年产量已经1000万吨了（到今天是9000万吨）。

那么，今天的兔子，钢铁年产量是多少？

你不会相信的数字：6.2亿吨！

全世界有两百多个国家，所有国家的钢铁产量加到一起，也只有兔子的三分之二。

…………

# 197.。

可是怎么就一下子变得这么多了？不管怎么说，兔子你也不该自己挑战全世界的钢铁产量吧？这个事情还真不用客气，到了你必须第一的时候，你想不第一也不可能。赵匡胤是傻大兵没错，黄袍加身之后，想不当皇帝也不行。

还记得兔子家的苦命三氧化二铁吧？当初起步之苦命就不用说了，人家是四氧化三铁，你是三氧化二铁，浪费了同样的焦炭之后，你莫名其妙地就比人家少得到了10%，这种先天性的苦命想找人说理都没人搭理你。

好吧，兔子们只好更加勤奋地多干活，更加绞尽脑汁地想办法提高技术，还不得不省吃俭用地使用着那些生产出来的钢铁产品。即使这样，也不过勉勉强强地可以跟国外同行们分一口粥吃，眼看着人家大碗喝酒大碗吃肉啊对不对？

可是，可是加入了世贸之后，兔子居然可以去国外买铁矿石了，买回来同样的铁矿石，产量莫名其妙地多了10%啊对不对？老子没有这10%的时候都跟你们一起分东西吃，多了这10%的利润之后，你还拿啥跟老子竞争？老子只要悄悄地降价5%，就把所有人的利润抹平了，可老子还有剩下的5%当利润啊对不对？

这种情况是不是很喜剧？

可是你别忘记了，为了这个喜剧的结尾，当年兔子们付出了多少血汗？还是那句话，天道酬勤，暂时的苦命其实不算苦命，只要你熬过去了，在劣势的情况下也能生存，一旦条件允许了，你能释放出来的能量会让所有人刮目相看。

说刮目相看实在是太客气了。

惊爆眼镜片啊，白头鹰同学，对不对？

…………

## 198.。

好吧，让我们来看一组2011年的数据，来体验一下兔子如今是多么的嚣张。

一、基础工业数据：

1、粗钢产量：6.27亿吨，同比增长9.3%，占世界总产量的44.3%，超过第2至第20名的总和；

2、钢材产量：7.98亿吨，同比增长14.9%，占世界总产量的60%；

3、水泥产量：18.68亿吨，同比增长15.53%，占世界总产量的60%；

4、电解铝产量：1565万吨，同比增长21.4%，超过世界总产量的65%；

5、精炼铜产量：457万吨，同比增长10.6%，占世界总产量的24%；进口429万吨，消费当量达880万吨，超过世界总产量的50%；

6、煤炭产量：32.4亿吨，同比增长8.9%，占世界总产量的45%；

7、原油产量：2.02亿吨，同比增长6.9%；进口2.39亿吨，同比增长17.4%；表观消费量达4.39亿吨；

8、乙烯产量：1418.9万吨，同比增长31.7%，世界第二（白头鹰第一）；当量消费2400万吨，自给率约为59%；

9、化肥产量：6740.6万吨，同比增长5.6%，占世界总产量的35%；

10、塑料产量：5550万吨，同比增长20.9%，占世界总产量的20%；

11、化纤产量：3090万吨，同比增长12.44%，占世界总产量的42.6%；

12、玻璃产量：6.3亿重量箱，同比增长10.9%，超过世界总产量的50%。

二、工业产品数据：

1、汽车产量：1826.47万辆，同比增长32.44%，占世界总产量的25%；

销量1806.19万辆，同比增长32.37%，超越了白头鹰创造的新车销售1750万辆的历史最高纪录；

2、船舶产量：造船完工量6560万载重吨，同比增长54.6%，占世界总量的41.9%；

新接订单量7523万载重吨，同比增长290%，占世界总量的48.5%；

手持订单量19291.5万载重吨，占世界总量的40.8%；

其中造船完工量和手持订单量所占世界份额均比2009年有较大提升；

出口额首次突破400亿美元，同比增长42.07%；

3、工程机械产量：590亿美元，同比增长20%，占世界总产量的43%（工程机械：挖掘机、装载机、推土机、起重机、混凝土泵、叉车、压路机等）；

266

4、计算机产量：2.46亿台，同比增长35%，占世界总产量的68%，份额比2009年提升8个点；

5、彩电产量：1.18亿台，同比增长19.5%，占世界总产量的50%，份额比2009年提升2个点；

6、冰箱产量：7300万台，同比增长23%，占世界总产量的65%，份额比2009年提升5个点；

7、空调产量：1.09亿台，同比增长35%，占世界总产量的80%，份额比2009年提升10个点；

8、手机产量：9.98亿部，同比增长61%，超过世界总产量的70%，份额比2009年暴增20个点；

9、洗衣机产量：6100万台，同比增长21%，占世界总产量的44%，份额比2009年提升4个点；

10、微波炉产量：6800万台，同比增长12%，占世界总产量的的70%；

11、数码相机产量：8200万台，占世界总产量的65%；

12、数字电视机顶盒：1.5亿台，占世界总产量的73%。

三、基础设施数据：

1、电力：新增装机容量9118万千瓦，总装机容量达到9.62亿千瓦（白头鹰为10亿千瓦），同比增长10.07%；

2、发电量：42065亿度，同比增长13.2%，占世界总发电量的22%，首次超越白头鹰（白头鹰2010年约为41100亿度），跃居世界第一。白头鹰在这个位置上已经坐了一百多年了，发电量超过白头鹰是个里程碑的标志；

3、公路：新增公路通车里程10.5万公里（含高速），公路网总里程达到398.4万公里；

新增高速公路8258公里，总里程达到7.41万公里；

4、铁路：投产新线4986公里，其中客运/专线1554公里；

投产复线3747公里；

营业总里程达9.1万公里（仅次于白头鹰），其中高速铁路8358公里；

5、能源：一次能源消费量为32.5亿吨标准煤，同比增长6%，首次超越白头鹰，跃居世界第一，这也是个里程碑的标志。

四、轻工产品及其他：

1、纱产量：2717万吨，同比增长17.5%，占世界份额的46%；

2、布产量：800亿米，同比增长6.2%；

3、黄金产量：340.876吨，同比增长8.57%，世界第一；
…………

以上说的这些都仅仅是正常商品。
…………


## 199.。


好吧，细心的同学肯定发现了，这，这个兔子想干吗？是不是想把全世界人民需要的东西都自己做出来啊？上面的那么一大堆数据已经够吓人了吧？可实际上更吓人的是兔子还有一个每年8%以上的增长率哦，年经济增长率达不到8%兔子都会唉声叹气好像多倒霉一样哦……

你让平均增长1%到2%的全世界情何以堪啊！

那么，我们要问了，现在兔子的毛明显长长了，白头鹰是不是该剪兔子的羊毛了？这还用问，白头鹰的小剪刀早就扬起来不知道多少次了，问题是兔子比较警觉，不让白头鹰剪羊毛。

这下子玩笑开大了，你要知道剪羊毛这个事情在白头鹰的大棋里面可是占了很重要的一环的，只有剪了羊毛，白头鹰才可以进行下一轮的经济循环，现在把兔子养肥了之后，居然不让剪羊毛，那白头鹰岂不是经济一下子就卡住了么？

是啊，要不怎么就出来了美债危机呢……

有的朋友会问了，既然经济手段不行，那么就出兵吧，打一架，揍得兔子满地找牙，踢得兔子屁股开花，兔子就会老老实实地被剪羊毛了。而且这么长时间了，白头鹰家的导弹防御计划也应该完成了吧？

是的，白头鹰家的导弹防御计划，还真完成了。可问题是在白头鹰完成导弹防御计划的同时，兔子把自己家的大炮仗也升级了。如今你再去研究兔子家的导弹，你会发现人家根本不用啥子GPS，人家有了自己的"北斗"。

更加要命的是，兔子不用"北斗"，光是靠电子地图走惯性制导，也能把导弹命中精度降到几米之内。亲，那是蘑菇蛋好吧？几米的误差算是啥误差？况且就算不是蘑菇蛋，大炮仗里面装满了手榴弹，几米的误差还是能要人命的啊。最关键的是，那个几米的误差还不算导弹末端修正技术的能力。

再研究之后，你会发现：哦，六到十二倍音速哦！

六到十二倍音速是什么意思？

亲，那就是不可拦截的意思……

…………

# 200.。

　　说到这里，少不得还会听到有人歇斯底里地呐喊："哎呀呀，白头鹰家还有十几艘航母啊，好恐怖的啊，一两艘航母就能干掉一个国家啊……"为了增加震撼效果，少不得还要摆出一副苦命脸来助兴啊对不对？

　　好吧，好吧，亲，首先你要明白能被一两艘航母干掉的国家有资格出现在咱们的话题里吗？那种国家出现的时候基本上都是被打脸好吧？你要知道在这个丛林世界里，说出来的话大家都要听的国家才有资格搞国际政治好吧？那些说出来了话也没人理的国家多说也就是在搞国际关系平衡好吧？

　　当然了，我们必须声明：人人生而平等。无论大国民还是小国民，都是一样的生命，单位个体上没有区别，做为人理应拥有同样的尊严。

　　可是你不会以为国家之间也是这种关系吧？

　　下面的问题就是：航母很可怕么？

　　亲，那只是一艘船好吧，再大的船也没有广岛大好吧？一颗蘑菇蛋就能全搞定好吧？大家撕破脸的时候，那只不过就是一个很大的靶子好吧？航母一旦被扔蘑菇蛋，航母上面的飞机只能掉进海里下饺子好吧？

　　兄弟你不会害怕饺子吧？

　　知道为什么没人去动白头鹰的航母吧？不知道没关系，老花可以告诉你，因为白头鹰也吓得要死啊，怕被人家搞沉啊，公开宣称他家的航母是跟蘑菇蛋挂钩的啊，如果有人敢动他的航母他会扔蘑菇蛋报复的啊。

懂了吧？大家是害怕白头鹰的蘑菇蛋才没有人去动他的航母好吧？并不是航母多么无敌可以随便乱炸好吧？话说这种东西也算实力的话那也太可笑了吧？何况白头鹰家的航母大多数都过了报废期好吧？到现在还不报废是因为报废的钱比养着还要多好吧？白头鹰为了这个事情已经愁白头了好吧，咱们就不要再恶心他了好吧？

当然，当然啦，航母毕竟还是好东西哇，欺负小国家还是很管用的嘛，既然白头鹰都不嫌害臊，兔子当然也会陪伴到底的啊，陪着搞几艘玩玩儿也是可以考虑滴啊，这么苦命的事情让白头鹰自己单干多不够意思啊！

大家都是好朋友嘛！

…………

## 201.。

继续说前面白头鹰家的经济链条断了的事情。

小钱钱被扣在兔子家里了，白头鹰家里就苦命了，可是由俭入奢易，由奢入俭难啊。过惯了好日子的人回头吃苦是很难受的。最要命的是：日子这个东西不是你想过就过不想过就不过的，实际上你愿意过不过都必须过。

这个问题秃子总统早就领教过了。

没钱，还要过阔日子，怎么办？白头鹰实在没有办法了，不得不扬起小剪刀，向自己大饼西边的盟友下手了……所以就有了欧债危机啊对不对？毕竟大家都是自己人啊，白头鹰其实还是很下不去手的，可是自己家的日子实在过不下去了怎么办？

可是不幸的是大饼的西边已经不是原来的散沙了，白皮猪的子孙居然开始抱团了，因为有了兔子当坏榜样，这些家伙也不肯被白头鹰剪羊毛，你说气人不气人？眼看着再不搞钱白头鹰就要破产了，白头鹰被逼急了，开始QE1。

QE1的意思，就是货币量化宽松，简单点说就是印钱啊，把白纸印成钱，不就有钱了么？当然了，钱这个东西，必须有实际物品作为对应，才能体现价值。凭空多出来的这部分钱没有实物对应，后果肯定会引起货币贬值，导致通货膨胀。而且不要忘记哦，白头鹰家的绿票票可是全世界流通的哦，绿票票一贬值，大家都跟着倒霉对不对？白头鹰这一手属于典型的七伤拳啊对不对？

问题是七伤拳讲究的是先伤己再伤人，典型的比烂策略，这种做法短期内肯定会得到很多好处，还能拉着全世界做垫背，这不是很好么？

可是，不要忘记哦，大家用你的绿票票是因为你有国家信誉做保证哦，你这样搞等于是扔掉了国家信用哦，国家信用几百年都不见得能搞出来的哦。有同学会问了，国家信誉有什么用？亲，国家信誉就是让大家认可你的绿票票的东西啊，一旦国家信誉没有了，谁还会用你的绿票票？没有人用的绿票票，岂不是又成了废纸？

顶多是带了花纹的废纸对不对？

…………

## 202.。

　　可是白头鹰顾不了那么多了，就算是毒酒，渴到一定程度那也是必须喝的了。这一次量化宽松政策QE1出来之后，全世界的不满声音甚嚣尘上，大家的口水差点把白头鹰淹死，白头鹰费了好大劲儿，才安抚住了大家。

　　可是没过多久，白头鹰的财政又不行了，又没钱了……这也不怪白头鹰，实在是大饼西边的那些家伙太能扛了，这羊毛就是剪不下来。实在实在没有办法了，白头鹰开始搞QE2，有了QE1做榜样，QE2就不用解释了吧？

　　我们不得不承认，白头鹰搞的这种无赖方式也好、金融战也好，效果还是很明显的，起码对兔子的伤害是很明显的。有心的兔子可以回想一下最近三五年，物价是不是翻了一倍不止？大葱是不是十块钱两根？

　　国际市场是以白头鹰家的绿票票做流通货币的，货币多了，东西没多，用来体现单位东西的货币就多了对不对？当今世界谁家的绿票票最多？是兔子好吧，仅仅几年之内，兔子手里的外汇就缩水了一半好吧？

　　很心痛是不是？想骂娘是不是？为什么兔子辛辛苦苦赚的血汗钱，就这样一而再、再而三地被偷偷拿走？小兔子们交学费买房子都没有钱对不对？兔子们的小钱钱都被白头鹰崽子们挥霍了对不对？

　　都对，而且不要忘记哦，白头鹰现在正在搞QE3哦……

这种事情等于是明抢啊对不对？全世界人民的眼睛都是雪亮的啊，不用猜都知道后面跟着来的就是QE4、QE5、QE6、QE75、QE125、QE1789、QE……没玩没了地印啊对不对？

白头鹰赚了好大便宜哇！可是你的国家信誉怎么办？或者说你现在还有国家信誉么？你混到了这个份儿上，还想当老大是不是太扯了点儿？

看兔子怎么收拾你！

…………


## 203. 。


在这里，我要把情况说得更明白一点。亲，全世界都流通白头鹰家的绿票票没错，兔子手里也有很多绿票票也没错，不过这里面有一个问题大家要注意了，那就是兔子家的小兔子们是不用绿票票的。

是啊，小兔子们用的是红票票啊对不对？

是的，就是这个问题，当今世界，不能直接在市面上流通绿票票的国家屈指可数，幸运或者说值得敬佩的是，兔子正好是其中一个。

兔子家的货币政策非常古怪，在国内，必须使用红票票，任何人、任何单位、任何国际友人在兔子国内都必须使用红票票，如果你手里有了绿票票，必须在15个工作日之内，去外汇管理局兑换成红票票，或者以外汇的形势存在外汇管理局。超过15日你的手里还有绿票票的话，那就违法了。

兔子家的生意都快做到火星上去了，进进出出的货币量之大可想而知吧？大批的绿票票到了外汇管理局那里，你必须给他换成红票票吧？三天两天地就把你的红票票换光了怎么办？再有人拿来绿票票难道还能不要么？要的话就被动地跟着印红票票对不对？红票票多了之后国内物价飞涨对不对？

或者有同志、妹子会说："那就不要印了，让绿票票自由在国内流通不就好了。"呵呵，亲，要是那样干的话，你还能跟绿票票决战么？好吧，我们说了这么多，大家总应该知道兔子是个什么局面了吧？兵来将挡、水来土掩的被动防御对不对？结果其实还是苦了国内的小兔子了对不对？

可是有的同志、妹子还是要说："老花，你上文说兔子要收拾白头鹰来着吧，怎么就没有下文了？不会是打嘴炮吧？这么个形势下，还有办法收拾白头鹰么？"

本来我以为还要等一等，不过就在几天前，事情完全地出现了转机……哎，其实转机早就出现了，老花比较笨，没看出来而已……刚刚看出来，呵呵。

…………

## 204..

前提还是：白头鹰透支了国家信誉，国家信誉这个东西真的不能伤啊。

可是白头鹰这个没脸的家伙还是伤了，伤一次伤两次，又要开始伤三次，当有人问白头鹰会不会继续印钱呢？得到的回答非常肯定啊：会！

亲，全世界并不是只有兔子一家好吧，剩下的人们也都被白头鹰坑得很苦好吧？既然白头鹰给脸不要脸，那么大家为啥还要给他脸？大毛一家废了，手里光有武器没有钱，欧盟也是废材，手里只有钱没有武器……可是不要忘记哦亲，这个世界上还有一个又有钱又有武器的兔子哦！

当白头鹰家马不停蹄地搞QE2、QE3的时候，各个国家已经开始跟兔子互换货币了对不对？开始的金额都比较小啊对不对？我还奇怪呢，白头鹰都把大家坑成这样了，怎么办事儿还这么小气啊？结果一打听，才知道，不是人家不肯买红票票，而是兔子根本不肯多往外放红票票。

亲，红票票最近一直都在升值好吧，买了红票票等于赚钱了好吧？把红票票都放出去了，一下子来个大升值，兔子又要损失了好吧？所以呢，在红票票升值期间，最好不要送给别人去升值。嗯，那啥，也不解释。

不过也有例外，在南海跳着脚找茬的菲菲被叫到了兔子家，被逼着买了100亿的红票票，当时俺还偷笑来着：丫，让你找不要脸，现在知道谁厉害了吧？100亿红票票哦，菲菲国一年的GDP好像也没多少吧？就这么换成了红票票！换成了红票票不能国际流通的哦，只能去兔子家买东西对不对？

可是不对啊，红票票要升值的哇，这不是便宜菲菲了？结果没过几天，就有兔子进行电视讲话："我们观察，红票票的国际汇率已经趋向平稳！"汗，菲菲，合着你还是没占到便宜，而是被绑到兔子的战车上来啦。

今年年初，红票票与各国中央银行开始互换，连小饭团都得意洋洋地宣称获准购买650亿兔子国债，金砖五国开始互换货币，外交部证实兔子下令所有进出口公司，都可以进行红票票结算业务……

亲，你这是打算让绿票票变废纸是吧？红票票时代要来临了对不对？

…………


## 205.。


红票票时代来临之后，会是一种什么状况？我简单地说一下。

首先，国际市场上的物品要用红票票来体现了，就意味着红票票必须够用对不对？红票票不够用的话，还是要印刷的啊对不对？因为有兔子已经说了汇率已经趋于稳定了对不对？这些都有了，大问题也就出来了。

这个问题就是：那些多出来的，用来体现国际市场实物价值的红票票，是有实物进行对应的对不对？有实物对应汇率又稳定的红票票是货真价实的红票票，根本不是白纸对不对？这些都不是问题的话，这凭空多出来的红票票，如果不印会怎么样？

如果不印，红票票会飞一般地升值，这个情况兔子是扛不住的，最现实也是最方便的情况就是：干脆印出来不就可以了么。可是你要注意哦，这些红票票印出来之后，是有实物对应的哦，也就是说不会引起涨价哦。

不会引起涨价的这部分海量红票票，好像是兔子用纸印出来的吧？这批海量红票票被印刷出来之前只不过是纸，变成红票票之后，是可以买东西的吧？这等于说兔子平白无故地多了很多可以用实物对应的红票票对吧？这些红票票印刷出来之后，第一轮的花销，肯定是兔子用红票票换东西的对吧？

你知道用白纸换东西有多么爽么？详情请参考白头鹰家的地主日子。

不要忘记哦，世界选择兔子，不是因为兔子家的红票票比较好看好吧？那是因为千千万万的小兔子们勤劳肯干、吃苦耐劳、聪明进取好吧？兔子们的财富都是一辈辈兔子用血汗换来的好吧？兔子家的红票票是与本国物品相对应，有着牢靠国家信誉的保障的小钱钱好吧？

白头鹰啊，你占便宜了么？你是占了很大便宜，可是你的资本主义精华不是告诫过你，每个人都喜欢占便宜么？不该你占的便宜你占了之后，等待你的是什么？你再使劲儿地印纸钱还有用么？

兔子吃亏了么？兔子的确吃了大亏，可是结果怎么样呢？吃亏了之后是不是有更大的便宜等着兔子？好多人是不是想问白头鹰会不会因为没有小钱钱之后，会翻脸跟兔子拼命啊？呵呵，这个请参考大毛。

…………

## 206.。

兔子家如今的钢铁产量，的确是买了很多铁矿石，可是呢，六亿多吨的产量里面，外购铁矿石部分，也就是一半吧，自己家的铁矿石，也产三亿多吨钢铁好吧。不要说支持一场战争了，就是国内建设，也是足够的了。

小饭团当年搞的二战规模够可以了吧？也不过年产钢铁450万吨好吧，兔子家不算外购的铁矿石，光自己家产的钢铁，就足够支撑六十场小饭团战争好吧？当然了，兔子不想侵略别人，不会一口气同时发动六十场战争（真发动的话是什么场面）的，不过用那些钢铁自保还是富富有余的吧？

不要忘记哦，好多铁矿还没有开采哦，俺家这里就有一个……当然，当然，俺家这个比较小不提也罢，可是辽宁省早在好几年前就勘探出来一个超级铁矿，是亚洲最大还是世界最大忘记了，反正很大，不过没有开采。

细心的同志会发现，报纸新闻里时不时地就传出某某地方某某地方又发现特大铁矿，亲，俺家附近的小铁矿你不会以为有资格上《兔子日报》吧？

可是好像那些新发现的大铁矿没有后续开采计划哦，为啥子呢？

咳咳，这个说起来比较不厚道啦……我们已经知道的，是全世界铁矿石价格，因为兔子需求量大，所以价格从5绿票票每吨涨到将近200绿票票一吨了，就算刨去白头鹰搞出来的通货膨胀，那也还是100绿票票一吨啊。兔子因为外买铁矿石，多付了五千亿绿票票好吧，比白头鹰家打猴战花得还多好吧。

问题就在于铁矿石涨价属于全世界性质涨价，不是光给兔子自己涨价，在这个比烂的年代，大家一起吃亏就等于兔子占便宜了对吧。还有哦，回头说国内铁矿不开去买国际铁矿的事情，很明显是因为国内成本更高好吧，现在兔子想赚小钱钱的好吧，有更便宜的为啥不买？既然愿意买，那还是赚便宜的好吧。

结论：没人认为占便宜是吃亏吧？

…………

# 207.。

现在我们说说大家最关心的石油问题，工业的血脉啊，不说说怎么行呢？兔子是石油纯进口国啊，进口量早就突破安全警戒线了，现在回头看一看，警戒线在哪里都找不到了……

现在的石油和铁矿石一样，有一半是需要海外进口的啊，兔子家的海军有多渣就不说了，毕竟百年海军，那个东西是靠时间积累的，急不得。可是，在兔子家的海军成型之前，海上石油通道被截断了怎么办？

想一想国内公路上的汽车会有一半抛锚，是不是很恐怖？

可是，兔子家的油田也很多啊，兔子实际上也是石油储量排名第九的国家，很多很多油田气田探明了之后，说是多少多少，搞得当地老百姓兴高采烈地等动迁（乡下动迁不会有城里动迁那么麻烦），结果却丢下不管了，要是有天然气的话，还可能立即开采，如果光是石油，铁定封井，除非打仗，否则兔子是不会来了。

有同志会问：国际油价那么高，为啥还不开采？万一新技术开发出来，或者战争永远也不打，家里的石油不是没起到作用么？亲，如果是那样的话，不也很好么？至少千百年之后，兔子还可以告诉小兔子："妞妞你看，这个是石油……"不也很好么？

兔子继续在国际市场上比烂就不说了，那么多绿票票留着也贬值，不买石油铁矿石买啥？当然了，上面说的这些毕竟不是重点，重点是兔子家的煤改油、煤改气技术，已经完全成熟了，石油这东西有固然很好，没有其实也早就无所谓了。

有人卖，兔子肯定会买，实在买不到了，直接煤改油煤改气，活得照样潇洒，不要忘记兔子家里的煤炭储量可是世界有名的哦，实际上就算从现在开始，别人用石油，兔子用煤改油，兔子能支撑好几个世纪，石油好像很难再供应百年吧？

现在石油问题对于兔子来说，实际上就是多占便宜和少占便宜的问题，根本不存在啥啥战略短板的问题，这样一个基本的认知，是不是很多人没想到的啊？

…………

## 208.。

时代在发展，科技在进步，兔子你也不能总啃胡萝卜吧？我们来看看兔子家的工业、产业、技术问题。

我记得以前兔子家的短板特别多，五六十年前铁钉还叫什么洋钉啊对不对？可是今天呢，今天的兔子是全世界制造业中心，具体有多大产能前面有具体数据……不过那个数据是2011年还是2010年的俺不太确定……不过肯定是其中之一。

现在据某一个老花特别信任的专家说，兔子家现在最缺的技术只有一个，那就是大飞机的发动机技术。请注意是大飞机，中等型号以下的技术已经突破了。直观点说就是波音737那一级别的飞机发动机已经会做了，现在差就差在747或者西大饼380那一标准的发动机还没有攻克。

这个大飞机发动机的问题，不是一个烧钱就能解决的问题，飞机发动机这东西，到了最高端的大飞机发动机地步，比的已经不是当前的技术了，那要求一整套原始技术做铺垫，具体说来，就是从螺旋桨飞机、涡喷飞机、涡扇飞机……是这么一个路子走下来的，每一个环节你都明白了，你才有可能百尺竿头更进一步，才有资格去研究大飞机的发动机。

不幸的是兔子眼下还属于暴发户，用小钱钱能搞定的东西已经全部搞定了，剩下这么一个必须靠时间来搞定的问题，那也只能慢慢等了。至于会不会有人偷偷地把大飞机发动机的技术卖给兔子，那就不知道了，吃里扒外的自由世界人民总是屡禁不止啊，对此老花也表示痛心疾首啊……

大飞机的技术要是有了，是什么后果？亲，那就等于是兔子家的制造业在全世界就可以平蹚了，兔子把什么东西都搞成白菜价，虽然是兔子比较满意的国际大白菜价，可是白头鹰他们吃白菜可是活不下去的啊。

没了大飞机，白头鹰家里好像就剩下大豆和大学可以赚钱了，以后兔子们可以把白头鹰当成衣食父母、授业恩师……还是可以友好相处继续尊敬的嘛……

…………

## 209.。

别跟我提啥子苹果手机哦，那东西是玩儿的东西好吧？芯片技术进入手机通信之后，在云计算和移动计算时代，白头鹰已经没啥优势了。不信？老花曾经看过一款零八年设计出品的山寨手机，各种功能比苹果丝毫不差，可能还更先进……当然是争不过苹果的啦，人家广告费花了好久了好吧。兔子家的手机全世界产量占了绝大多数，实际上还是可以顶住的好吧。

问题是这种东西对大战略基本没有影响好吧。最可恨的是苹果的组装厂在兔子家，工作机会都给了兔子。当然，咱们也可以理解为苹果在狠狠地剥削兔子的劳动力。可是亲，这毕竟解决了几十万上百万人的就业问题好不好？那些没有工作的白头鹰就只能去华尔街起哄好不好？

在地上跪着一排小白头鹰，被人像浇花一样喷辣椒水，看着很难受吧？小白头鹰们不会是天生贱皮子吧？他们在要求起码的工作权利。

如果你细心的话，你就会发现，兔子是从最低端的血汗工厂做起来的，现在兔子连神舟飞船都要量产了，血汗工厂还是没有撤销对不对？为什么兔子没有像发达国家那样进行飞快的产业升级？

亲，血汗工厂都停止了，那么多的工人怎么办？在血汗工厂赚的是不多，可是没了血汗工厂，这些人就没有工作机会了对不对？当你高高在上可怜他们的时候，你应该注意到，要是没有这些工作，那些人会活得更惨。兔子家有数不清的农民要找工作，没有技术没有文化，这么庞大的一群人怎么安排？还有，别看不起血汗工厂，南方的血汗工厂，三四千元钱的工资，你还能招到工人么？很多公务员的工资也还没有人家高好不好？有了工作这些人就可以融入社会、学习先进技术赚更多的小钱钱了。

不过，首先你要保证这些人有工作吧？

于是，你就会发现，国际产业市场上，兔子从最低级的织布，到最高级的宇宙飞船，一个产业一个产业地占领，占住了就不松口，低端占住了占中端，中端占住了冲高端，高中低端市场全在做，搞得其他国家的人没有工作可做对不对？

这才叫世界制造中心，是靠所有兔子努力撑起来的。

那么，其他国家的人民会不会恨兔子？实际上还真不是。

…………

## 210.。

现在，只要有心，你就会发现，世界上所有跟着兔子跑的国家，都在兔子身上占了大便宜……或者也可以说共赢。君不见袋鼠国、西西国铁矿石赚得盆满钵满？君不见火骆驼、安黑、苏黑靠着石油大变样了么？

土豆星球上最后一片大陆，被世人遗忘的黑洲，现在全靠兔子在建设，很多人都说兔子去黑洲是搞资源去了，说的当然没有错，不过，不过兔子是给了小钱钱的好吧？总比白皮猪的子孙硬抢文明多了吧？

小兔子们一直以为兔子家的经济是靠发达国家消费的，可是当你看到国际贸易比例表的时候，你会发现兔子的贸易大头，还是发展中国家。虽然每一个发展中国家所占的比例都不大，可是上百个发展中国家的贸易量加起来，还是比发达国家多多了。全世界各地都有兔子商人勤劳的身影，不管是最贫瘠的黑洲，还是最寒冷的冰冰岛，连很多人最意想不到的太平洋小岛国，也有兔子商人留下的脚印……亲，你会不会觉得，这个场面很眼熟啊？

呵呵，会不会想起来186兔子的"农村包围城市，武装夺取政权"？当农村都被攻克的时候，城市还跑得了么？当然了，在这个过程之中，你要注意，不要高高在上，因为你本身也是发展中国家，态度诚恳一点儿，大家都很愉快啊对不对？

…………

## 211.。

国际商业工业反正就是那么个情况，也不用多说了，不过农业事关国家命脉，兔子家的农业也是必须说一下的。

兔子家的农业还是很成问题的，各种工业地产占地还是很凶的，为此，兔子痛下决心，划下了18亿亩耕地的红线。可是这个红线划下去之后，也只能保证主粮啊对不对？大豆的缺口还是很大的啊。

万一人家用豆子卡兔子怎么办？实际上早就有人这么干了，南美足球国，到了收获季节，忽然脑子缺弦了，告诉兔子："今年的大豆收成不好，兔子，你要抬高点价格才行，不然我们就不卖给你了。"

兔子一听，忽闪忽闪大耳朵："不卖了，那俺也不买了。"拎起口袋回家。

足球一下就急了，提醒兔子："不买了？你家不要豆油了？不吃豆腐了？不喝豆浆了？你怎么能说不要就不要呢？兔子，你没发烧吧？"

兔子不温不火："亲，没有豆油有花生油好吧？没有豆腐有鸡蛋好吧？没有豆浆有牛奶好吧？可是俺不买你的大豆了，你还能卖给谁去？"

好吧，足球只好认输，这个世界上大批进口大豆的国家，只有兔子。这个是买方市场，我买多少我说了算，我出多少钱也是我说了算，我不买大豆可以用别的东西替换，你种了大豆可要付出一年的艰辛，一旦兔子不要了，就是扔货。

好吧，现在让我们来看看这个事情的结局：兔子国内大豆价格1.8元，进口到港价格是1.45还是1.58我忘记了，反正多少年了都这个样，除非兔子觉得该涨了，否则就还是老样子。

总之，不要拿大豆跟老子说事儿。

种大豆是不是也很苦命？不幸的是这样的苦命事儿，还有西西国、足球国、南哥国在争着干，最近白头鹰也不淡定了，也在家里种起了大豆……哎，叹息，……话说最近某鸟堕落得很厉害啊对不对？

　　　……………

# 212.。

好了，现在的兔子膘肥体壮，是不是该找好朋友们算算账了？

好吧，我们现在不得不承认，兔子真的很强大了，按最保守的估计，也是没有人再敢上门找茬打架的了。稍加时日，兔子军力超越白头鹰根本就不是问题……那么，当兔子强大到极限的时候，兔子会不会搞秋后算账？

这个问题，曾经的敌对国家都很紧张，这种关系到灭门的事情，谁会不紧张？那么，兔子的高官们会怎么做呢？小兔子们是

286

不是也迷茫着呢？

亲，有什么样的国民就有什么样的政府，很多超级战略级别的问题，从你自身想一下就知道答案了。你会像个疯子一样手拿大刀把得罪过你的敌人都杀光吗？如今我们强大了，我们会像白皮猪对待印第安人一样搞种族大清洗么？我们会像元首一样搞集中营对油族人进行大灭绝么？

我想99%的小兔子们会拒绝那样干的，为什么？其实并不为什么，千百年来，老土鳖做的从来都是民族大融合，不会做民族大清洗，土鳖传人有关"和"的文化，白皮猪的子孙是想不明白的。

当然了，白皮猪的子孙的担心也不是没有根据的，还有1%的兔子有可能动手复仇对不对？不幸的是兔子家人丁繁盛，整整13亿呢，1%的兔子那也是一千三百万好不好？还是一样能搞得全世界天翻地覆对不对？

可是真的没必要担心，复仇心是与幸福感成反比的，你让兔子的小日子过得舒服点，小兔子们也就没那么多怨气了，向往祥和幸福的生活，毕竟是绝大多数人的梦想，你们没见过天使，不代表这个世界上就没有天使。

…………

## 213.。

历史不会终结，时间在不经意间流走。黄金十年之后，小兔子们迎来了586时代。学过历史的同学都知道，始皇帝裹六世余威，扫荡六合，一统天下；汉武帝挟五代基业，荡灭匈奴，扬威异域。

在俺老花看来，不管谁是586，他都注定是一个会有大作为的人。该打的江山，老祖宗千百年前就打下来了；该占的国土，先烈们流血牺牲地占下来了；该发展的工业能力，前辈们流血流汗地发展起来了；庞大的兔子傲然屹立于大饼的东方，差不多到了想干什么就干什么的地步。

钱其实并不是钱，不管是红票票还是绿票票，都吃不得用不得，真正能被大家使用的还是那些吃的、穿的、用的各种商品。换句话说，金融帝国只不过是一堆废纸和一群只会敲打计算器的人，这与工业国的实力是没办法比拟的。那么，作为全世界最大的工业国领袖，586兔子会做什么呢？

连认为自己铁定要挨揍的小饭团都想不到的是，586兔子做的第一件事，居然是反腐！小饭团想不通，牛牛想不通，公鸡想不通，连万里之外远在海的那一边的白头鹰也跟着想不通！

大家都想不通是理所当然的，资本主义讲究人人平等，虽然实现起来比较虚无缥缈，可是落实下来的钱钱平等，还是很到位的。你想当村长？好说，花大钱搞选举就行啦，只要大家投票，你就是村长了。虽然买选票的时候免不了要花点小钱钱，可是当了村长之后，通过各种小手段往兜里合法地划拉小钱钱，还是很方便的嘛。

比如说给某些大公司大财团以优惠政策，彼此心照不宣，等村长卸任之后，大家接二连三地高薪聘请去公司当个挂职顾问，再给回报多少小钱钱，那就没人管得了了。实在遇到性急的村长，可以在退休之后忽然发现家里的饭碗属于极品古董，嚷嚷两三天自然就有识货的行家上门来收购……觉得这样太露骨，还可以假模假样地开办个拍卖会，照样能一夜之间变成亿万富翁……

民主嘛，怎么玩还用人家教啊，不要那么傻了好不好，呵呵。

…………


# 214.。


可是，可是兔子为啥要搞反腐呢？小钱钱，真心甜，可一直是小兔子们的金科玉律啊！你好我好大家好，你赚我赚大家赚，不是挺好么？

外国土老帽儿的这些疑问，兔子压根不解释。返璞归真、吃亏是福、月满盈亏这种级别的问题，也没必要非让白皮猪们搞清楚。大家智商不一样，还是理解万岁的好，何必较真儿让人家心里堵得慌呢，你说对不对？

总之，反腐败在兔国轰轰烈烈地搞开了，老虎苍蝇一起打，蛤蟆乌鸦一起抓，不管官多大，贪了你就必须要下马……面对着兔国官场风气转变，丈二和尚的白头鹰总算反应过来：这丫的是在整合内部力量啊！至于说兔子整合完内部力量之后要干啥，白头鹰压根就不敢想，虽然不能肯定兔子一定会揍自己，可是有了揍揍的可能，也是极其不爽的一件事啊对不对？

白头鹰这下可真急了，可惜到了这个阶段，再想跟兔子翻脸，代价未免太大了点儿。兔子在黄金十年之中，吃得膘肥体壮，白头鹰在那十年里，却先后打了阿富骆驼战争和第二次水骆驼战争，小钱钱都扔到了大沙漠上，啥回报都没有。虽然干掉了本大登、吊死了傻大木，可是对白头鹰自己的国力来说，一点贡献都没有。

两个原本实力悬殊的国家，仅仅在十几年之间，就因为一个飞快地发展、一个不断地萎缩，迅速拉近了距离。按照目前的发展态势看，白头鹰学者已经认定兔子会在十年之内追平国家实力，有几个离谱的家伙甚至预测二三十年之后，兔子的实力有可能达到白头鹰的两到三倍。

不要忘记兔子的经济增长率是每年百分之七八啊亲，虽然开始俺老花也认为白头鹰学者的脑袋被门挤了。可是经过简单的计算，俺就发现事情还真有点那啥，已经开始对小白头鹰们表示同情了。

…………

## 215.。

简单点说，如果用100乘以107.5%，连续乘以十次，我们会得到一个让人惊讶而又十分正常的数字：206。这个简单的数学计算，告诉我们，兔子是一个每十年就要国力翻倍的国家；二十年之后，兔子的国家实力将翻四倍；三十年以后，小兔子们将拥有八倍于今天实力的祖国！

这么简单的计算题白头鹰当然也会，当然白头鹰更加知道自己每年百分之一二的经济增长率，恐怕要累积半个世纪才能国力翻倍。在残酷的现实面前，白头鹰已经有了要发疯的症状，声嘶力竭地发誓白头鹰绝对不当老二！

叹息，其实俺老花觉得，当老二也挺好，只不过稍稍难听点儿。再瞎折腾的话，恐怕老二也当不上，直接堕落成老三或者老九，那才是真正的悲催呢。毛熊的榜样并不遥远，怎么就不知道借鉴借鉴呢，再次叹息。

可是由俭入奢易，由奢入俭难啊。吃惯了饺子，回头再吃窝头是件很难受的事情，这跟吃惯了窝头发展到吃饺子，完全不是一个等级的问题。

直接翻脸是不行的，兔子也是蘑菇大国，远程洲际导弹的技术搞不好比白头鹰还先进……蘑菇蛋真的不是开玩笑的东西，当初白头鹰和毛熊争天下的时候，本来是想再干一仗比比谁更厉害的，可是见识了蘑菇蛋的威力之后，一看这种炮仗也太离谱了，呼啦一下一个大城市就没有了，属于典型的"请勿打扰"类型，真心不是可以随便玩儿的东西。

不能用板砖打架，就只好搞金融战、经济战了，这个在白头鹰家里当然也是有共识的。可问题是97的智商算计倒了95的智商是可以原谅的，再想算计倒107的智商，就真的有点夜郎自大的嫌疑了。

当然，这些事情白头鹰是不愿意承认的，金融战轰轰烈烈地搞了起来。你买我的股票，我买你的房贷，大家一起炒期货大豆。其他金条、白菜、口香糖、大米、咖啡、高压锅，也统统进入交战的领域……几个回合下来，白头鹰赢了一件兔毛衫，兔子赢了一件羽绒服。

这个，嗯，那啥，谁输谁赢，还真不好说了。

…………


216..


国家财富都是有定量的，家底儿越折腾越少，白头鹰的脑袋瓜子，自然也就越来越白。可问题还是解决不了啊怎么办？白头鹰想起了亲爹牛牛搞垮汉斯的大招儿，断然决定：关门，放狗！

于是，围在兔子周边的小国家纷纷闹了起来，南泡菜国在北边闹，菲菲和越猴在南边闹，小饭团居中策应，没用多久，大饼的东方就热闹起来，连白象也搀和了一腿，有模有样地跟兔子搞起了军备竞赛。

可是，今非昔比啊亲！汉斯之所以被群狗严重威胁，那是因为汉斯不够大。在硕大无朋的兔子面前，周边小国的实力未免太菜了一点儿。请记住这是个丛林世界，力量才是决定你能干什么的唯一标准。屁能力也没有，还要闹，不被打脸是不可能的，要不然还有什么天理可言了对不对？所以，下面的这种不和谐场面，大家也都是可以理解，而且一点都不奇怪的了。

地点：中国南海。

菲菲：兔子你等着，老子到联合国告你去！

兔子：……

地点：联合国总部。

兔子：呔！堂下所跪何人？为何状告本官？

菲菲：……

后来土豆星球上的老乡们一致认为：菲菲的智商可能只有二。也有阴谋论专家，声称菲菲可能是故意找挨打，目的是回头管白头鹰要点二手的军火充门面。更有无耻之辈，污蔑菲菲是跟兔子演双簧唱大戏……五彩缤纷的世界，一切皆有可能啊对不对？至于究竟怎么样，结果一目了然：兔子还在哼着小曲儿一路发展中。

．．．．．．．．．．．．

## 217.。

　　指望不上菲菲，那么指望越猴怎么样呢？白头鹰家的高官开始频繁地到猴子家做客，撺掇猴子继续敌视兔子……越猴默默无语两眼泪：尼玛，以为俺不识数哇？你们都跟兔子一衣带水，俺可是跟兔子陆地接壤的。尼玛你们明白啥叫陆地与兔子接壤不？兔子家的陆军天下第一，火星人都知道的。

　　于是乎，不难想象，被两个超级大国夹在中间的苦命越猴，不得不走起了国际钢丝……战略平衡这种东西对小国来说可是生死攸关的大事，说啥子也不能马虎的。真搞砸锅了，被打脸都是小事，亡国灭种都不无可能，是不是啊卡大佐？

　　猴子在磨洋工，南泡菜不但磨洋工，还跟兔子眉来眼去地勾勾搭搭。白象在大笔花钱搞了一阵军备竞赛之后，愕然发现自己属于兔子的战略藐视级别。贸然去打兔子是肯定不行的，可是不打仗光买军火，也实在太傻叉了点儿。要知道军火很贵啊对不对？花大钱买一堆没用的东西，看着都闹心啊对不对。

　　大家都磨洋工，小饭团可不敢磨洋工。当年自己在老土鳖家如何杀人放火，那是大家都心里有数的。按照一般逻辑，兔子早就应该出动海陆空三军报仇了。小饭团就那么大点地方，拿大擀面杖，来回碾两次，小饭团准会被压成糯米饼。

　　可是，兔子迟迟就是不动手，你说愁人不愁人？搞得小饭团的首相跟神经病一样，满世界地搞外交，到处宣扬兔子威胁论，声称自己马上就要完蛋，自己完蛋了全世界都会跟着完蛋，等等等等。

可惜土豆星球是丛林的世界，力量才是决定一切的根本。大家哼哼哈哈地糊弄小饭团，没有一个国家肯公开站队骂兔子。这也就罢了，等到586兔子例行出访的时候，受到了白皮猪的子孙们"倾其所有"的盛情欢迎。

人比人死，货比货扔。

小饭团默默无语两眼泪，耳边响起海啸声。

…………

## 218.。

眼看着小弟们一个接一个地吃瘪，白头鹰依然还有手段可用……国际老大当了这么多年，压箱底儿的嫁妆好歹还是有两件的。那其中，比较厉害的一件，就是新兴的科学技术：网络！

网络的出现曾经让土豆星球上的人们，实打实地兴奋了好一阵子。好神奇的对不对？就那么一根网线一台电脑，人们就能与全世界各地的人们相互交流，大大地改变了人们的生产生活方式。

当然了，水能载船也能翻船。这样的天顶星级别技术，拿来颠覆别人的政权，肯定也是好用得不得了。这一点，聪明如白头鹰，怎么会想不到呢对不对？

北约轰炸南毛熊的时候，以白头鹰为首的多国部队要够了威风，也没能把南毛熊的总统米什么维奇怎么样。南毛熊是工业化国家，虽然只是那种初步工业化的小国家，可实力依然不是菲菲那种买办政府所能比拟的。南毛熊不但顶住了北约军队的武力威胁，甚至还击落了牛皮吹得震天响的隐形轰炸机。害得白头鹰光着屁股推石磨，转着圈地丢人。

就是这样一个国家，却在随后的大选之中，被各种网络黑文章、黑段子、阴阳怪气的冷笑话所击倒，通过"民主选举"的办法选掉了米什么维奇，并且由自己的人民动手，将自己国家的前任领导人送上了海牙国际法庭，最终导致米什么维奇莫名其妙地丢了性命。南毛熊也四分五裂，变成今天这样一个烂摊子。

受到鼓舞的西方资本力量，开始对火骆驼国进行网络渗透。上一次火骆驼总统大选，要不是大阿亚图拉亲自出面，险些又出现了南毛熊的一幕。波斯人运气比较好，所以这种内幕很多人都不知道，可是接下来的二毛乱局，大家就不陌生了对不对？同样的手法，同样的步骤，同样的结局……还好亚什么维奇跑得快，不然他老兄也免不了要死在海牙国际法庭里。我这样说，并不是说亚什么维奇就多么好，可问题是二毛后来的季什么科姐姐，又好到哪里去呢？

⋯⋯⋯⋯⋯

## 219..

网络可以扳倒一个国家，已经是不争的事实。小小地练了两手之后，白头鹰开始摩拳擦掌，打算干一票大的。直接用网络推倒兔子，不是更划算么？你有再多的钢铁又怎么样？俺把你忽悠瘸了，一样能笑到最后。

于是，兔子国内的互联网上，海量地出现了一系列用来抹黑国家的黑段子、黑文章。各种被收买、蛊惑、堕落的冒牌兔子，以及某些远在国外也写汉字的国际友人，开始肆意地攻击兔子的体制。任何突发事件都要评论一番，归根结底一句话：都是体制问题。仿佛只要兔子扔了马教主义，就会立刻变成天堂一样。所有敢于维护国家利益的人，都被污蔑成拿钱发帖，连发一帖可以领五毛钱的桥段也编了出来。发展到后来，不要说赞美自己的祖国，哪怕你说一句"这个国家其实还行"，都会立刻蹦出几百个账号，骂你是奴才，是为人所不齿的"五毛"！

　　同一时间之内，各种美化白皮猪文化的文章、段子、小幽默层出不穷，即便是白皮猪们得了艾滋病，那也要描绘成"红肿处灿若桃花，溃烂处美如奶酪"。电视主持人都敢公然在屏幕上宣称"外国的月亮就是比兔子家的月亮圆啊"！

　　然而，让白头鹰大跌眼镜的是，这招百试百灵的必杀技，在兔子家里居然受到了莫名其妙的阻击。虽然在网络时代的初期，兔子高层没有意识到网络的重要性，可是天天泡网络的小兔子们，却隐隐约约地感觉到了什么地方不对劲。

　　让小兔子们感到疑惑的，是这个国家明明在一路上行，怎么到了网络舆论的层面，就一边倒地起哄推墙呢？疑问就像油锅里的火花，没有也就罢了，一旦有了，呼啦一下来个烈火燎原是免不了的了。

　　于是，在古老的东方，逐渐出现了一批自干五兔子。自干五这个名称本来就很搞笑，很多人以为就是自己干的五毛，其实是大错特错的。最早出现这个词，是因为被人骂成五毛之后，就有小兔子愤怒的反击："俺不是五毛，可是国家不给俺那五毛钱，俺自己带干粮，也要说真话，说实话，俺就是要维护祖国和人民的利益！"

　　…………

296

## 220.。

网民的年龄段，大约就是18到65岁之间。换句话说，一个国家，除了老的老小的小之外，有效的人力资源基本都在网民的涵盖范围之内。如果网络舆论长期崩盘，一边倒地叫嚣政府倒台，那真的是件十分危险的事情。

单个的自干五，力量十分微弱，在资本影响的媒体平台面前，几乎没有什么话语权。可就是凭借着千千万万小自干五的共同努力，大大地改善了舆论崩盘的局面，为兔子高层关注网络，赢得了宝贵的战略时间。

自干五与推墙派公知的网络论战，最终还是引起了兔子高层的警惕。某年某月的某一天，兔子高层忽然高调宣布成立国家信息安全小组，586兔子亲自当组长，网络安全被提高到国家安全的级别，网络阴霾遭遇了沉重打击。

我们现在作事后总结，也依然感慨不已。由白头鹰主导或者暗中支持或者坐收渔人之利的各国颜色革命，几乎是无往而不利。白头鹰们只不过是敲打几下电脑的键盘，就能推倒一个碍手碍脚的国家，这是多么神奇的力量啊！

可是这种事情，到了兔子家的时候，居然就卡住了。倒在颜色革命旗下的国家一大片，却唯有兔子家里能诞生出自干五，可不是奇怪之极么？按照老规矩，我们必须要探究一下为什么会出现这种匪夷所思的事情。

首先，我想，兔子推行的教育体制，肯定是功不可没的。大家可千万不要一提教育体制就以为全世界的小学生都念一样的课本，实际上这里面的学问可大了去了。

西方教育体制，采用的是英才教育与庸才教育并行的政策。简单说，就是在教育初始阶段，就把学生分为英才与庸才两种。英才学生会得到高标准、高规格、高要求的教育模式，整个国家的教育资源都向这一小部分学生倾斜。这些学生毕业之后，要么当高官，要么当科学家，最次的人也可以进大企业当高管。
…………


## 221.。


英才被挑走了之后，剩下的绝大多数学生都会被划入庸才的行列，庸才学生上学基本上就等于放羊，唱歌跳舞打篮球，画画游戏呼啦圈，总之是怎么开心就怎么玩儿。很多人大学毕业之后，100以内的加减法，都必须要依靠计算机，大家就可以想见这些"庸才"被调教得有多么庸才了。

在这样的前提之下，不管是选举总统还是竞聘企业高管，庸才们就根本没有竞争力，不管多么公平的竞聘方式，庸才们都肯定会一败涂地，只能老老实实地去做电焊工、搬运工、扫马路之类的粗活儿。

简单点说，你是人上人还是人下人，你自己说了根本就不算，已经有人替你考虑过了。为了哄大家开心，精英们还会给庸才们每人发一张选票，让你决定是A精英当总统还是B精英当总统……呵呵，其实谁当总统都不要紧，反正是精英，跟庸才们是没有关系的，不管哪个精英当了总统，都会尽可能地维护精英阶层的利益，至于其他占了国家总人口比例高达99%的庸才民众，只能永远地被愚弄。

不信？白头鹰家最大的富豪之一股神铁螺丝，给国家交的税，还不如自己的女秘书多……越有钱交的税越少，这就是白头鹰的民主和人权。

那么，我们再回头看一眼兔子家的应试教育。这个，缺点一大堆，大家都在骂就不说了。可是最起码，整个国家的孩子都拥有同样的教育基本模式。所有的孩子都在学一样的课本……你学不会是你学不会的问题，可是这个国家起码在教育理念上，是希望每一个小兔子都能成为英才的。

所以，兔子家的理科、工科人才特别多，多得让全世界一起羡慕嫉妒恨。现代化社会是工业文明为基础，还记得我们念念不忘的产业决定论吧？只有第一、第二产业才是创造财富的产业，第三产业却多数是财富的转移支付，完全不是一个概念啊。

当然了，全球化的时代，免不了的要出现留学潮。于是很多小兔子到了国外之后，愕然发现自己原本在国内很普通的学习成绩，很容易地就在异国成为全班第一。唯一例外的情况，是俺老花的书友嘉宝。

他们班居然有两个兔子留学生……额，命苦不能怨政府啊亲。

…………

## 222.。

兔子家的人才这么多，而兔子家的短板就那么有限的几个，当然不可能大家都去搞大飞机的发动机了。所以，在条件初始具备的情况下，兔子们觉得，俺们是不是也该玩儿点高精尖的东东啦？于是，十三亿双红眼睛，一起盯上了月亮……据说月亮之上有嫦娥哦……据说嫦娥是大美女哦……咳咳。

当然了，大家都想冲到月亮上，是可以理解的。可是暂时做不到，也就只好先找个什么东西探探路。于是，在科技兔子的精心努力之下，探月机器人这种逆天的东西也被搞了出来。让人意想不到的，是给这个机器人取什么名字的问题上，全国的小兔子们居然热热闹闹地吵了好几个月。

有人给取名叫"狗剩"，寓意好养活；

有人给取名叫"旺财"，寓意小钱钱啊真心甜；

有人给取名叫"来福"，寓意可以把嫦娥娶回来……

航空科技兔子们被成千上万个名字搞得头大如斗，感动得泪如雨下："乡亲们，大家给起的名字，为啥都跟狗有关？"

最后，还是兔子高层拍板："还是叫玉兔号吧！"小兔子们顿时都觉得这个名字好，亲切，和谐，听着都舒服。

然后大家一起认为，取名叫"八戒"似乎更恰当。

咳咳，那啥，嘿嘿，大家懂的。

…………

## 223.。

　　玉兔号月球探测车，顺利地抵达了月球表面，去寻找传说之中的嫦娥去了。全体兔子一起羡慕嫉妒恨，有学者兔为了显摆才情，还引用了186兔子的诗词："上九天揽月"，让小兔子们兴高采烈地豪气干云了一次。

　　可问题是，上九天揽月，不是孤立成句的，后面还跟了一句"下五洋捉鳖"。既然咱们已经开始上九天揽月了，那么下一步自然就要下五洋捉鳖了对不对？做事做到全局，才是老土鳖的传统美德，对不对？

　　当然了，凭借兔子现在的雄厚工业能力，深潜机器人的研究能力肯定不是问题的。只有想不到，没有做不到，既然已经想到了，那么下五洋捉鳖的事情，就必须当个正事去干了对不对？

　　于是，某年某月的某一天，载人深潜探测器也被搞出来了。前面有了"玉兔号"做参考，这次大家顺理成章地认为，可以给这个家伙取名叫"海兔号"了。可是遗憾得很，大家翻阅了《康熙大辞典》之后，发现海兔根本不是兔子，更有点接近鱿鱼的级别，实在是难登大雅之堂啊！

　　于是，各种名称再次被大家上报给了主管部门，在经过层层筛选之后，兔子高层把一个深埋在所有小兔子心底的名字提了出来：蛟龙号！

　　龙！中华民族的古老图腾，不管这个字被岁月掩埋了多久，可它依然萦绕在每一个国人的心里。我们是小兔子没有错，可是

301

我们每一个人的身体里都流淌着龙的血脉。千百万年，奔腾不息的，也一直都是龙的精神！

没有人反对，没有人质疑，没有人嬉戏，没有人唏嘘……古老的土豆星球，大饼世界的最东方，亿万个兔子神情肃穆，泪眼蒙眬。

我们不是兔子，我们是龙，我们是龙的传人。

…………


## 224.。


蛟龙可以闹海，神龙可以飞天！

在经过了几代人孜孜不倦的流血牺牲之后，这个国家这些人们开始了更加自信地面对整个世界。你有F22，俺有J20；你有空间站，俺有天宫一号；你有GBS，俺有北斗导航；你有……你爱有啥有啥，俺都要有！俺不但要有，还要比你的更新，比你的更好，比你的更霸道！

还有什么幺蛾子尽管玩，还有什么怪招尽管使，在经历了百年的屈辱与百年的自强不息之后，还有什么苦难能阻挡我们？很多人叹息生不逢时，没能跟侵略者一拼高下，可是俺老花要告诉大家，我们生逢其时。虽然586的时代刚刚开启，没人能够知道未来十年会有什么事情发生，可是很显然，更加深刻的世界变革就近在眼前，我们可以一起见证历史。

所谓至理名言，往往就是大实话。从战略的角度来说，所谓军事，就是打得赢就打，打不赢就跑；所谓政治，就是让对手下来，自己上去；所谓宣传，就是要让大家都认为咱们好，别人不好。其他种种角度的解读，多属于战术级别的争论，原本就不在本书的讨论范围之内。

这，就是帅与将的区别。

大国战略，地缘政治，风风雨雨，千百万年的演化，所造就的智慧精华可以连篇累牍。前辈们已经打好了基础，我们是摘果子的一代人，至于说我们能摘到什么样的果子，那只能等十年之后，俺老花再继续总结了。

时间在悄然流走，历史还在滚滚向前。

…………

# 225.。

根据产业决定论的基础，我们不难发现，在人类的石器时代，没办法做对比，放下不说。后面紧接着的青铜时代，土鳖其实并不占优势，只不过后期土鳖把青铜冶炼的技术提高到天顶星级别，才略占优势。

再往后，土鳖的铁器虽然发现得比较早，可是大规模的普及还是相对较晚，土鳖后来之所以一口气领导世界数千年，是因为土鳖把铁器时代的工艺提高到了天顶星级别，相对于大饼的西边肯定有绝对的优势。

后来的工业时代，土鳖来得比较早，可还是没有快速发展起来。如今的兔子靠着辛勤的汗水和聪明的才智，已经占据工业时代的巅峰，至于这个时代兔子会引领多久，还不好说，因为随后而来的信息时代，兔子并没有被落下很远，而是仅仅几年十几年的时间就赶上来了。我不敢说兔子会永远强盛下去，不过我相信这一轮的领先，绝对会延展很久很久，我们只不过处于一个时代的初级阶段而已。值得注意的是，兔子拿到了制造业之后，其他国家不再可能对兔子产生威胁了。

最理想的局面，就是恢复汉唐盛世，说万邦来朝未免托大，说万邦来贺肯定是名符其实。汉唐时土鳖怎么影响周边，以后兔子就肯定会如何影响世界。对于已知的世界，我们的掌控能力那是无人能比的。这对整个世界也不是坏事，用勤劳、聪明、简朴去影响所有人，整个世界才不会失去明天。

兔子们吃过苦，受过罪，遭侮辱，被抛弃，流过血、淌过汗……不要觉得委屈，当五百年前，你的祖先扔掉了勤劳、聪明、简朴的美德，去躺着抽大烟的时候，就注定了你要经历百年的屈辱。开篇的时候我就说过了，八国联军是最好的老师，如果没有八国联军的痛打，我们的民族都有可能堕落至消亡，何谈重领世界？如果有人到了今天就满足了，又想躺着抽大烟去了，那么你的后代会更凄惨。

白头鹰是我们的敌人么？毛熊是我们的敌人么？小饭团呢？我来告诉大家，都不是，他们不是我们的敌人。我们的人民我们的国家是何其伟大，在整个土豆星球上，有谁配做我们的敌人？真的没有，能与我们做几十年敌人的国家，我都钦佩他。

土豆星球还有四分之三的地方没有经过探索，茫茫的宇宙之中更是拥有无穷无尽的日月星辰，值得我们孜孜不倦地去开发探索。当我们的兔子褪去那身洁白的毛发，露出金光闪闪的龙鳞之时，我们不希望看到全世界的颤抖，我们应该与我们的邻居心贴心、手牵手，告诉大家我们不是敌人，我们可以做朋友。我们可以一起用智慧和双手创造幸福，等待着我们的是光明未来，我们的征途是星辰大海！


（全文完）


2012年3月10日—3月23日初稿，

2014年10月修订，

记于辽宁抚顺。谢谢大家。

# 牵手相伴与续集有约

———— 作者的话


　　能够写出来这么一部古古怪怪的作品，其实蛮幸运的。

　　理论上来说，搞大国战略研究，或者说国际政治观察，是无比严肃的事情，因为这牵扯到千千万万人的命运。可问题是，由于中国经济的突飞猛进，导致互联网产业的蓬勃发展，进而引发了一段时期之内网络舆论混乱期。在那段时间里，部分涉外资金通过各种渠道渗入中国的互联网行业，千方百计地左右网络舆论。用金钱收买的网络奴隶，会毫无下限地推销他们的价值体系，每天都有很多人告诉你外国的月亮比中国的月亮圆，外国的狗屎都是香的。

　　实话说，国外某些国家，因为抢占了工业化时代的先机，又沉淀了两三百年，在很多方面都值得我们去学习，这个在理论上是完全没有问题的。可问题是，我们中国的文化已经沉淀了两三千年，灿若星河的古典文明，不屈不挠的革命斗争，艰苦卓绝的基础建设，火山爆发一样的改革开放……话说我们不是那么差吧？然而，话语权一旦丧失，结果是恐怖的。发展到后来，你在网络上说一句"这个国家其实还行"，都会招引数百上千个账号围攻谩骂，说你是共产主义的走狗，是东亚病夫的孽种。发展到后来，共产党三个字，都成了敏感词，无法在网络上正常显示。

　　话说，我们的古老中华文明已经绵延了三五千年，是唯一一个没有断代的古老文明；我们的革命岁月，小米加步枪，打赢了产业逆天的抗日战争；我们的新中国用了仅仅几十年的时间，就把一个一穷二白的赤贫国家建设成世界第二大经济体……真的说起来，我们又何尝比别人差呢？实际上俺老花认为，我们才是最优秀的。我这样说，不是看不起其他的国家和人民，而是说，大家共同生活在这个能够孕育智慧生命的神奇星球上，本身就是一个奇迹，在没有印证外星文明存在之前，我们是这个宇宙唯一的建设者，那么我们最应该做的，是取长补短，互相学习，而不是互相攻击诋毁。十三亿中国人已经创造了如此巨大的成就，那么全人类七十亿兄弟姐妹联起手来，完全可以像盘古一样，开天辟地，过上幸福安康的生活，造就伟大的文明奇迹。

　　所以，我们这些坚持为祖国发声的人们，就只能用各种代号来书写历史，发表评论，这也就是这本古古怪怪的作品的来历。我们的征途是星辰大海，我们的脚下是万水千山，前途是光明的，道路是曲折的，我们所拥有的，就是坚持，坚持那份五千年不曾泯灭的文明传承。以史为鉴，可以知兴衰啊。

　　花通华，《说文解字》里说，草本为花，木本为华，花与华其实是一个意思。所谓华夏民族，就是像花一样美丽的民族。千是千千万万，芳是芳香。取名花千芳，寓意中华民族的所有子民，都能够幸福快乐。至于自称老花，那是因为没有一个女孩子会自称"老"……俺真的是男的。俺是东北的青年农民，初中毕业，手里的大专证都是中共辽宁省委党校的函授文凭。小时候家里又穷买不起书看，我的绝大多数论点论据，都是向千千万万网民学习的结果。学得好的地方，某花不敢居功，那是大家的胜利。学得不好的地方，也请大家不吝赐教，某花躬身再谢。学得好坏，取决于俺对知识点的主观评判，这个俺真心能力有限，做不到面面俱到。俺是网络大学的小学生，一向如此。更何况，这本书明显的就没写完，时代还在发展，历史没有终结……很明显续集是必须要写的，只不过那些事只能以后再说，作为历史的记录者，俺老花能做的，就是尽可能地实事求是。

鲜花四季开，严冬有寒梅，身为并不合格的网络作家，在2014年的10月15日，被习近平总书记亲切接见，俺其实很惭愧的。我觉得正如习大大号召的那样，作为青年人，我们应该有历史的责任感，要有时代的担当感。俺不想做昙花一现的流星，俺还年轻，还要继续努力学习，认真写作，也希望得到大家的持续支持。大家可以关注俺的新浪微博，账号花千芳。还有微信公众订阅号，也叫花千芳。最省事的方式是直接搜索花千芳，只不过搜索到的未必是俺的最新作品，所以不推荐。想给俺写信的朋友，可以直接把信件邮寄到作家出版社，编辑姐姐会转交给俺的。

这个世界没有开始，也没有结束，一切仍在进行之中。无论是那些年痛彻心扉的强国往事，还是那些年激情燃烧的青春无悔，流淌在我们心中的希望之火，从来就不曾熄灭，也永远照亮我们前进的道路。就像俺在《是谁扭曲了你的信仰》一文之中所说的那样：

> 当年也曾愤青过，后来也有过民主自由的觉悟，也左过，也右过，再左再右地反复折腾过。信仰之路，如同十八街的大麻花一样扭过来扭过去，磕磕绊绊地伴随着我们的祖国一路成长到今天。终于有一天，我在大街上看到了一名外国人，望着迎面而来的金发碧眼，我才

知道就算我染黄了头发、改信了基督，自己也一样还是中国人。

我是光荣的中国自干五——没有任何形式的补贴，甚至还要自己搭钱，也自愿维护祖国和人民的利益。当五星红旗迎风飘扬的时候，如果祖国需要我，哥虽年近不惑，当义无反顾，虽马革裹尸，也无怨无悔。

始皇帝南巡，仪仗万千，威风凛凛。刘邦说："大丈夫生当如此。"项羽道："彼可取而代之。"如今，我们的面前只有一个国力逐渐虚弱的美国，而现在的中国正全面腾飞。大丈夫是否当如是，请君等与我共勉。

人是要有信仰的。我也有信仰。我的信仰就是我们的祖国，就是有一个率领13亿中国人坚定向前的执政党。

我庆幸，我生在这伟大的时代，可以亲眼目睹祖国登上巅峰的每一个脚印！我祝愿中国，愿我有生之年，得见您君临天下！

如果可以，我愿下辈子还做一个中国人！

亲，大国梦哦！

花千芳
记于辽宁清原
2014年11月14日

## 图书在版编目（CIP）数据

我们的征途是星辰大海 / 花千芳 编著. -- 北京：作家出版社，2014. 12

ISBN 978-7-5063-7676-1

Ⅰ. ①我… Ⅱ. ①花… Ⅲ. ①中国历史 – 通俗读物 Ⅳ. ① K209

中国版本图书馆CIP数据核字（2014）第257530号

---

**我们的征途是星辰大海**

编 著 者：花千芳
出　　　品：语可书坊
责任编辑：语　可
装帧设计：于文妍
责任印制：李卫东　李大庆
出版发行：作家出版社
社　　址：北京农展馆南里10号　　　邮　　编：100125
电话传真：86-10-65930756（出版发行部）
　　　　　86-10-65004079（总编室）
　　　　　86-10-65015116（邮购部）
**E-mail:zuojia@zuojia.net.cn**
**http://www.haozuojia.com**（作家在线）
印　　刷：北京中科印刷有限公司
成品尺寸：142×210
字　　数：200千
印　　张：10
版　　次：2014年12月第1版
印　　次：2014年12月第1次印刷
ISBN 978-7-5063-7676-1
定　　价：28.00元